中国社会科学院创新工程学术出版资助项目

冷战前期美国对拉美政策研究

杜　娟◎著

中国社会科学出版社

图书在版编目（CIP）数据

冷战前期美国对拉美政策研究／杜娟著 . —北京：中国社会科学
出版社，2016.4

ISBN 978 - 7 - 5161 - 8019 - 8

Ⅰ . ①冷…　Ⅱ . ①杜…　Ⅲ . ①美国对外政策 - 研究 - 拉丁美洲
Ⅳ . ①D871. 20

中国版本图书馆 CIP 数据核字（2016）第 084286 号

出 版 人	赵剑英	
责任编辑	李庆红	
责任校对	赵 慧	
责任印制	王 超	

出　　版	中国社会科学出版社	
社　　址	北京鼓楼西大街甲 158 号	
邮　　编	100720	
网　　址	http：//www. csspw. cn	
发 行 部	010 - 84083685	
门 市 部	010 - 84029450	
经　　销	新华书店及其他书店	

印刷装订	三河市君旺印务有限公司
版　　次	2016 年 4 月第 1 版
印　　次	2016 年 4 月第 1 次印刷

开　　本	710 × 1000　1/16
印　　张	18. 75
插　　页	2
字　　数	279 千字
定　　价	69. 00 元

凡购买中国社会科学出版社图书，如有质量问题请与本社营销中心联系调换
电话：010 - 84083683

目　录

前　言

冷战时期，无论是在意识形态方面，还是在军备竞赛、经济竞争，乃至对盟国和战略要地的控制等方面，无一不反映着美苏双方的冲突和对抗。然而，无论争霸以哪种形式呈现出来，其实质都是一样的，即美苏两国都试图将自己国家的意识形态、社会制度及其价值观念强加给其他国家，并借此在全球范围内谋求自身利益的最大化，美国在这方面的表现更为突出。其实，不同的国家和地区拥有不同的文化和社会背景，世界上没有放之四海而皆准的发展模式和现代化道路，任何一种试图将自己的观念和发展模式变成普世性的想法都是行不通的，且会为此付出代价，因为强权政治和霸权行径有违于世界发展的多样性和国家发展的独特性。在冷战的大背景下，广大亚非拉地区的国家面临着难解的困局。一方面，它们要奋力解决南北矛盾，争取民族解放和国家发展；另一方面，它们却又被美苏利用，充当了二者争霸夺权的工具，卷入到东西方矛盾的冲突当中。因此，第三世界国家的"民族主义"交织在了东西对抗、南北冲突的复杂矛盾之中，这不仅加大了它们实现真正自主发展的难度，同时也使得冷战时期的国际体系呈现出多层面的特征。拉美地区作为第三世界的重要组成部分，不可避免地成为美苏争霸的对象。更为重要的是，拉美是美国的传统势力范围，苏联在拉美的一举一动，都牵涉到美国敏感的神经。因此，鉴于美国和拉美这种特殊关系，拉美在冷战时期的战略地位较之同时期的亚洲和非洲显得更为重要。[①] 本书试图利用美国政府的解

[①] Brian Crozier, "The Struggle for the Third World", *International Affairs* (*Royal Institute of International Affairs*, 1944 –), Vol. 40, No. 3, (Jul. 1964), pp. 440 – 452.

密文件并借鉴相关的科研成果，考察冷战前期美国对拉美外交政策的转变、美国在西半球对苏冷战政策的形成和发展脉络，以及冷战对拉美等第三世界地区局势发展的影响。

一　选题意义

（一）文献学价值

根据美国外交文件 30 年解密制度和美国的《信息自由法》（Freedom of Information Act，FOIA），目前已经有大量美国政府档案出版或在网上发布，这也是本书立论和行文的主要依据。本书利用的美国外交文献档案主要有以下四个来源：第一，美国各相关政府机构和思想库提供了大量的文献、出版物和免费的网上资源。美国国务院历史协会主编的《美国对外关系文件》（Foreign Relations of the United States，FRUS）是本书构思的基础档案，其中除了国家安全卷有大部分涉及美国拉美政策的制定和实施以外①，还有专门的西半球或者美洲国家卷②，为本书考察美国在拉丁美洲对苏冷战政策的起源和演变提供了充足的佐证。《美国国务院公报》（Department of State Bulliten，DSB）也是行文参考的文献来源，这部分档案可以在中国国家图书馆中获得。美国中央情报局（Central Intelligence Agency，CIA）官方网

---

① *Foreign Relations of the United States*（hereafter cited as *FRUS*），1950，Vol. Ⅰ，National Security Affairs；Foreign Economic Policy，Washington D. C.：Government Printing Office（hereafter cited as GPO），1977；*FRUS*，1952 – 1954. Vol. Ⅱ，National Security Affairs，GPO，1984；*FRUS*，1955 – 1957，Vol. ⅪⅩ，National Security Policy，GPO，1990；*FRUS*，1958 – 1960，Vol. Ⅲ，National Security Policy，GPO，1996；*FRUS*，1961 – 1963，Vol. Ⅷ，National Security Policy，GPO，1996；*FRUS*，1964 – 1968，Vol. Ⅹ，National Security Policy，GPO，2004.

② *FRUS*，1948，Vol. Ⅸ，The Western Hemisphere，GPO，1972；*FRUS*，1950，Vol. Ⅱ，The United Nations；The Western Hemisphere，GPO，1976；*FRUS*，1951，Vol. Ⅱ，The United Nations；The Western Hemisphere，GPO，1979；*FRUS*，1952 – 1954，Vol. Ⅳ，The American Republics，GPO，1983；*FRUS*，1955 – 1957，Vol. Ⅵ，The American Republics：Multilateral；Mexico；Caribbean，GPO，1987；*FRUS*，1958 – 1960，Vol. Ⅴ，American Republics，GPO，1991；*FRUS*，1961 – 1963，Vol. Ⅻ，American Republics，GPO，1996；*FRUS*，1964 – 1968，Vol. XXXI，Central and South America；Mexico，GPO，2004.

站的解密文件也有大量与本选题相关的档案，例如苏联对拉美的政策、拉美游击运动的发展等文件都可在中情局的官方网站上找到。① 杜鲁门、艾森豪威尔、肯尼迪、约翰逊四任总统的总统图书馆官方网站拥有非常详尽的解密文件，如已解密的总统指令、国家安全行动备忘录（National Security Action Memorandum，NSAM）、总统日记和新闻发布会等。② 除了总统图书馆，《美国总统公开文件集》（Public Papers of the Presidents of the United States）中记载了从 1789 年到 2010 年美国历届总统的就职演说、国情咨文、预算报告、新闻发布会等公开文件的全文本，现在里面的全部文件都可在网上获得，这部分也是本研究的重要参考文献。③ 此外，美国大学出版公司（University Publications of America，UPA）出版了来自美国国家档案馆、美国各总统图书馆、美国国会图书馆、各国档案馆以及各国著名的思想库和权威学术机构的文件缩微胶片，其中也有一些与本研究有关的文件。④ 第二，美国一些数据库公司对冷战时期美国政府部分解密文件进行整理编排放至资料库当中。美国 Gale 公司开发的"解密文件参考系统"（Declassified Documents Reference System，DDRS），其中的解密外交文件来自美国白宫、国务院、国家安全委员会（National Security Council，NSC）、国防部、北约组织、中央情报局、联邦调查局、总统的科学顾问委员会等部门，涵盖了整个冷战时期，共计约 8 万余份文件。此外，ProQuest 公司开发的"数字国家安全档案数据库"（Digital National Security Archive，DNSA），收录了 1945 年以来涉及美国外交、军事、国家安全政策的大量珍贵档案，其中"美国与危地马拉：反暴

---

① 中央情报局解密文件检索链接：http：//www. foia. cia. gov/search_ options. asp。

② 杜鲁门总统图书馆（HSTL，Harry S. Truman Library）网址链接：http：//www. trumanlibrary. org/；艾森豪威尔总统图书馆（DDEL，Dwight D. Eisenhower Library）网址链接：http：//www. eisenhower. archives. gov/；肯尼迪总统图书馆（JFKL，John F. Kennedy Library）网址链接：http：//www. jfklibrary. org/；约翰逊总统图书馆（LBJL，Lyndon Baines Johnson Library）网址链接：http：//www. lbjlib. utexas. edu/。

③ 《美国总统公开文件集》的网址链接：http：//www. presidency. ucsb. edu/ws/。

④ Microfilm：*The John F. Kennedy National Security Files*，1961 - 1963，*USSR and Eastern Europe First Supplement*，Reel 3. （华东师范大学国际冷战史研究中心缩微胶片）

动与大屠杀，1954—1999 年"（The United States and Guatemala：Counterinsurgency and Genocide，1954 - 1999）专题档案对本书具有重要的参考作用。第三，美国一些独立科研机构在网上发布的外交档案资源。美国科学家联盟（Federation of American Scientists，FAS）是1945 年成立的一个非营利性组织，其创始人是美国曼哈顿工程的成员，该机构的职责之一就是将美国政府的各类机密文件整理上网。①乔治·华盛顿大学也将涉及美国国家安全、外交、军事、情报等内容的政府档案整理上网，其中"肯尼迪寻求与古巴对话"（Kennedy Sought Dialogue with Cuba）系列文件，以及有关格瓦拉逝世的两批文件也是本书立论的基础档案。②此外，当事人的回忆录和选集也是本书一手档案的组成部分；③本书还使用了一些西班牙语的文献资料。正是有大量的原始档案资料，才使得本书的研究具备了文献学基础，做到论从史出、言之有据，同时也使文章具有史学文献整理的学术价值。

（二）学术价值

本书研究兼具冷战史、美拉关系史、拉美史研究多重意义。从冷战的角度考察战后美国对拉美政策的发展变化，不仅可以透视美苏对抗对美国制定西半球政策的影响，揭示美拉关系的规律性发展，又可通过分析美国西半球政策的演变来进一步解读冷战的实质，同时也能丰富拉美史尤其是拉美国际关系史的研究。虽然国内外学界对冷战史研究成果汗牛充栋，但是有关冷战对第三世界地区和国家发展的影响以及第三世界对冷战进程作用的考察比较薄弱，尤其是对西半球冷战

① 美国科学家联盟网址链接：http：//fas. org/spp/civil/russia/pol_ docs. htm。
② 乔治·华盛顿大学国家档案网址链接：http：//www. gwu. edu/ - nsarchiv/NSAEBB/。
③ ［美］富兰克林·罗斯福：《罗斯福选集》，关在汉编译，商务印书馆 1982 年版；［美］哈里·杜鲁门：《杜鲁门回忆录》第二卷，李石译，三联书店 1974 年版；［美］德怀特·D. 艾森豪威尔：《艾森豪威尔回忆录：白宫岁月 缔造和平：1956—1961 年》，静海译，三联书店 1977 年版；［美］小阿瑟·施莱辛格：《一千天：约翰·肯尼迪在白宫》，仲宜译，三联书店 1981 年版；［苏］赫鲁晓夫：《赫鲁晓夫回忆录》，张黛云等译，东方出版社 1988 年版。

史的考察仍显不足。目前，这方面已有的成果多为案例研究，比如对古巴导弹危机和古巴革命的研究等，缺乏宏观把握的力作。尽管国内学术界不乏对战后美拉关系的研究，但也多为通史性质的。如果忽视对美国传统势力范围的冷战局势研究，就意味着很难对战后美国外交政策做出符合实际的考察，也是对冷战国际史研究的环节缺失。这一时期美国在拉美的反游击战政策，不仅是冷战时期美国与苏联在拉美较量的典型案例，也是美苏对第三世界霸权的争夺，以及冷战对地区局势发展影响的集中体现。

　　冷战史研究在经历了"正统学派"、"修正学派"和"后修正学派"之后，又掀起了"新冷战史"研究的热潮，被称为"新冷战史学"。"新冷战史学"试图打破以美国为中心的研究方法和以军事、经济因素为核心的研究思路，强调"力量的多样化"，突出冷战是国际关系的互动结果，而不单单只是美苏两国的对抗史。另外，"新冷战史学"的一大特点就是强调"第三世界"对冷战的影响。因为冷战的大多数时间里美苏两国主要是围绕着第三世界的战略制高点展开争夺，同时冷战时期的所有热战也都发生在第三世界，所以，有必要深入挖掘第三世界与冷战的关系。著名冷战史专家文安立在《全球冷战：对第三世界的干涉与我们时代的形成》一书中强调，冷战最重要的方面既不是军事的，也不是战略的，同样也不是以欧洲为中心的，而是与第三世界的政治和社会发展密切相关的。① 本书的研究视角集中在冷战时期的西半球，研究主体之一的拉美是第三世界的重要组成部分，而笔者在写作过程中比较注意对冷战、拉美地区局势以及美国西半球政策之间关系的考察。具体来讲，冷战大环境决定了美国外交政策的方针和走向，拉美地区的局势发展也影响着华盛顿当局的决策，反过来讲，美国的拉美政策同样会作用于西半球的地区格局，扩充着冷战的本质和含义。可以说，三者之间的关系是多维互动的。因此，笔者希望本书的研究能

---

　　① Odd Arne Westad, *The Global Cold War: Third World Interventions and the Making of Our Times*, Cambridge; New York: Cambridge University Press, 2005, p.396.

为方兴未艾的"新冷战史学"献一份力。

（三）现实意义

本书涉及两大国际关系行为体，即美国和拉美国家。从美国的角度讲，战后美国对拉美政策的实质就是要巩固地区霸权，继而服务于其称霸全球的战略。而20世纪60年代拉美国家兴起的游击运动从某种程度上喊出了第三世界人民谋求政治经济独立、反对霸权、打破不公正的国际体系的呼声。美国军事镇压游击运动的硬手法虽然消灭了游击运动灵魂人物格瓦拉，使游击队溃不成军，但是产生游击运动的社会经济原因并未根除，贫困的蔓延而非共产主义的影响才是制约美国称霸西半球乃至世界的最大敌人。

冷战虽然结束了，但是美国一超独大的冷战思维依然在延续。美国后冷战时代的战略布局明显地体现了冷战思维，美苏对抗的冷战格局变为横跨欧亚非大陆经济圈的所谓"邪恶轴心国"的定义上，通过新经济殖民主义"封锁"这些国家，借此将面对面对抗的冷战转变为对地缘战略高地的围点打援，通过全面"冷冻"将其拖得疲惫不堪后"定点清除"。南联盟、阿富汗、伊拉克、朝鲜、伊朗等，所有后冷战时期美国的海外干预依旧是冷战地缘政治思维、能源通道、海洋霸权的延续，最终目的是要实现海陆空一体化的地缘霸权。恐怖主义①成为美国打压"邪恶轴心国"的正当理由。而美国所谓的"邪

---

① 尽管当今的恐怖主义组织也多以游击队的形式存在，但是两者之间仍然存在诸多共性和不同。（1）共性：两者都是人类冲突的一种表现形式并非近现代才出现，并不是冷战的产物，古已有之，而且都有可能被任何组织、任何集团、任何国家利用。从根本上说，都是国际和国内各种矛盾和冲突激化后的产物，都是以弱小的力量反抗强大的力量。（2）差别：斗争的地域不同，游击队多在本土作战，而恐怖主义活动范围比较广泛，可以在本土，也可以对国外；在打击对象上，游击队一般是针对政府组织，而恐怖主义则不分官民；两者的目的也不同，游击队倾向于寻求政治目的，即推翻现政府，取得政权，而恐怖主义更为多元化，不仅局限在政治方面。（3）相互关系：两者之间可以相互利用，游击队可以运用恐怖主义的方式给政府施压以达到目的，恐怖组织也会利用游击队的方式运作；两者亦可以在一定的历史条件下实现相互转化。冷战时期，两极对立的国际体系，为后冷战时代极端势力和恐怖主义的滋生提供了"温床"；此外，苏联解体后，美国作为唯一的超级大国，在世界范围内推行美国式民主，激化了不同意识形态民族的矛盾，这也助长了恐怖主义势力。

恶轴心国"多数为发展中国家，这些国家经济增长缓慢，内部矛盾丛生，贫困是恐怖主义滋生的"温床"。美国政府不断对前一阶段过于注重军事打击的反恐战略进行反思，并做出调整。奥巴马政府改变了小布什政府冒险性和进攻性的反恐战略，出台了反恐新战略。不再把反恐置于安全战略的优先地位予以全面铺开，而是在特定地区，用有限的力量进行必要的军事行动；不再热衷于单边主义，而是争取尽可能多的国家支持；其中更加强调"软措施"在反恐中的重要作用，决定实施"双轨"战略，在军事清剿的同时，综合运用政治、经济和社会力量消除恐怖主义产生的土壤。但是，不管美国战略如何变化，全球称霸的本质依然没有改变，美国在新时期反恐中仍旧执行双重标准，一面将反美势力列入恐怖名单，一面继续支持可以牵制"假想敌"的恐怖组织，由此不难发现，国家利益始终是美国外交政策追求的核心要义。

二　研究思路和研究方法

（一）研究思路

本书研究的时间从富兰克林·罗斯福政府一直到林登·约翰逊政府，欲从国际、地区、国家三个层次阐明冷战大背景、西半球地区局势与美国对外政策的互动作用，论述"二战"前后美国对拉丁美洲几次重大政策调整，以美国国家安全与拉美经济发展之间的博弈关系为主线阐释冷战时期美国对拉丁美洲政策的本质。

第二次世界大战的爆发，为罗斯福政府构建西半球防务体系提供了外部契机，美国对拉美国家做出经济援助和合作的承诺，以期获得它们的政治和军事支持，与美国缔结成反法西斯的战时同盟。毋庸置疑，"战时睦邻"对缓和美拉紧张关系、繁荣西半球经济、保障同盟国胜利、维护西半球安全的确发挥了短期积极作用，但我们也应看到其谋求西半球霸权的本质。"睦邻政策"是美国政府在特定时间和特定国际关系环境下的产物，它"改变了的不是美国称霸拉丁美洲的目标，而是确保这种霸权的方法"，它是一种"新的策略，而不是新的目的"。① 借助战争，美国成为资本主义世界头号强国，同时彻底击退了法西斯势力的军事威胁，抢占了英国的市场份额，成为名副其实的西半球霸主。

"二战"的乌云刚刚散去，冷战的序幕又从砖瓦废墟上缓缓拉开，美苏两个超级大国最终从共同抗击纳粹威胁的合作状态走向了全面对抗。在杜鲁门政府的冷战战略中，欧洲和远东处于抵制共产主义"铁幕"的"前线"阵地，拉丁美洲则充当了美国的战略"大后方"。一方面，美国政府通过《查普德佩克公约》《美洲国家间互助条约》和《美洲国家组织宪章》等一系列合法文书，进一步强化了泛美体系，将西半球国家结成铁板一块，紧紧地束缚于自己的反共防务安全体系内；另一方面，杜鲁门政府无视拉美国家的经济发展要求，背弃了战时美国对拉丁美洲的经济发展援助承诺，坚持投资贸易在对外经济政策中的核心地位，加强对拉美国家经济的控制。这种政策再度让得到修复的美拉关系跌至谷底，美国失信于拉美国家，刚刚形成的反共联盟就已出现了裂隙。在这种背景下，军人出身的艾森豪威尔开始了他的总统生涯。第一届艾森豪威尔政府基本上继承了杜鲁门政府的拉美政策，加强反共安全合作的同时，继续无视拉美国家的发展需求。在其治下，美国通过加大反共宣传、争取拉美劳工反共立场、加强美拉军事合作等措施巩固了西半球反共联盟。但是，拉美民众不能仅靠反共口号填饱肚子，他们需要的是实实在在的经济援助。虽然美国政府内部也曾出现过经援派和贸易派的辩论，但最终主张"贸易而非援助"的势力占据了上风。这种结果再次打消了拉美国家对美国援助的企盼，泛美体系再度陷入危机之中，为第二届艾森豪威尔政府的两次拉美政策调整埋下了伏笔。时任副总统尼克松的尴尬拉美行，向美国政府抛出了危机的信号弹。

第二届艾森豪威尔政府改变了以往对拉美经济发展的漠视态度，在经济援助方面有所作为。但是这种细枝末节的修缮已经无法避免地

区局势的剧变，古巴革命的胜利将美国政府高层对西半球冷战局势的乐观预估击得粉碎。卡斯特罗在古巴推行了国有化改革，沉重打击了美国在古巴的经济利益，但是，最令美国担忧和恐惧的是古巴的一系列"亲苏"举动，以及苏联集团给予古巴的各方面援助。艾森豪威尔政府开始全面反思美国的拉美政策，随后做出了第二次政策调整。在艾森豪威尔政府的两次调整中，美国的冷战战略有两个关键的转变：战略重点由关注冷战前线地区变为前线后方兼顾的策略，开始更多地关注第三世界的冷战局势；战略手法由强调军事援助逐渐演变为突出经济援助抵制共产主义的内部影响。然而，这些政策调整似乎为时已晚，无助于扭转共产主义在西半球扩大影响的态势。1961年卡斯特罗宣布古巴革命属于社会主义性质，公开宣布古巴是社会主义国家，并以马克思主义者自居；同时也努力使自己成为"共产主义革命在拉丁美洲的象征"。此后，古巴致力于在拉美地区"输出革命"，利用拉美国家的民族主义和反美情绪，在精神上和物质上鼓励拉美人民开展暴力革命，推翻亲美政府，建立社会主义性质的政权。古巴革命的示范作用引燃了拉美人民反美帝国主义、谋求自主发展的革命激情，游击运动在拉美遍地开花，苏联也开始加大对拉丁美洲的影响。"红色风暴"席卷传统势力范围，美国面临着失去西半球优势竞争地位的可能。

在这种局势下，肯尼迪临危受命。在其任内，美国完成了艾森豪威尔政府后期的冷战战略转变，拉美等第三世界国家和地区成为这一时期冷战的主战场，经济开发援助等"软措施"的内部防务作用被发挥得淋漓尽致。誓言"阻止西半球出现第二个古巴"的肯尼迪总统，一上台便启动了艾森豪威尔政府批准的《颠覆卡斯特罗政权的隐蔽行动计划》，试图消灭卡斯特罗这个西半球的"共产主义代言人"。事与愿违，美国政府自导了一出拙劣的"猪湾登陆"，它不仅没能扑灭古巴点燃的共产主义星星之火，反倒使美国在西半球的形象再度跌落。强攻未果，肯尼迪政府只得转向"软措施"，用经济援助、"和平改革"来争取民心，瓦解游击运动赖以生存的基础，从而达到遏制共产主义在西半球发展的目的。"争取进步联盟"、"和平队"等一系列经援计划应运而生，美拉关系得到很大改观。艾森豪威尔晚年在自己的回忆录中，追忆了肯尼迪政府的对外发展援助政策，称"争取进步联盟"进一步发展了他"早在 1957 年就开始奉行……那种与美国的传统理论背道而驰的新方针"。① 由此可见，肯尼迪政府沿袭了艾森豪威尔政府末期拉美政策调整的方向，只是他在使用"胡萝卜"手段同共产主义的对抗上走得更远。与此同时，肯尼迪政府不忘手中握有的"大棒"，增加对拉美亲美国家的军援军训，加强特种部队建设，开展同亲美政府的联合行动，打击游击运动，从而开创了美拉关系史上军事合作最密切的时代。这种"软硬兼施"的策略为继任的约翰逊总统铺设了反共道路。

约翰逊政府把过多的外事精力放到了越南战争上面，急于寻求眼前的胜利成果，所以在对付拉美游击运动方面，他更加倚重"大棒"所带来的短期效益，对"胡萝卜"的长期收效显得颇不耐心。最终，游击运动在美国和拉美亲美政府的强力镇压下陷入颓势。从表面上看，美国政府实现了打击游击运动的短期军事目标，赢得了这一时期与共产主义在西半球的较量，维护了美国设计的西半球体系的安全。但是，由于美国对拉美发展援助计划存在着"内在性矛盾"，即方法和动机的背离，用经济手段解决政治问题，所以它并没有解决产生游击运动的深层原因——发展问题，拉美国家的政治经济利益再分配仍未实现，这为今后新一轮的民众运动埋下了伏笔。因此，此前的军事成果也只能被看作阶段性胜利。从本质上讲，肯尼迪—约翰逊政府在西半球的反游击战政策是美国冷战大战略的重要组成部分，实施这些政策的根本目的是保护美国在拉美的经济利益、安全利益和战略利益，遏制共产主义在拉美扩大影响，确保美国的国家安全不受威胁和侵害，维护自身在西半球的霸主地位。

（二）研究方法

本书将在参阅大量原始文献的基础上，运用比较分析的手法，宏

---

① ［美］德怀特·D. 艾森豪威尔：《艾森豪威尔回忆录：白宫岁月　缔造和平：1956—1961 年》，第 609 页。

观与微观、整体与局部相结合，动态呈现冷战前期美国对拉美政策的发展脉络。具体而言，比较分析美国与苏联在西半球此消彼长的竞争关系，以及拉美地区局势发展与美国外交政策之间的互动。从微观角度分析冷战初期美国历届政府制定拉美政策的决策过程、决策理论、论证过程、执行情况和实施效果，以及过渡时期政府政策的调整动向及其对此后美国拉美政策的影响；从宏观角度联系国际格局的变化以及美拉关系的发展背景，考察冷战大环境中的美拉关系以及美拉关系中的冷战因素。

本书还运用多学科知识，努力使立论全面、饱满。本书以唯物史观为基本研究方法，在此基础上，借鉴国际关系学、政治学、军事学、经济学等相关学科的已有成果，以实证的方法进行分析研究。举例来说，本书运用国际关系学中"国家利益与对外关系"、"国际体系与均势"等理论深入分析冷战时期美国对拉美政策与其国家利益、地区局势、意识形态之间的关系。还借鉴军事学中的游击战理论、常规战争、特种战争等概念来阐述美国反游击战政策的形成。此外，本书借鉴了发展经济学中的普雷维什"中心—外围依附论"来解释战后拉美国家反美情绪产生的原因，借助罗斯托现代化理论的产生和发展，来分析社会科学与美国在拉美等第三世界对苏冷战政策之间的内在联系。

三　研究现状综述

（一）学术界对于"二战"后美拉关系的研究

目前国内史学界鲜有从冷战的视角研究美国的拉美政策的专著。只有几本考察美国和拉丁美洲关系史的通史性质的著作对此问题有所提及，如南开大学拉丁美洲研究中心洪国起教授和王晓德教授合著的《冲突与合作——美国与拉丁美洲关系的历史考察》[1]，以及中国社会

---

① 洪国起、王晓德：《冲突与合作——美国与拉丁美洲关系的历史考察》，山西高校联合出版社 1994 年版。

科学院拉丁美洲研究所徐世澄研究员主编的《美国和拉丁美洲关系史》①等。虽然通史性著作涵盖了本书选题的时间段，为文章写作提供了重要的背景知识，但是由于研究的视角不同，这些著作在战后美国对拉美的政策转变方面着墨不多，也即美拉关系是如何完成从反法西斯的"战时同盟"转变为"反共联盟"，在此期间美国政府与拉美国家之间是如何展开利益博弈的。此外，因为当时的史学研究条件所限，缺乏美国的一手档案文献成为这些通史性著作一个共同的缺憾，而本书的研究则是在档案文献的基础上开展的，这也凸显了本课题研究的文献学价值。此外，也有一些围绕冷战时期西半球发生的重大历史事件的案例分析，这方面的代表作是南开大学历史学院赵学功教授的著作《十月风云：古巴导弹危机研究》。②该书以翔实的档案资料为基础，再现了这场危机的来龙去脉，弥补了国内学界在这方面研究的不足。但是，单个的案例研究无法展现冷战时期美国对拉美政策形成的整体脉络，这也是本书要着力探讨的地方。

论文方面，有些学者通过考察美国对第三世界的政策③，间接地透露拉美地区的情况，即便是专题研究冷战时期美拉关系的文章，多数也是时间跨度很大的宏观研究，比如王晓德教授1992年发表在《历史教学》上的"试论战后美国对拉美政策的几个特征"等。④具体到20世纪60年代的美拉关系，学者更多的是将目光投向了肯尼迪

① 徐世澄主编：《美国和拉丁美洲关系史》，社会科学文献出版社1995年版。

② 赵学功：《十月风云：古巴导弹危机研究》，天津人民出版社2009年版。

③ 刘国柱：《从"第四点计划"到和平队——美国对发展中国家援助理论与实践的转变》，《史学月刊》2005年第8期；戴超武：《肯尼迪—约翰逊时期的外交与第三世界》，《美国研究》2006年第2期。

④ 国内在这方面的宏观研究主要有：王晓德：《试论战后美国对拉美政策的几个特征》，《历史教学》1992年第5期；任淑艳：《战后拉美国家对美国强权政治的冲击》，《拉丁美洲研究》1994年第3期；袁东振、张全义：《美国中央情报局对拉美国家事务的干预》，《拉丁美洲研究》2001年第4期；郭拥军：《试论冷战时期美国对拉美的经济援助》，《拉丁美洲研究》2002年第3期。

政府时期的"争取进步联盟"政策的研究①，对其他方面关注的较少，有关这一时期美国对古巴政策的研究代表作有王伟的《肯尼迪政府初期的美国对古巴政策探微》② 这篇文章。总之，国内学者对这一问题的探讨或者是宏观描述，或者是对单个政策的解析，对它的整体研究还比较有限。

相比较而言，西方学者对这个问题的关注度比较高。如果将美—拉关系放在美国对第三世界的政策之中，迈克尔·T. 克雷尔认为，"南—北冲突对美国外交的影响更大，它甚至会波及国内政治"③。查尔斯·沃夫则用量化、图表的方式说明了"欠发达地区对美国的价值"。④ 在文章《向第三世界供应武器：模式和解释》中，作者伊兰·佩雷哥运用"供—求关系"阐释美国对第三世界的军供政策。在安全利益面前，民主和人权显得微不足道，艾瑟尔·霍华德和约翰·塞缪尔·斐奇分别就"美国对独裁者的军援"⑤ 和"美国对拉美的军训计划与人权"⑥ 进行了探讨。20 世纪 50 年代末 60 年代初拉美的形势发生了很大的改变，"左"的力量不断在拉美国家发展，特别是古巴革命的成功以及此后卡斯特罗的社会主义转向，美国政府判定拉美

①　对"争取进步联盟"政策的研究，可参见张红路《肯尼迪的"争取进步联盟"》，《拉丁美洲研究》1987 年第 2 期；郭拥军：《泛美危机与争取进步联盟的形成》，《拉丁美洲研究》2003 年第 2 期；孙静：《林登·约翰逊政府时期的争取进步联盟》，《高校社科动态》2006 年第 2 期。

②　王伟：《肯尼迪政府初期的美国对古巴政策探微》，《西南大学学报》（社会科学版）2007 年第 4 期。

③　Michael T. Klare, "North-South vs. East-West: The Shifting Focus of US Military Power", *Middle East Report*, No. 151, The Great Powers and the Middle East (Mar. -Apr. , 1988), pp. 7 - 10.

④　Charles Wolf, Jr. , "Some Aspects of the 'Value' of Less-Developed Countries to the United States", *World Politics*, Vol. 15, No. 4 (Jul. , 1963), pp. 623 - 635.

⑤　Esther Howard, "Arms Suppliers to the Dictators", *Journal of Palestine Studies*, Vol. 12, No. 3 (Spring, 1983), pp. 224 - 230.

⑥　John Samuel Fitch, "Human Rights and the U. S. Military Training Program: Alternatives for Latin America", *Human Rights Quarterly*, Vol. 3, No. 4 (Nov. , 1981), pp. 65 - 80.

当时存在着严重的安全问题①，已经对美国的军事、经济、政治等战略利益构成威胁②，史蒂芬·G. 瑞普更将这一时期的拉美形容成"世界上最危险的地区"。③ 面对新的拉美地区局势，肯尼迪政府对此做出了大幅度的政策调整，推出了一系列经济发展援助计划。路易斯·佩雷斯认为"对卡斯特罗本人的恐惧和厌恶"④，是美国政府长期对古巴采取了经济封锁、政治断交、军事颠覆的原因所在。然而，肯尼迪政府出台的拉美政策并非出于偶然，而是在继承前任艾森豪威尔的政策基础上，大力发挥"软实力"同时兼顾反共防务安全才形成的，所以，要想深入理解肯尼迪政府的拉美政策，就必须先对艾森豪威尔政府的西半球政策做一了解。

研究美拉关系的专家史蒂芬·瑞普在广泛查阅美国国家档案馆、胡佛总统图书馆、杜鲁门总统图书馆、艾森豪威尔总统图书馆和约翰逊总统图书馆，以及位于加利福尼亚州的联邦档案中心的大量原始文献后，撰写了《艾森豪威尔与拉丁美洲——反共的外交政策》一书。该书具有深厚的文献学基础，旁征博引，论证严谨，成为后世研究艾森豪威尔政府与拉美关系的必读之作，多次被其他知名学者论著所引用，给本书的立论带来了很多启迪。作者在开篇先简单回顾了1933年至1952年美国的拉美政策，为导入艾森豪威尔政府的政策做了铺垫。瑞普比较注重美国各届政府对拉美政策的连续性，同时也注意区别它们之间的差异，这是该书的一大特色。而后瑞普并没有就艾森豪威尔政府的拉美政策泛泛而论，而是微观与宏观相结合，选取了这一时期美拉关系中的大事，如古巴革命和尼克松访问拉美等，借此展现

---

① Rolland D. Truitt, "Defining Latin American Security Issues", *Military Affairs*, Vol. 40, No. 4 (Dec., 1976), pp. 169 – 175.

② Albert R. Coll, "United States Strategic Interests in Latin America: An Assessment", *Journal of Interamerican Studies and World Affairs*, Vol. 39, No. 1, Special Issue: US Latin American Relations (Spring, 1997), pp. 45 – 57.

③ Stephen G. Rabe, *The Most Dangerous Area in the World: John F. Kennedy Confronts Communist Revolution in Latin America*, Chapel Hill: University of North Carolina Press, 1999.

④ Louis A. Pérez Jr., "Fear and Loathing of Fidel Castro: Sources of US Policy toward Cuba", *Journal of Latin American Studies*, Vol. 34, No. 2 (May, 2002), pp. 227 – 254.

美拉关系的几次转折，最后以美国干涉特鲁希略和卡斯特罗政府收笔。瑞普认为，"干涉"是艾森豪威尔拉美政策的特征之一，但是这种干涉不仅仅局限于军事行动，还是一种"软实力"的干涉。作者敏锐地观察到艾森豪威尔政府开始注重经济进步改革在反共战略中的重要性，因此，瑞普将这种干涉称为"新干涉主义"，他认为这是艾森豪威尔政府的"遗产"之一。由此可以看出作者在论证美国对拉丁美洲的政策时，不仅聚焦于政治和军事方面，同时也关注美国的经济政策，他指出"美国在拉美最根本的经济利益是贸易和投资"，这种独特的研究视角也是该书的另一大特色。但是，这本书也存在一定的不足，作者过于以美国为中心探讨艾森豪威尔政府时期的美拉关系，对拉美地区局势对美国决策的影响着墨较少，两者之间的互动关系没有呈现出来。①

　　从国家安全的角度探讨美国对拉美政策的一部经典著作是美国学者拉斯·舒尔茨在 1987 年撰写的《国家安全和美国对拉丁美洲的政策》。② 从书名来看，很容易让人误解这是一部通史性著作，但事实上作者主要还是针对冷战时期美国在拉美遭遇的安全威胁展开论述。舒尔茨论证的前提是假设美国在拉美的主要利益是和平和稳定，在此基础上阐释拉美动荡爆发的原因和对地区局势以及美国安全的影响。作者认为，贫穷和共产主义是导致拉丁美洲动荡不安的两大原因，同时不稳定分为低烈度动荡和高烈度动荡，而只有当掌权的精英阶层拒绝利益再分配的时候，前者才会转化为后者。为此，舒尔茨使用政治学原理专门建立了一套分析模式来解释动荡爆发的过程，提出只要美国政府能够斩断其中的一个锁链，那么拉美就不会爆发大规模的武装运动。此外，作者借助"国际体系与均势"理论，突出拉丁美洲在全球冷战均势中的重要作用。可以说，舒尔茨的这本专著是用现实主

---

①　Stephen G. Rabe, *Eisenhower and Latin America: The Foreign Policy of Anticommunism*, Chapel Hill: University of North Carolina Press, 1988.

②　Lars Schoultz, *National security and United States policy toward Latin America*, Princeton, N. J.: Princeton University Press, 1987.

义国际关系分析美拉关系的代表作。

有些西方学者比较关注美国对拉美政策中理想主义的一面，亚伯拉罕·洛温塔尔将其中一些比较有代表性的研究成果汇集成册，出版了名为《输出民主：美国和拉丁美洲》的著述。该书分为三个章节，第一部分是概论性的文章，包括保罗·德雷克的"从好人到睦邻：1912—1932 年"（Paul W. Drake，"From Good Men to Good Neighbor：1912 - 1932"）、国际拉美史专家莱斯利·贝瑟尔撰写的"从第二次世界大战到冷战：1944—1954 年"（Leslie Bethell，"From the Second World War to the Cold War：1944 - 1954"）、托马斯·卡罗瑟斯的"20世纪 80 年代的里根岁月"（Thomas Carothers，"The Reagon Years：The 1980s"）等。第二部分是国别案例研究，如劳伦索·梅耶撰写的"墨西哥：例外和统治"（Lorenzo Meyer，"Mexico：The Exeception and the Rule"）和厄拉多·穆尼奥斯的"智利：'成功'的有限性"（Heraldo Muňoz，"Chile：The Limits of 'Success'"）等。第三部分是结论，洛温塔尔用三篇文章来阐释美国与拉美经济发展与民主政治之间关系的本质。其中劳伦斯·维特赫德用观点鲜明的字眼作为文章的题目——"民主的强加"（Laurence Whitehead，"The Imposition of Democracy"）。最后，洛温塔尔在综合分析上述文章之后，深入探讨了美国与拉美民主之间的关系，认为拉美的民主化在多大程度上是自发的，不好考量，但是美国在其中的作用无疑是巨大的。"当拉美的民主力量有利于推广美国利益的时候，就得到美国的极大支持；反之，独裁统治能为美国带来利益时，民主就会被美国扬弃。"[①] 从这个意义上讲，拉美国家的政治发展在很多时候是不以自己意志为转移的，的确是被美国"民主化"的。这本书有很多篇章由拉美学者撰写，比如，厄拉多·穆尼奥斯是智利驻美洲国家组织大使，劳伦索·梅耶是墨西哥大学历史系教授，这就为读者呈现了一个更为全面、客观的

---

① Abraham F. Lowenthal，"The United States and Latin American Democracy：Learning from History"，in Abraham F. Lowenthal，ed.，*Exporting democracy*：*The United States and Latin America*，Baltimore：Johns Hopkins University Press，1991，p. 404.

美拉关系史研究现状，而不只是听到美国学者的单方论调。但是，书中多数文章大都是参考二手文献写出的，所以显得缺少创新性和深厚的文献基础。

总之，国内学术界对"二战"后美拉关系的研究或者是过于笼统的通史著述，或者是过于细微的事件考察，比较缺乏对这一时段美拉关系转变的对比分析。而西方学界虽然从多角度、多层面探讨这一问题，但是这些成果大多是以美国为中心进行研究，较少考察拉美地区对美国政策的影响以及二者之间的互动关系，对于"二战"后到约翰逊政府时期美国对拉美政策的变与不变着墨较少，有些研究虽然经典，但是档案学基础较为薄弱，这也正是本书需要加强的地方。

（二）学术界对于苏东国家与拉美国家关系的研究

因为本书采用对比分析的方法来呈现美苏在西半球的对抗，所以除了要考量美国对拉美的政策以外，还有必要简单回顾一下社会主义国家与拉美的关系。

国内学者对这一问题着墨不多，比如何时的《苏联—拉丁美洲经济关系剖析》，与顾志宏的《苏联向拉丁美洲扩张渗透的手法》。① 何时在文章中总结了苏—拉经济关系的四个特点，其中"苏联出口工业品，进口农产品及原料，这是三十年始终不变的苏—拉贸易商品构成"。笔者认为，苏联对拉美的经济政策并不成功，其原因一部分因为地理阻隔，更为重要的则是苏—拉双方相似的经济结构，两者都以农产品和初级产品出口为主，正是因为这种贸易产品缺乏互补性，所以对彼此的产品兴味索然。不过，笔者比较认同作者对苏—拉双方在发展经济关系时各自动机的分析。顾志宏将苏联对拉美的影响分为四种方式，这种看法对本书有一定的参考价值。

国外学者就此问题做了很多细化的研究。美国学者詹姆士·西伯奇的专著《苏联出现在拉丁美洲》②，以及利昂·古雷与莫利斯·罗

---

① 何时：《苏联—拉丁美洲经济关系剖析》，《俄罗斯中亚东欧研究》1985 年第 3 期。顾志宏：《苏联向拉丁美洲扩张渗透的手法》，《俄罗斯中亚东欧研究》1982 年第 5 期。

② 〔美〕詹姆士·西伯奇：《苏联出现在拉丁美洲》，辛华季译，三联书店 1976 年版。

森堡合著的《苏联对拉丁美洲的渗透》① 两本书，是国内少见的有关
苏联与拉美关系的中文译著。西伯奇主要从宏观的角度考察苏拉关
系，作者主要论述了苏联对拉美的外交目标、贸易援助、革命活动、
与古巴及拉美共产党的关系等方面。而《苏联对拉丁美洲的渗透》
一书则着重案例分析，论述苏联与古巴的关系、苏联对拉美军人政权
的看法及变化、苏联与智利阿连德的关系，最后才概述性地谈及苏联
和东欧国家在经济、政治、文化方面的拉美政策。这两本书的成书年
代较早，观点比较陈旧，但是作者对一些数据的分析还是有很大参考
价值的。哈里·E. 文登在文章《拉美的马克思主义和农民：边缘化
还是动员？》② 中指出了马克思主义在拉美传播的不同路线：正统的
共产党不重视农民的作用，因此农民被边缘化了；相反，卡斯特罗—
格瓦拉—德布雷的游击理论主张发动农民进行暴力革命。

　　关于苏联的政策立场：赫尔波特·S. 戴纳斯坦 1967 年发表了
《苏联在拉美的政策》一文③，主要论述了苏联是如何影响拉美正统
共产党的，致使后者最终信奉"渐进的革命"（creeping revolution）
这条斗争道路。在杰瑞·F. 霍夫的文章《苏联关于拉美的争论》④
中，这一观点得到了重申，作者指出苏联运用辩证的方法对拉美革命
形势进行判断："不能对拉美国内的资产阶级'一刀切'，他们当中
还是有一部分是反美的⑤，这些势力是拉美共产党可以利用的。"当

① ［美］利昂·古雷、莫利斯·罗森堡：《苏联对拉丁美洲的渗透》，上海译文出版社
1979 年版。

② Harry E. Vanden, "Marxism and the Peasantry in Latin America：Marginalization or Mobi-
lization?" *Latin American Perspectives*, Vol. 9, No. 4（Autumn, 1982），pp. 74－98.

③ Herbert S. Dinerstein, "Soviet Policy in Latin America", *The American Political Science
Review*, Vol. 61, No. 1（Mar. , 1967），pp. 80－90.

④ Jerry F. Hough, "The Evolving Soviet Debate on Latin America", *Latin American Research
Review*, Vol. 16, No. 1（1981），pp. 124－143.

⑤ 拉美国家内部"反美"的资产阶级实质上是指民族主义倾向强烈的资产阶级，由
于自身的利益关系，他们多数主张摆脱对美国的经济依附。苏联认为，拉美共产党可以与
这些势力谋求合作共同"反美"，所以苏联主张拉美传统的共产党采取更为和平而非暴力的
斗争形式。

然，之所以苏联在拉美地区没有盲目地选择暴力革命的斗争方式，一个很关键的原因就在于受到美国因素的牵制。吉埃米·萨科里奇在1987 年的《美洲研究和世界事务》上发表了一篇题为"苏联对拉美的政策——对美国的考虑"① 的文章，对此问题展开论述。作者分别阐释了苏联对拉美政策的长期目的、短期目标以及政策实施后对美国经济、军事、政治、安全利益的影响的评估。可见，冷战时期美苏双方还是比较理性、慎重地对待双边关系以及重大国际问题的。马克·N. 凯兹论述了"苏联—古巴关系"②，揭示了尽管在革命道路上苏古两国存在着矛盾和分歧，但总的外交姿态和防务安全的目标都是一致的，苏联对古巴仍然是一如既往地支持。此外，罗德夫·克鲁兹③和雷蒙德·敦肯④分别就 20 世纪 80 年代苏联对拉美政策的新走向进行预测。关于苏联与拉美国家的双边关系，在文章"秘鲁和苏联：遥远的伙伴（1969—1989 年）"⑤ 和"尼加拉瓜：苏联—古巴的工具还是不结盟国家？"⑥ 中都有体现，这里就不再赘述。

共产主义运动是美国在第三世界遭遇到的主要威胁，因此想要了解美国的冷战对策，需要对拉美的共产主义运动进行考察。冷战时

---

①　Jaime Suchlicki, "Soviet Policy in Latin America：Implications for the United States", *Journal of Interamerican Studies and World Affairs*, Vol. 29, No. 1 (Spring, 1987), pp. 25 – 46.

②　Mark N. Katz, "The Soviet-Cuban Connection", *International Security*, Vol. 8, No. 1 (Summer, 1983), pp. 88 – 112.

③　Rodolfo Cerdas Cruz, "New Directions in Soviet Policy towards Latin America", *Journal of Latin American Studies*, Vol. 21, No. 1 (Feb. , 1989), pp. 1 – 22.

④　W. Raymond Duncan, "Soviet Interests in Latin America：New Opportunities and Old Constraints", *Journal of Interamerican Studies and World Affairs*, Vol. 26, No. 2 (May, 1984), pp. 163 – 198.

⑤　Ruben Berrios and Cole Blasier, "Peru and the Soviet Union (1969 – 1989)：Distant Partners", *Journal of Latin American Studies*, Vol. 23, No. 2 (May, 1991), pp. 365 – 384.

⑥　Jiri Valenta, "Nicaragua：Soviet-Cuban Pawn or Non-Aligned Country?" *Journal of Interamerican Studies and World Affairs*, Vol. 27, No. 3 (Autumn, 1985), pp. 163 – 175.

期，拉美的共产主义运动可以等同于拉美左派运动①，它涵盖了包括左派政党（共产党、一些社会党或社会民主党和一些民族主义政党），左派政府（古巴、委内瑞拉、巴西、厄瓜多尔和阿根廷），左派社会运动（组织）和独立的左派人士等庞大的政治力量。这是深入认识美国冷战政策的主要课题，但国内学界在这方面的专题研究基本上还处于起步阶段，尤其缺乏对拉美游击运动研究的论著，概括起来大致有以下一些特征：（1）现状研究多，对特定历史阶段考察的少。大多数研究成果是通过对拉美左派历史变迁的考察，以此来反观左派当下的发展趋势，所以针对某一历史时期的关注较少。②（2）宏观考察多，微观分析少。前期研究多是笼统地考察拉美地区的共产

---

① 不同学者对"拉美左派"的概念有不同的界定：[英] 莱斯利·贝瑟尔主编的《剑桥拉丁美洲史》第六卷（下），（中国社会科学院拉丁美洲研究所组译，当代世界出版社2001年版，第173页）认为："拉美左派指拉美各国的共产党和社会（民主）党"；智利和古巴的某些学者认为，拉美左派应该将拉美左派社会运动（组织）包括在内；还有一些学者把拉美一些民族主义政党看成左翼政党。有关国内学界对"拉美左派"的研究，参见徐世澄《拉丁美洲左派》，《拉丁美洲研究》2004年第5期；刘纪新：《拉美左派的现状与发展趋势》，《拉丁美洲研究》2004年第5期；江时学：《拉美左派的变迁：从卡斯特罗到查韦斯》，《人民论坛》2007年第5期；张森根：《拉美左派离社会主义有多远》，《南风窗》2007年第10期。广义上，笔者比较赞同徐世澄先生的观点，拉美左派包括左派党（共产党、一部分社会党或社会民主党、一部分民族主义政党），一些左派政府（古巴、委内瑞拉、巴西、厄瓜多尔和阿根廷），一些左派社会运动（组织）和一些独立的左派人士。狭义上，冷战时期的拉美左派是指以反对资本主义、反对美国霸权为目标的社会主义者和共产主义者。美国学者托马斯·怀特将20世纪60年代的拉美左派分为信奉马克思主义和不信奉马克思主义两大类别。前者主要又分为亲苏共产党（Moscow-oriented communist parties）、社会主义党（socialist parties，与国际联系不大）和一小部分托派党（Trotskyite parties），后者分为人格主义党（personalist parties，如阿根廷庇隆主义党）、世俗改革党（secular reformist parties，如秘鲁阿普拉党、墨西哥的革命制度党）和新天主教民主党（new Christian Democracy）。详见 Thomas C. Wright, *Latin America in the Era of the Cuban Revolution*, p. 50。

② 有关拉美游击运动的现状分析，参见沈安《拉美游击运动的新趋向》，《世界知识》1989年第11期；李锦华：《近年拉丁美洲游击运动又显活跃》，《当代世界》1997年第5期。

主义运动①，对国别差异，以及共运内部不同形式、分歧的研究不足。② 需要特别指出的是，目前国内对拉美共运国别史进行深入专题研究的学者不多，中国社科院资深研究员毛相麟老先生的著述对本书有较大的借鉴作用。2005 年由社会科学文献出版社出版的《古巴社会主义研究》③ 就是凝结他毕生研究心血的专著。这本书全面系统地介绍了古巴社会主义的历史和现状、理论与实践，特别是对"古巴革命向社会主义转变的特点和国际意义"的分析客观中肯，对本书的构思帮助很大。该书观点鲜明、立论客观、资料翔实、内容丰富，共有中文、西班牙文两个版本。古巴驻华大使卡洛斯·米·佩雷拉对这本书给予了高度评价："《古巴社会主义研究》是中国学术界庆祝菲德尔·卡斯特罗总司令 80 岁生日的最好礼物，也是献给古巴革命支柱——革命武装力量的礼物。"④ 虽然古巴是冷战时期拉美游击运动的先锋和动力之源，但是对古巴的研究并不能反映拉美地区游击运动的全貌。此外，复旦大学拉丁美洲研究室编写的《拉美一些政党和组织对"游击中心论"的批判》⑤ 是国内少有的关于拉美游击运动和共运内部分歧的著作。"游击中心论"（foco）是切·格瓦拉游击理论的核心所在，该书的论证实质上反映了拉美共产党与以格瓦拉为代表的"新左派"之间的矛盾，但这只是 20 世纪 60 年代拉美游击运动衰落的原因之一，所以也不能完整地呈现出这一时期拉美游击运动的发展情况。

　　总之，相对于现状研究和宏观考察，国内目前对拉美共产主义运

---

① 祝文驰、毛相麟、李克明：《拉丁美洲的共产主义运动》，当代世界出版社 2002 年版。

② 言金：《目前拉丁美洲民族解放运动的特点》，《世界知识》1958 年第 16 期；陈晋：《毛泽东·格瓦拉·游击战：20 世纪 60 年代的一个世界性话题》，《党的文献》2007 年第 3 期。

③ 毛相麟：《古巴社会主义研究》，社会科学文献出版社 2005 年版。

④ 参见中国社科院拉美所网页，http：//ilas. cass. cn/cn/xwzx/content. asp? infoid＝3503，2009 年 10 月 16 日。

⑤ 复旦拉丁美洲研究室编：《拉美一些政党和组织对"游击中心论"的批判》，复旦拉丁美洲研究室，1973 年。

动的时段分析与个案解析都略显薄弱，对共运内部在国别和斗争形式上的差异研究不足。特别在游击战方面，虽然有些著作中也稍有提及，但是尚未出现一本有关冷战时期拉美游击运动的专著。因此，本书对 20 世纪 60 年代拉美游击运动的探讨就显得相对必要。

　　国外学者从不同角度对这一时期拉丁美洲游击运动进行了探讨。

　　首先，在宏观研究方面。1975 年复旦大学历史系拉丁美洲研究室翻译的《拉丁美洲游击战运动》是目前国内少有的一本关于拉美游击运动的译著。作者理查德·戈特认为，游击战是"一个政治组织，通过在农村的武装战争，来改变一个国家的政治与社会结构；至于有关政治组织起而掌握最高权力的事，可以发生在这个目标达到之前、之后或正在达到的过程中"[1]；作者将 20 世纪 60 年代拉美的游击运动划分成三个阶段，分别是"空想阶段"—正统共产党领导阶段—分裂阶段；理查德对危地马拉、委内瑞拉、哥伦比亚、秘鲁和玻利维亚五个国家的游击运动进行比较分析。虽然他认识到了拉美左派内部的矛盾和分歧，但是在书中未能明确表达。笔者认为，这一矛盾是导致 60 年代拉美游击运动衰落的重要原因，因此应该加以强调。

　　《古巴革命时代的拉丁美洲》较系统地论述了古巴革命后拉美地区的政治走势。作者托马斯·怀特认为，古巴革命对西半球的影响是深远的，不仅局限于 20 世纪五六十年代，而且是一直延续至今，因此，怀特将论述的时间段下限放至 90 年代。在简要回顾了古巴革命的过程和结果之后，作者独辟一章专论卡斯特罗主义和拉美政治的极端化，怀特认为，这是导致日后拉美政局动荡的主要原因。而卡斯特罗主义的兴起虽然激活了拉美左派，但同时也具有一定的负面作用，使得原本就立场各异的左派队伍在革命道路的问题上再次出现分裂。而后作者论述了不同时期拉美的革命运动，其中包含 60 年代的农村游击运动、70 年代的城市游击运动、阿连德道路、1968—1975 年的秘鲁军事革命、80 年代的尼加拉瓜革命。然而，作者并不是简单地

---

　　① ［英］理查德·戈特：《拉丁美洲游击战运动》，复旦大学历史系拉丁美洲研究室译，上海人民出版社 1975 年版，第 10 页。

描述这些革命运动，而是通过对 90 年代拉美政局的现状分析来揭示这些革命运动的内在联系。怀特指出，苏联解体、冷战结束、内部问题都表明西半球古巴革命时代的终结，同时世界的"第三波民主化浪潮"也催生了不少拉美民选政府，似乎昭示着西半球民主新时代的到来，然而由于拉美社会固有的问题未能得到根本解决，如土地改革，原住民权益，工人、农民和中产阶级生活条件的恶化，政治权力再分配等，因此如果这种状况继续下去，也不免在将来"会出现另一个卡斯特罗和古巴革命新时代"①。

　　美国乔治敦大学的威克姆·克劳利教授是研究拉美游击运动的知名学者，他的专著《拉美的游击和革命：对 1956 年以来暴动和政权的比较研究》② 是另外一本对拉美游击运动做宏观研究的代表作。以 1970 年为界限，作者将 1956 年以来的拉美游击运动分为两波，在对第一波进行研究的过程中，威克姆总结出了一套分析模式，即游击战的成败取决于农民支持、双方的军事实力以及民众忠诚这三个条件，而军事力量的强弱又取决于内部支持、军队的团结力和外部支持（美国对亲美政府，或者古巴对游击组织）的平衡。作者将这一理论用于对第二波的检验当中，最后得出结论：游击队要制造国内的"双重权力"③ 最重要，此外，现政权的类型、军力和外国干涉都有可能影响游击运动的成败。早在 1987 年，威克姆就在《社会学论坛上》发表了一篇名为"拉美游击政府的兴衰"的文章④，分析了游击运动开展的五个步骤，并指出"农民参加游击队的动机是利益驱使，与意识形态无关"，可见他对民众支持实质的论证一针见血。理查德·维茨

---

　　① Thomas C. Wright, *Latin America in the Era of the Cuban Revolution*, Westport, Conn. : Praeger, 2001.

　　② Timothy P. Wickham-Crowley, *Guerrillas and Revolution in Latin America: A Comparative Study of Insurgents and Regimes since* 1956, Princeton, N. J. : Princeton University Press, 1992.

　　③ 按照笔者的理解，所谓的"双重权力"，就是政府合法性的下降和转移，一部分民众将对政府的信任和支持转而投靠到游击队身上，实现这种"双重权力"的局面就意味着游击队取得了多数民众的支持，是革命成功必不可少的前提之一。

　　④ Timothy P. Wickham-Crowley, "The Rise（And Sometimes Fall）of Guerrilla Governments in Latin America", *Sociological Forum*, Vol. 2, No. 3（Summer, 1987）, pp. 473 – 499.

1986 年在《政治学季刊》上发表的 "1960—1980 年拉美的暴动与反暴动"① 中，分别就古巴和尼加拉瓜游击战的胜利，与在委内瑞拉和玻利维亚的失败进行了比较，得出决定游击战成败的主要原因和非决定性因素。乔治·H. 奎斯特也对 1975 年以前的拉美游击运动进行了回顾②，并强调民众的重要性。也有一些学者对比了古巴革命前后拉美左派的变化，结合新形势下拉美的左派极端、激进的特征，提出了"新左派"这个概念，阿里斯太尔·亨尼塞的"拉丁美洲的新极端主义"③ 和约翰·D. 马刺的"拉美'新左派'的理论和困境"④ 都是这方面研究的代表作。60 年代末拉美农村游击运动衰落，有些国家的游击队开始向城市转移，对此，查尔斯等进行了总结。⑤

其次，对 20 世纪 60 年代拉美游击运动的研究，离不开对精英人物特别是对他们思想理论的探讨，其中最核心的人物便是切·格瓦拉。格瓦拉的游击理论散落在他的一些演讲、日记和著述，以及后人整理编纂的文献集中。⑥《游击战》一书是格瓦拉思想的集大成之作，书中涉及了游击战的方方面面，涵盖了包括游击战本质、战略、战

---

① Richard Weitz, "Insurgency and Counterinsurgency in Latin America, 1960 – 1980X", *Political Science Quarterly*, Vol. 101, No. 3 (1986), pp. 397 – 413.

② George H. Quester, "The Guerrilla Problem in Retrospect", *Military Affairs*, Vol. 39, No. 4 (Dec. , 1975), pp. 192 – 196.

③ Alistair Hennessy, "The New Radicalism in Latin America", *Journal of Contemporary History*, Vol. 7, No. 1/2 (Jan. -Apr. , 1972), pp. 1 – 26.

④ John D. Martz, "Doctrine and Dilemmas of the Latin American 'New Left'", *World Politics*, Vol. 22, No. 2 (Jan. , 1970), pp. 171 – 196.

⑤ Charles A. Russell, James A. Miller, Robert E. Hildner, "The Urban Guerrilla in Latin America: A Select Bibliography", *Latin American Research Review*, Vol. 9, No. 1 (Spring, 1974), pp. 37 – 79.

⑥ 关于切·格瓦拉的思想，可参见［古巴］切·格瓦拉：《游击战》，上海复旦大学历史系拉丁美洲研究室、上海外国语学院西班牙语教研组译，上海人民出版社 1975 年版；Ernesto Guevara, *Che Guevara speaks*, New York: Pathfinder, 2000; Ernesto Guevara, David Deutschmann, ed. , *Che Guevara and the Cuban Revolution: Writings and speeches of Ernesto Che Guevara*, Sydney: Pathfinder/Pacific and Asia, 1987; Ernesto Guevara, *Guerrilla warfare*, translated from the Spanish by J. P. Morray. New York: Monthly Review Pr. , 1961; Mao Tse-Tung, Che Guevara, *Guerrilla warfare*, London: Cassell, 1968。

术、游击队员、游击队组织、后勤补给、情报、训练等问题，成为本书立论的重要依据。罗伯特·J. 斯考茨略总结了 70 年代之前国外对格瓦拉本人的研究。① 此外，也有西方学者对古巴革命的示范作用以及此后卡斯特罗的"输出革命"思想进行了研究。阿方索·冈萨雷斯②和约瑟夫·S. 洛科克③，分别从卡斯特罗对拉美经济的影响和古巴的共产主义教育入手探讨古巴对拉美的革命影响。除此之外，还应该注意到这一时期的拉美还存在着其他不同的共产主义思想，《拉丁美洲的卡斯特罗主义和共产主义（1959—1976）马列主义经验的几种类型》就是这方面研究的代表作。④

最后，关于冷战时期拉美游击运动的国别史研究，西方学者也进行了不同程度的探讨。代表作有劳伦斯·伯顿的《游击和国家：政府在哥伦比亚和平进程中的作用》⑤、莱昂·肯贝尔的《1960—1965 年秘鲁的游击运动研究》⑥、史蒂文·格曼的《尼加拉瓜革命的政权和巩固》⑦，以及加布里埃尔·佩拉塔、约翰·贝弗利合写的《危地马拉反暴动中的恐怖和暴力》⑧；有关阿根廷此期的左翼游击、极端主

---

① Robert J. Scauzillo, "Ernesto Che Guevara: A Research Bibliography", *Latin American Research Review*, Vol. 5, No. 2 (Summer, 1970), pp. 53 – 82.

② Alfonso Gonzalez, "Castro: Economic Effects on Latin America", *Journal of Inter-American Studies*, Vol. 11, No. 2 (Apr., 1969), pp. 286 – 309.

③ Joseph S. Roucek, "Pro-Communist Revolution in Cuban Education", *Journal of Inter-American Studies*, Vol. 6, No. 3 (Jul., 1964), pp. 323 – 335.

④ ［美］拉特利夫：《拉丁美洲的卡斯特罗主义和共产主义（1959—1976）马列主义经验的几种类型》，王槐挺译，商务印书馆 1979 年版。

⑤ Lawrence Boudon, "Guerrillas and the State: The Role of the State in the Colombian Peace Process", *Journal of Latin American Studies*, Vol. 28, No. 2 (May, 1996), pp. 279 – 297.

⑥ Leon G. Campbell, "The Historiography of the Peruvian Guerrilla Movement, 1960 – 1965", *Latin American Research Review*, Vol. 8, No. 1 (Spring, 1973), pp. 45 – 70.

⑦ Stephen M. Gorman, "Power and Consolidation in the Nicaraguan Revolution", Journal of Latin American Studies, Vol. 13, No. 1 (May, 1981), pp. 133 – 149.

⑧ Gabriel Aguilera Peralta and John Beverly, "Terror and Violence As Weapons of Counterinsurgency in Guatemala", *Latin American Perspectives*, Vol. 7, No. 2/3, Central America: The Strongmen are Shaking (Late Spring-Summer, 1980), pp. 91 – 113.

义，主要有查尔斯·罗塞尔等写的《阿根廷城市游击研究》①、皮特·G. 斯诺的《1957—1963 年阿根廷的极端主义》② 和丹尼尔·詹姆斯的《1955—1975 年庇隆主义左派》③。

除此之外，国外学者从其他角度研究游击运动的其他因素。琳达·L. 瑞夫论证了"妇女在拉美游击运动中的作用"④，给人耳目一新的感觉，其实格瓦拉在自己的著作《游击战》中就曾独辟一节论述游击战中女性的角色。

总之，与中国在此方面做的研究相比，国外学者的成果显然要多得多，他们分别从宏观、国别的角度对游击运动的理论和实践进行了探讨，比较全面地展现了冷战时期拉美游击运动的发展轨迹。尽管西方学者从多个层面对拉美的游击战运动进行研究，但是研究的"热度"也是随着游击运动本身的兴衰而逐渐减弱。而且，他们对游击运动内部发生、发展过程中的矛盾分析还不深入，这恰恰是 20 世纪 60 年代拉美游击运动衰落的根源之一。

（三）西方学术界对于 20 世纪 60 年代美国反游击战政策的研究

从笔者目前搜集到的资料来看，国内史学界少有关于美国在拉美反游击战政策的专门论述，所以，这里只介绍西方学界在这方面的研究成果。贝克特的专著《1750 年以来的暴动与反暴动——游击队及其成员》⑤ 追述了暴动形成的根源，并逐一探讨了历史上重大的暴动事件，这本书时间跨度很大，但是思路脉络比较清楚，不足之处是作

---

① Charles A. Russell, James F. Schenkel, James A. Miller, "Urban Guerrillas in Argentina: A Select Bibliography", *Latin American Research Review*, Vol. 9, No. 3 (Autumn, 1974), pp. 53 – 89.

② Peter G. Snow, "Argentine Radicalism: 1957 – 1963", *Journal of Inter-American Studies*, Vol. 5, No. 4 (Oct., 1963), pp. 507 – 531.

③ Daniel James, "The Peronist Left, 1955 – 1975", *Journal of Latin American Studies*, Vol. 8, No. 2 (Nov., 1976), pp. 273 – 296.

④ Linda L. Reif, "Women in Latin American Guerrilla Movements: A Comparative Perspective", *Comparative Politics*, Vol. 18, No. 2 (Jan., 1986), pp. 147 – 169.

⑤ I. F. W. Beckett, *Modern Insurgencies and Counter-insurgencies: Guerrillas and Their Opponents since 1750*, London; New York: Routledge, 2001.

者混淆了暴动、游击战与恐怖主义之间的区别。

美国学者理查德·H. 舒尔茨1989年出版的《游击战与反暴动：美苏对第三世界的政策》① 一书认为，在支持或破坏暴动方面，美苏拥有相同的动机，这主要取决于被干涉国政府的态度。如果这个国家的政府是亲美或亲苏的，那么两国便会对当地政府提供援助政府以打压国内的暴动势力；相反，如果这个政府不听命于美国或苏联，那么两国就会支持反政府武装，扶植自己的"代理人"统治。可见，在这个过程中反政府武装是具有双重作用的，可谓"水可载舟，亦能覆舟"。

威廉姆·J. 波美罗伊的《游击战与反游击战——当代的解放与镇压》② 用比较粗的线条勾勒出了杜鲁门总统到约翰逊总统期间美国反游击战政策的连贯性。安德鲁·詹姆斯·波特尔的专著《美国陆军反暴动与应对偶发事件的原则》③ 则探讨美国内战以来陆军的反暴动经验，但是作者对过程描述得过于详细，对反暴动目的和意图的分析略显不足。虽然同为宏观著作，但是迈克·马克兰托克的《治国工具：1940—1990年美国游击战、反暴动和反恐》④ 一书，与前两位学者的研究视角明显不同。他从美国外交战略入手，解析美国近50年的反暴动行动，使整本书看起来统而不散，特征鲜明。尤其是作者将50年代艾森豪威尔政府的"非常规战争"、60年代肯尼迪总统的"反暴动主义"与80年代里根总统的"低烈度战争"相比较，揭示了它们之间的内在联系，相同之处都是为美国的国家利益服务，不同之处反映在美国政府的立场上面。"非常规战争"

---

① Richard H. Shultz, Jr. , *Guerrilla Warfare and Counterinsurgency*: *U. S. -Soviet Policy in the Third World*, Lexington, Mass. : Lexington Books, 1989.

② William J. Pomeroy, *Guerrilla and Counter-guerrilla Warfare*: *Liberation and Suppression in the Present Period*, New York: International Publishers, 1964.

③ Andrew James Birtle, *U. S. Army Counterinsurgency and Contingency Operations Doctrine*, 1860 – 1941, Washington, D. C. : Center of Military History, United States Army, 1998.

④ Michael McClintock, *Instruments of statecraft*: *U. S. Guerrilla Warfare, Counterinsurgency, and Counter-terrorism*, 1940 – 1990, New York: Pantheon Books, 1992.

是指美国支持一国的反政府暴动势力，用来推翻"不友好政府"，而"反暴动行动"则相反，是协助亲美政府镇压国内的暴动势力，低烈度则是在战争程度上的差别。关于具体的反游击战政策和措施，维基·库玛、① 雷里约·汤姆普森②和查尔斯·波哈南③都做了很多相关研究。菲律宾是美国历史上仅有的殖民地，它的安定对美国的意义非同一般，所以，美国在菲律宾的反暴动就显得极具代表性，拿破仑·D. 巴雷利亚诺所著的《菲律宾的反游击经验》就是这方面研究的代表作。

对于 20 世纪 60 年代美国在拉美的"反游击战政策"，国外学者从不同方面做了比较研究。肯尼迪是冷战时期美国历届政府中最关注第三世界尤其是拉美地区的总统④，面对苏联在自己传统势力范围内的威胁，美国政府加大了对拉美政府的军事援助，提高政府对"新左派"的"硬"干预能力，其中对与美国毗邻的中美洲和加勒比地区特别重视。⑤ 在这方

---

① Vijay Kumar Anand, *Insurgency and Counter-insurgency: A Study of Modern Guerilla Warfare*, New Delhi: Deep & Deep Publications, 1981.

② Leroy Thompson, *The Counter-insurgency manual: Tactics of the Anti-guerrilla Professionals*, London: Greenhill Books, 2002.

③ Charles T. R. Bohannan, "Antiguerrilla Operations", *Annals of the American Academy of Political and Social Science*, Vol. 341, Unconventional Warfare (May, 1962), pp. 19 – 29.

④ Stephen G. Rabe, *The Most Dangerous Area in the World: John F. Kennedy Confronts Communist Revolution in Latin America*, p. 195.

⑤ 对此期美国对中美洲的政策，可参见 James L. Dietz, "Destabilization and Intervention in Latin America and the Caribbean", *Latin American Perspectives*, Vol. 11, No. 3, Destabilization and Intervention in the Caribbean (Summer, 1984), pp. 3 – 14; Laurence Whitehead, "Explaining Washington's Central American Policies", *Journal of Latin American Studies*, Vol. 15, No. 2 (Nov., 1983), pp. 321 – 363; Thomas M. Leonard, "Search for Security: The United States and Central America in the Twentieth Century", *The Americas*, Vol. 47, No. 4 (Apr., 1991), pp. 477 – 490; Robert H. Holden, "Securing Central America against Communism: The United States and the Modernization of Surveillance in the Cold War", *Journal of Interamerican Studies and World Affairs*, Vol. 41, No. 1 (Spring, 1999), pp. v – 30.

面，国外学者也做了不少探讨。① "美洲学校"（School of the Americas，SOA）作为冷战时期美国培训反游击军官和士兵的基地，自然成为本书不可避开的主题。莱斯利·吉尔通过采访当时参加训练的军官和周边民众，写成了《美洲学校：军事训练与政治暴力》②这本书，这也是国内目前唯一可见的研究"美洲学校"的专著，该书较为系统地追述了 SOA 的发展历程，及其目标的转移（由冷战时期的反共、反暴动转为后冷战时代的反毒品）。应该指出的是，随着 60 年代美—拉关系的变化，美国和拉美之间的共同防务也出现了转型，由防止共产主义的外部侵扰转变为遏制共产主义的内部影响。霍尔赫·I. 多明戈斯便从共同防务的角度探讨这一时期拉美的革命形势。③ 马格莱·特德雷·哈曳斯在自己的文章《美国在拉美地区的安全利益》④ 中指出，60 年代是美国与拉美军事合作最密切的时期，足以见得这个阶段对美拉关系的重要性，以及它在冷战中的地位。

---

① 有关此期美国对拉美军援的研究，可参见 Michael J. Francis, "Military Aid to Latin America in the U. S. Congress", *Journal of Inter-American Studies*, Vol. 6, No. 3 (Jul. , 1964), pp. 389 – 404; Stephen S. Kaplan, "U. S. Arms Transfers to Latin America, 1945 – 1974: Rational Strategy, Bureaucratic Politics, and Executive Parameters", *International Studies Quarterly*, Vol. 19, No. 4 (Dec. , 1975), pp. 399 – 431; John M. Baines, "U. S. Military Assistance to Latin America: An Assessment", *Journal of Interamerican Studies and World Affairs*, Vol. 14, No. 4, Special Issue: Military and Reform Governments in Latin America (Nov. , 1972), pp. 469 – 487; John Samuel Fitch, "Human Rights and the U. S. Military Training Program: Alternatives for Latin America", pp. 65 – 80; John Duncan Powell, "Military Assistance and Militarism in Latin America", *The Western Political Quarterly*, Vol. 18, No. 2, Part 1 (Jun. , 1965), pp. 382 – 392. David L. Feldman, "Argentina, 1945 – 1971: Military Assistance, Military Spending, and the Political Activity of the Armed Forces", *Journal of Interamerican Studies and World Affairs*, Vol. 24, No. 3 (Aug. , 1982), pp. 321 – 336.

② Lesley Gill, *The School of the Americas: Military training and political violence in the Americas*, Durham: Duke University Press, 2004.

③ Jorge I. Domínguez, "Insurgency in Latin America and the Common Defense", *Political Science Quarterly*, Vol. 101, No. 5, Reflections on Providing for "The Common Defense", (1986), pp. 807 – 823.

④ Margaret Daly Hayes, "Security to the South: U. S. Interests in Latin America", *International Security*, Vol. 5, No. 1 (Summer, 1980), pp. 130 – 151.

另外，美国对拉美也实施了一些社会经济发展的"软措施"。安娜·卡斯滕·尼尔森对肯尼迪总统的国家安全政策做了重新考察，她与威廉姆的观点一致，指出"肯尼迪更多的是继承了前几任总统的政策，缺乏创新和个性，而且较为保守"，对于"争取进步联盟所承诺的三个目标：经济增长和发展、结构性变革、政治民主化最后都没有实现……究其原因，主要在于美国政府对拉美国家一系列的误判"[1]。在乔丹·康奈尔·史密斯的文章《美国外交关系中的拉美》里，作者指出了"争取进步联盟"失败的另外一个重要原因是政策本身所存在的"内在性矛盾"[2]，即经济援助政策的动机并不是为了拉美的经济社会发展，而是服务于美国遏制共产主义发展的大战略，这就注定"争取进步联盟"必然的失败。

约瑟夫·S. 拓秦在 1988 年《美洲研究和国际事务》上发表的"20 世纪 60 年代美拉关系研究"[3] 中得出结论："这一时期美国对拉美的政策结果适得其反，原因在于美国并没有对拉美不同国家具体问题具体分析，所以出现了很多对形势的误判，反而导致很多拉美国家民族主义和反美情绪高涨"。不过，笔者并不赞同"美国没事先做好调查工作"这种观点。从美国政府诸多的解密档案中显示，不论是中情局还是驻当地的大使馆等美国机构和官员都对拉美国家形势给予了密切关注，并及时向华盛顿汇报，这样的文件屡见不鲜，所以，不能说美国在拉美国家"反游击战"行动中只充当着出钱的角色，美国政府还是做了大量深入的研究和分析，甚至有些关注过度，神经过敏，过高地估计了游击运动的威胁。笔者认为，60 年代美国对拉美政策受挫的最重要的原因和"争取进步联盟"政策失败的原因如出一辙，是美国政策的动机矛盾问题，因为美国政府的出发点是自身的

① Anna Kasten Nelson, "President Kennedy's National Security Policy: A Reconsideration", *Reviews in American History*, Vol. 19, No. 1 (Mar., 1991), pp. 1–14.

② Gordon Connell-Smith, "Latin America in the Foreign Relations of the United States", *Journal of Latin American Studies*, Vol. 8, No. 1 (May, 1976), pp. 137–150.

③ Joseph S. Tulchin, "The United States and Latin America in the 1960s", *Journal of Interamerican Studies and World Affairs*, Vol. 30, No. 1 (Spring, 1988), pp. 1–36.

安全、政治和战略利益，并非真正地着眼于拉美的发展，可以说，华盛顿没有也不想关注拉美社会存在的结构性问题，真正得益于美国政策的还是亲美的拉美政府，这些政策的内在性矛盾注定了它只能实现短期的军事胜利，不可能实现帮助拉美国家和人民"发展"的允诺。除了美国政策的内在性矛盾外，米歇尔·舍富尔从全球的角度探讨《美国反暴动政策的失败》①，为读者展示了失败原因的另一方面，即当地的因素，这又分为当地政府推动改革的意愿和能力，以及政府与民众之间的关系。美国的"反暴动"政策作用是有限的，虽然在希腊和菲律宾获得成功，但更多的功劳应该归结于当地政府执政能力比较强，与民众的关系处理得当，从而掩盖了美国政策的弊病；相反，南越吴庭艳政府的腐败无能，使得美国的"反游击"政策弊病暴露无遗，最终美国撤出了越南这个"泥潭"，也宣告了在越南"反游击战"的失败。

可以说，冷战时期美国的反游击战政策并不新鲜，历史上早已有之，决定美国对武装力量支持与否的关键在于美国政府对自身利益的定夺，以及对武装势力立场的判断。

总之，国内学界对于20世纪60年代美国在拉美反游击战政策的研究尚属匮乏，而西方学界已经做出了较为全面的探讨，但是他们在专题研究和比较分析方面仍存在一些不足。比如，缺乏有关冷战敌对双方对拉美游击运动影响的权衡分析：一方面体现在对拉美游击运动内部发生、发展过程中的三个层次、四对矛盾的诠释不足。这些矛盾分别体现在国家、地区和国际三个层次的游击队内部领导权的斗争、拉美各国共产党内部的权力斗争、古巴与拉美各国共产党之间的纷争以及中苏分歧等方面。从本质上讲，矛盾的核心就是关于革命斗争道路的问题，是武装斗争还是和平过渡到社会主义的问题。另一方面，西方学者缺乏有关20世纪60年代美国在拉美反游击战政策的专论，很多这方面的研究散见于美国对拉美的其他政策或者美国对第三世界

---

① D. Michael Shafer, *Deadly Paradigms: The Failure of U. S. Counterinsurgency Policy*, Princeton, NJ: Princeton University Press, 1988.

的政策当中。此外，对美国反游击战政策在时间和地域上的比较研究尚显不够。因此，对于这一课题的研究还是有相当的空间可以深入发掘的。

综上所述，国内外学者在本课题的相关研究上面都曾做过有益的探讨，笔者有幸"站在巨人的肩膀上"登高远眺，拓展研究的新视野。与前人的研究相比，本书试图在以下几个方面继续探索：一是运用了大量美国政府的原始档案文献，弥补了国内学者相关著述中的不足。档案数据库和大量免费的美国政府档案网络资源，使中国学者同美国学者一样能在第一时间看到最新解密的文件，这在无形中缩小了我们与国外同行之间的视野差距，为国内美国外交史学的学术水平与国际接轨提供了平台。相对于世界史专业其他方向的研究，美国外交政策史研究具有得天独厚的条件。笔者充分利用这一优势，分析甄别大量相关外交档案，并在此基础上形成观点加以论证。因此，本课题研究具备文献学价值。二是从冷战的视角来考察美国对拉美的政策。上文提到，国内外学者分别从政治、经济、军事等角度对美拉关系中的独立个案和宏观通史做了探讨，但是很少注意到"二战"前后美拉关系性质的转变，以及国际冷战、西半球地区局势和美国外交政治之间的互动联系。"新冷战史学"的兴起引领学者重新审视这段特殊的历史，本研究紧跟国际冷战史研究的新动态，一方面是美苏冷战对抗对拉美等发展中国家的作用，另一方面拉美等第三世界地区的走势也拓宽了冷战的内涵，深化了冷战的本质，致使冷战成为多维、互动、全球性的现象。因此，本书研究具有学术探索价值。三是以美国国家安全和拉美经济发展之间的博弈关系为主线，在阐释冷战时期美国对拉美政策本质的同时，对当今的国际局势也有一定的借鉴作用。尽管冷战已经结束，但是世界局势依然严峻，地区性战争和暴力冲突此起彼伏，局部动荡有所加剧，恐怖主义悄然蔓延。除了历史遗留问题，大国霸权和不公正的国际政治经济秩序是导致这种局面出现的根本原因。而在应对国际问题时，美国政府决策人依旧保有冷战思维，其谋求世界霸权、建立单极世界秩序的战略目标没有变化，倚重军事优势加紧对国际战略制高点控制的方针也不会改变。但五十多年前发生在西半球的反游击运动事实证明，仅仅取得军事胜利是极其短视的行为，只要民众运动产生的根源没有根除，新一轮的武装斗争随时都有可能再次爆发。因此，在反恐时代，以美国为首的世界大国必须从长计议，抛弃一味强调"硬手法"的单边主义行动，加强国际合作，切实帮助落后国家改善民生脱贫致富，真正致力于推动世界的多极化发展，为建立合理、公正、安全与发展并济的世界政治经济新秩序而努力。

第一章

"二战"前后美国对拉美的外交政策转变

　　自 1823 年"门罗宣言"发表以来，美国就一直将拉丁美洲视为自己的势力范围。但是由于实力所限，美国在随后的数十年并不能贯彻"美洲是美洲人的美洲"这一政治理念。直至 19 世纪末，美国的经济和军事实力猛增，一跃成为资本主义世界强国。美西战争的胜利，使得"门罗主义"具有了实质性的内容。西奥多·罗斯福总统继承地发展了传统"门罗主义"，形成了"罗斯福推论"（Roosevelt Corollary），手持大棒在拉美大肆实施武装干涉。这种肆无忌惮的干涉招致拉美人民的强烈不满，拉美国家维护主权的运动日益高涨，美拉关系深陷危机之中。随后上台的美国总统在不损害美国利益的前提下，开始做些政策调整以修复破损的美拉关系。其中，以富兰克林·罗斯福推出的"睦邻政策"调整幅度最大，美国在外交姿态和经贸互惠方面都做出了重大改变。第二次世界大战的爆发促使美国和拉美国家结成了反法西斯的政治军事同盟，美拉关系在这一时期出现了美国国家安全与拉美经济发展并济的"双赢"局面。好景不长，"二战"结束后，杜鲁门政府的外交重点主要集中在欧洲和远东这些反共的前线地区，对于拉丁美洲这个战略大后方并没有给予足够的重视，虽然美国还是一如既往地加强西半球的防务安全体系，但却背弃了战时美国对拉美国家经济援助的承诺。继任的艾森豪威尔总统延续了前任的拉美政策，依旧漠视拉美国家的发展要求，实施"贸易而非援助"的经济政策，同时出台 NSC144/1 号文件，增加对拉美独裁政府的军事援助，加大反共宣传力度，将拉美国家禁锢在西半球反共体系之内。

第一节 富兰克林·罗斯福时期的美拉关系

1898 年，美国取得了美西战争的胜利，而后又通过《普拉特修正案》将古巴变为自己的"保护国"。西奥多·罗斯福总统借势提出了"罗斯福推论"，扬言要"将美洲变成美国的美洲"。美国对拉美事务的粗暴干涉遭到了拉美国家的反对，美拉关系进入了紧张时期。20 世纪 30 年代经济大危机使美国的经济遭受重创，同时冲击了美国对拉美的经济影响力。为了改善美拉关系，渡过经济危机，富兰克林·罗斯福政府出台了"睦邻政策"。这项政策的前期政治疏导和经济合作为美拉共同防御体系的建立提供了可能性，"二战"的爆发最终促成了西半球安全防务体系的建立。

一 "睦邻政策"的出台与实施

(一)"睦邻政策"出台的背景

"门罗宣言"的发表，意味着美国将拉丁美洲视为自己的势力范围。但是，由于美国的经济和军事实力还比较薄弱，只能默认欧洲国家染指美洲事务，"美洲是美洲人的美洲"这一政治理念一直未能付诸实践。直至 19 世纪末，在经历过两次工业革命的洗礼后，美国的实力迅猛增长。1900 年，美国在世界工业生产总值中的比重已经达到30%，位居全球第一。[①] 不仅如此，美国的军事实力特别是海军大为扩充，这些坚船利炮成为一个大国的崛起的必备条件。马汉"海权论"的问世，极大地迎合了垄断资本主义发展的需求，成为美国乃至世界其他国家对外扩张的理论基础。凭借雄厚的实力，美国赢得了美西战争。从此，美国开始由本土扩张向海外扩张转变，成为加勒比和太平洋地区的世界强国，"门罗主义"在拉美迈出了实质性的一步。

拉美的债务问题给美国提供了在西半球宣誓"主权"的契机。

---

① ［美］沙伊贝等：《近百年美国经济史》，彭松建等译，中国社会科学出版社 1983年版，第 32 页。

1902 年 12 月，英、德、意三国以债务为由，对委内瑞拉进行封锁并炮轰其港口。时任美国总统西奥多·罗斯福态度强硬，坚决要求把争端提交仲裁，并以武力威胁，最终，英、德、意被迫让步，解除封锁，将债务问题提交仲裁。委内瑞拉的问题刚解决，圣多明各又出现了类似的情形。1904 年，美又闻英德将向多米尼加索债，并准备实施武装干涉。① 在这种形势下，门罗主义的新表现形式"罗斯福推论"应运而生。

1904 年 12 月 6 日，老罗斯福在递交国会的第 4 次国情咨文中称："如果一个国家表明它知道在社会和政治事务上如何以适当的效能和体面来行动，如果它保持秩序和偿付其债务，那它就不用害怕美国会进行干涉。在美洲，如同其他地方一样，如果由于不断的混乱，或由于无能而导致一种全面脱离与文明社会的联系时，最终就需要某个文明国家进行干涉。如果在西半球这种混乱或无能的情况特别严重，那么奉行门罗主义的美国只好勉为其难，不得已而充当国际警察。……我们对它们的干涉只是最后手段，仅在它们无能或者明显不愿意在国内外维护正义，以致危害到美国利益或者招致外国人入侵伤害美洲国家整体躯干时才这么做。"② 1905 年 12 月 5 日，老罗斯福在致国会的第 5 次国情咨文中进一步阐发了他的西半球政策理念："对和平最有效的工具之一就是门罗主义，……由美国发展并已为其他国家所接受。没有任何政策能像它那样促进西半球的和平，并给予这片土地上所有国家走自己发展道路的机会。如果这个理念不与时俱进，那么它会全面陈旧，不为现世所需，甚至可能被丢弃。但由于我们已经提出使之符合本半球增长和变化需要的，所以它在国内是有用的，在国外

① 1902 年 12 月 29 日，阿根廷外长德拉格（Luis María Drago）提出"国债不能成为武装干涉的理由，更不能成为某一欧洲国家占领美洲国家领土的理由"。德拉格提出的这一国际法原则被后世称为"德拉格主义"（Drago Doctrine），也有学者将其列为对门罗主义的扩张概念。详见 George C. Herring, *From Colony to Superpower：U. S. Foreign Relations since 1776*, Oxford：Oxford University Press, 2008, p. 370。

② Theodore Roosevelt, "Fourth Annual Message", December 6, 1904, available at：http：//www. presidency. ucsb. edu/ws/index. php? pid = 29545&st = &st1 = , 2009 年 9 月 8 日。

正得到承认。"① 这些讲话和咨文中所宣称的观点就是著名的"罗斯福推论"。

从西奥多·罗斯福的言论不难发现,"罗斯福推论"的实质就是将"门罗主义"所宣称的"美洲是美洲人的美洲"公然变成"美洲是美国人的美洲"。1916 年 5 月,老罗斯福公开宣称,他的拉美政策是"言语柔和,手持大棒",即"大棒政策"。老罗斯福及其后继者接受了"罗斯福推论"的理念,他们利用美国强大的海军实力,采取武装干涉的手段,维护着西半球的"秩序",将"门罗主义"贯彻发展到美拉关系史上的一个高潮期。

美国对西半球事务肆无忌惮的干涉招致了拉美国家的强烈不满。拉美国家维护主权的运动日益高涨,他们开始联合起来反对门罗主义,要求改变美国在泛美体系中的优越地位,确认不干涉原则。1917 年 6 月,乌拉圭外长巴尔塔萨·布鲁姆(Baltasar Brum)提出,违反公认国际法准则侵犯任何一个美洲国家的行动,均应视为对全体美洲国家的侵犯。1920 年 4 月,改任总统的布鲁姆在蒙得维的亚大学发表题为"美洲的团结"的演说中指出:门罗主义只是为美国一个国家的利益服务的,事实上建立了美国对拉丁美洲国家的"保护制度"。他建议成立美洲国家联盟,这样不仅能够反对来自大洋彼岸的征服者,而且反对可能在它们当中出现的任何帝国主义倾向。这些主张被称为"布鲁姆主义"。1927 年 4 月至 5 月,在里约热内卢举行了美洲法学家会议,根据哥斯达黎加代表的倡议,大会通过了一项决议,确认了"任何国家均不得干涉他国内政"的原则。此外,1910—1928 年召开的三次美洲国家会议,都成为拉美国家揭露美国干涉拉美内政的讲坛,他们要求在反干涉问题上达成协议,而美国则运用外交施压,阻挠会议主题的讨论。这种"干涉"与"反干涉"的力量交锋在第六届美洲国家会议上达到了顶点。在会议召开前夕,美国国务卿凯洛格(Frank Billings Kellogg)早已嗅到了浓浓的反美气

---

① Theodore Roosevelt, "Fifth Annual Message", December 5, 1905, available at: http://www.presidency.ucsb.edu/ws/index.php? pid = 29546&st = &st1 = , 2009 年 9 月 8 日。

息，他告诫临行的美国与会代表要竭力避开争端，抵制绝对不干涉原则获得通过。1928 年 1 月 16 日至 2 月 20 日，第六届美洲国家会议在哈瓦那召开。美国时任总统柯立芝致开幕词，大谈美洲国家之间的"平等"和"民主与善意"的精神。对此，乌拉圭众议院议长泰拉说，在美国的枪炮还朝着手无寸铁的人们射击的时候，柯立芝所说的美洲国家之间的兄弟情谊是不可能实现的。萨尔瓦多代表格雷罗（Guerrero）建议通过决议，以确认里约热内卢法学家会议所接受的"任何国家均不得干涉他国内政"。美国对此避重就轻，以"保护侨民"为借口阻挠通过该项决议。美国代表团团长、国务卿查尔斯·休斯（Charles Evans Hughes）声称，美洲国家面临的困难并不是外来的侵略，而是内部的困难。在未来难以预测的事变中，美国政府不能答应限制采取保护措施的行为。当有关政府垮台，美国公民的生命和财产安全受到威胁的时候，而有关政府处于自己也无法控制、不能负责的局面下，按照国际法的原则，美国有权采取保护自己公民生命财产的行动。这些行动并不是干涉，而是"暂时性干预"。尽管格雷罗的建议得到了墨西哥、阿根廷、智利等 13 个拉美国家的支持，但是由于美国的阻挠，这项决议未获通过。大会最后只通过了《关于内部纠纷时期各国的权利和义务公约》，泛泛地宣布美洲各国的平等地位，彼此尊重主权和独立，"既没有明确'侵略'的内涵，也没有就如何制裁侵略国做出具体解释"。① 虽然此次会议没有达成有关不干涉原则的具体协定，但足以使世界窥探到美国和拉美国家之间业已存在的深深的裂隙，美国欲盖弥彰的辩解非但没有缓和美拉矛盾，反倒促进拉美人民反美情绪的进一步高涨。对于拉美国家谋求主权独立和平等国际话语权的呼声，美国再也不能充耳不闻。在这种形势下，华盛顿官方必须对此前的拉美政策进行反思，并适时地做些调整。

哈定是第一位意识到美国政策需要调整的总统，可以将其对拉美

---

① G. Pope Atkins, *Latin America in the International Political System*, Boulder, Colo.: Westview Press, 1995, p. 153; J. Lloyd Mecham, *A Survey of United States-Latin American Relations*, Boston: Houghton Mifflin, 1965, p. 107.

的政策概括为"无为而有所为"。"无为"指的是他任内并没有具体的政策变化，美拉关系总体比较平稳，并没有发生较大规模的武装干涉；"有所为"指的是美国开始从中美洲和加勒比地区撤兵。随后上任的柯立芝总统继承了哈定的政策，继续撤兵，美国海军陆战队全部撤出了多米尼加；此外，他还主张通过谈判机制解决美拉分歧。继任的胡佛总统上台伊始，即对 10 个拉美国家进行为期 10 周的"亲善访问"。其间大谈美国不扩张领土，不对其他国家进行经济或其他方面的干涉，发表了大量"睦邻友好"的演说。① 胡佛任内还有更具体的措施，比如宣布门罗主义只是针对欧洲；从尼加拉瓜撤出海军陆战队，制订了从海地陆续撤兵的计划；要求美国在拉美的投资者在寻求外交保护之前，尽可能地谋求通过当地政府解决纠纷，等等。不过，这一时期的经济大危机牵扯了胡佛总统更多的精力，使他无暇南顾，对拉美国家的若干承诺也只能流于空谈，干涉拉美国家内政的事情依然时有发生，这也说明干涉控制的政策基调并没改变，只是在程度上有所克制，所谓的政策调整只是想缓和日益紧张的美拉关系。然而，上述这几届政府采取的这些有限举措，已经在为美国大规模调整对拉美政策营造了舆论的氛围，"睦邻"的帷幕正在被缓缓拉开。

除此之外，20 世纪 30 年代的经济大危机对美国在西半球主导地位的冲击，也是"睦邻政策"出台的重要原因。1929—1933 年，资本主义世界经历了有史以来最为严重、最为深刻的一次经济危机。美国作为危机的发源地，其经济为此遭受了前所未有的沉重打击。同时，大危机也削弱了美国对拉美经济的控制力。1929—1932 年，美国对拉美各国的出口额由 9.11 亿美元降至 1.94 亿美元，美国对拉美的贷款额则由 1.75 亿美元降至零。1929 年美国在拉美的投资为 55.87 亿美元，而到了 1936 年则下降为 28.03 亿美元。以古巴为例。大萧条的到来以及古巴购买力的降低，使这个岛国成为一个价格低廉的市场。它过去从美国进口高质量的商品，现在却向欧洲和日本的廉

---

① Donald M. Dozer, ed., *Are We Good Neighbors?* Florida, University of Florida Press, 1959, p. 12.

价商品敞开大门。据统计，1923—1933 年，古巴从美国进口的商品由 1.9 亿美元降到 2200 万美元，古巴向美国的出口额由 3.62 亿美元降至 5700 万美元。在古巴的进口品中，美国货所占的比重由"一战"期间的 74.3% 下降到 1922 年的 66.7% 和 1927 年的 61.8%，到 1933 年，又降至 53.5%。古巴由美国货的第 6 位买主下降到第 16 位。据美国农业部估算，仅美国粮食在古巴失去的市场就等于美国农业停产 817267 英亩。美国向古巴输出的除粮食以外的原料和制成品，从 1924 年的 1.33 亿美元下降到 1933 年的 1800 万美元。[①]

　　大萧条时期，美国在拉美的经济优势地位主要受到英国、德国、日本和意大利的挑战，其中，美英对拉美市场的争夺最为激烈。1929 年，英国与阿根廷缔结了贸易协定和关税互惠协定，进一步密切了阿根廷与英国的贸易伙伴关系。1933 年，英国又与阿根廷签订了《罗加—伦西曼条约》，加强对阿根廷市场的控制。阿根廷占英国对拉美出口总额的比重由 1913 年的 40.8% 升至 1938 年的 53.8%。此外，英国与巴西签订贸易协定，规定双方在关税方面享受最惠国待遇。以智利为例[②]，1925—1935 年，英国在智利的进出口贸易比重均有所回升，而美国则持续下降。（见表 1.1）

表 1.1　　英美在智利进出口贸易中所占的比重：1925—1935 年　　　　单位：%

年份	在智利进口中的比重		在智利出口中的比重	
	英	美	英	美
1925	34.6	39.2	20.9	27.7
1930	15.3	33.4	14.7	25.4
1935	18.9	27.1	17.5	23.0

　　资料来源：Anuario Estadistico: Comercio Exterior, La República de Chile, from Janathon R. Barton, "Struggling against Decline: British Business in Chile, 1919 - 1933," *Journal of Latin American Studies*, Vol. 32, No. 1, Andean Issue（Feb. 2000），pp. 235 - 264.

---

　　① ［英］莱斯利·贝瑟尔主编：《剑桥拉丁美洲史》第七卷，中国社会科学院拉丁美洲研究所组译，经济管理出版社 1996 年版，第 9、175、447—448 页。

　　② Victor Bulmer-Thomas, "British Trade with Latin America in the Nineteenth and Twentieth Centuries", University of London, Institute of Latin American Studies, Occasional Papers No. 19, available at：http: //www. peruembassy-uk. com/peru_ uk_ relations/bulmerthomas. pdf, 2009 年 10 月 3 日。

　　胡佛总统为了保护国内市场，通过提高关税来转嫁危机。1930年，美国政府颁布了《斯穆特—霍利关税法》（The Smoot Hawley Tariff Act of 1930）[1]，提高了千余种进口商品的税率，将贸易保护主义推向了历史最高峰。作为世界主要经济体，美国抬高关税门槛必将对世界贸易产生冲击。而美国又是拉美最大的贸易国，对此，拉美国家的损失首当其冲。贸易是拉美国家财政收入的主要来源，出口贸易的急剧下滑致使拉美国家财政亏空，从而无法偿还国际债务，他们甚至开始怀疑自由贸易。政府纷纷倒台，骚乱和动荡在拉美蔓延。

　　总之，"罗斯福推论"声名狼藉，日益恶化的美拉关系、经济危机导致美国对西半球控制力的下降，这些都决定了华盛顿当局是时候"采取更加勇敢、更富想象力的行动了"。[2]

　　（二）"睦邻政策"的内容

　　1932年，富兰克林·罗斯福以横扫之势赢得美国总统大选，开始把改善美拉关系提上了重要的议事日程。出任拉美事务助理国务卿的萨默·威尔斯（Summer Welles）呈递给新任总统一份有关美拉关系的备忘录。该备忘录强调：

　　建立和维持美国与美洲大陆其他共和国之间最热忱和最密切的友谊，必须被视为我们外交政策的基石。……为了建立这种关系，美国必须放弃以往那种对西半球任何共和国的主权或国家繁荣构成威胁的政策。……毋庸置疑，我们需要保护美国海外公民的权益，但这绝不意味着我们可以肆意地对一个姊妹共和国进行武装干涉。……

---

　　① 1929年1月，国会召开关税改革听证会，试图帮助农场主摆脱萧条。4月国会议员斯穆特和霍利联名提出关税议案。同年10月，纽约股市崩盘，经济大危机开始在全世界范围内蔓延。此时不仅是农业部门，工业部门也大声疾呼寻求贸易保护。1930年5月，1028位美国经济学家联名签署了一份请愿书，要求胡佛总统否决《斯穆特—霍利关税法》。但同年6月，胡佛签署了《斯穆特—霍利关税法》。该法律修订了1125种商品的进口税率，其中增加税率的商品有890种，有50种商品由过去的免税改为征税。详见 Abraham Berglund，"The Tariff Act of 1930"，*The American Economic Review*，Vol. 20，No. 3（Sep.，1930），pp. 467 – 479。

　　② Gordon Connell-Smith，*The United States and Latin America：An historical Analysis of Inter-American Relations*，London：Heinemann Educational，1974，p. 158.

促进商贸往来是推动美拉关系最有效的方式。如果我们对本大陆邻邦关闭市场，我们就无望维持与它们的真诚友谊。如果我们不允许姊妹国家与我们进行贸易，我们就不能享有美洲大陆的市场，而这些市场与世界上任何市场一样具有巨大的发展潜力。因此，对于有碍于双方经贸健康发展的壁垒和限制，我们应该毫不迟疑地予以取消。①

这份备忘录成为日后罗斯福总统制定"睦邻政策"和修补美拉关系的主要参考文件。

1933 年 3 月 4 日，罗斯福宣誓就任美国第 32 届总统。在就职演说中，他阐述了"睦邻政策"的主张："在对外政策方面，我认为我国应该奉行睦邻政策——决心尊重自己，从而也尊重邻国的权利——珍视自己的义务，也珍视与所有邻国和全世界各国协议中所规定的神圣义务。"②虽然睦邻的说法并非富兰克林·罗斯福首创，但真正将其作为一种政策加以贯彻却始于罗斯福当政时期。针对此前美拉关系中的问题，罗斯福政府着重在以下两个方面进行修复改善，将"睦邻政策"落到实处。

第一，明确美国在拉美事务中的"不干涉原则"。1933 年年底，罗斯福在伍德罗·威尔逊基金会上发表讲话，对于拉美人民愤恨的武力干涉，他说："假如我是一位其他共和国的公民，在这个最富有的美洲共和国身上，我几乎找不出利他主义的影子，……我会很难同意对其他共和国领土的占领，哪怕只是暂时的。"他特别强调："从现在起，美国的既定政策是反对武力干涉。"③ 1933 年，在乌拉圭首都蒙得维的亚举办的第 7 届美洲国际会议上，罗斯福进一步将"睦邻政

---

① Welles to Franklin D. Roosevelt, "A Memorandum on Inter-American Relations", January 10, 1933, box 149, folder 1, Welles papers, Franklin D. Roosevelt Library. For a more detailed examination of this document see Charles C. Griffin, ed., "Welles to Roosevelt: A Memorandum on Inter-American Relations, 1933", *The Hispanic American Historical Review*, Vol. 34, No. 2 (May, 1954), pp. 190 – 192.

② [美] 富兰克林·罗斯福：《罗斯福选集》，关在汉编译，商务印书馆 1982 年版，第 17 页。

③ Franklin D. Roosevelt, "Address before the Woodrow Wilson Foundation", December 28, 1933, available at: http://www.presidency.ucsb.edu/ws/index.php? pid = 14593&st = & st1 = ,2009 年 9 月 15 日。

策"解释为相互谅解,并通过谅解同情地对待别国。大会表决通过了《蒙得维的亚国家权利义务公约》(Montevideo Convention on the Rights and Duties of States),一致认定任何国家都无权干涉别国事务。对此,美国代表保留地承认了不干涉原则,并表示公约仅限于本届政府有效。1936年,在布宜诺斯艾利斯举行的美洲国家维持和平会议(the Inter-American Conference for the Maintenance of Peace Buenos Aires)上,美国放弃保留条件,签订了不干涉原则的附加协定书,确定了通过协商和平的原则,解决争端以及威胁美洲共和国的战争。除了高调主张不干涉,美国的实际行动也体现了这一原则。1934年,华盛顿官方宣布废除《普拉特修正案》;同年8月,美国撤出在海地的驻军;1936年,美国修改《美国—巴拿马协定》,提高对巴拿马运河的租金,限制了对巴拿马的军事干涉权;1940年,美国废止了对多米尼加共和国的"保护权"。

第二,与拉美国家签订互惠贸易协定,促进双方经贸往来,缓解经济萧条的同时加强美国在西半球的经济主导力。"睦邻政策"具有很强的经济动机,一方面,美国为了尽快摆脱经济危机,解决国内大量的剩余产品,就需要消除商贸屏障,扩大海外市场,特别是拉美市场,巩固美国在西半球的经济主导地位;另一方面,由于之前美国政府实施的贸易保护主义,直接导致拉美国家因产品输出受阻而对美国产生积怨,因此,为了化解美拉矛盾,也迫切需要打破贸易壁垒。在这种形势下,1934年6月,《互惠贸易协定法》(the Reciprocal Trade Agreements Act of 1934)应运而生。该项法案授权美国总统在3年内可以直接同外国政府进行关税协定谈判,根据互惠原则,关税增加幅度不超过50%。此后,美国开始与拉美国家就签订互惠贸易协定进行谈判。因为就当时来看,美拉双方都有扩大市场增进贸易的需求,所以谈判举行得异常顺利。在《互惠贸易协定法》刚开始实施的头3年,美国分别同古巴(1934年)、巴西(1935年)、海地(1935年)、哥伦比亚(1935年)、洪都拉斯(1935年)、尼加拉瓜(1936年)、危地马拉(1936年)、哥斯达黎加(1936年)和萨尔瓦多(1937年)等拉美国家签订互惠贸易协定。1937年美国国会又将互惠贸易协定法延长 3 年。1939 年年底，美国已同 11 个拉美国家签订此类协定。协定生效后，美拉之间的贸易往来不断升温。1939 年美拉之间的贸易额比 1933 年翻了一番（尽管仍然明显低于 1929 年的峰值）。据统计，1933—1937 年，美国从拉美的进口总额由 3.29 亿美元上升到 7.05 亿美元，增加了 114%；同期美国对拉美的出口总额从 2.40 亿美元上升到 6.39 亿美元，增加了 166%。相比之下，美国从欧洲的进口只增加了 82%，对欧洲的出口只增加了 60%。美国与一些拉美国家的贸易额甚至远远高于平均数字。1934—1937 年，美国同古巴、智利、秘鲁等国的贸易额增加了两倍。[①]

　　除此之外，罗斯福政府的"经济睦邻"还表现在能够对拉美国家的经济民族主义举措保持克制，协商处理。这主要体现在美国应对海外石油公司利益受损的两件案例上。1937 年 3 月，玻利维亚政府颁布法令，宣布取消玻利维亚美孚石油公司的石油特权，并没收其财产。次年 3 月，墨西哥卡德纳斯政府宣布石油国有化，没收了价值 4 亿美元的美国、英国石油财产。两国政府给出的理由都是美国石油公司违反所在国法律，而且两国的经济社会改革高于石油公司的权利。毫无疑问，这些经济民族主义举措，侵犯了美国海外的既得经济利益。如果按照美国政府一贯的作风，必然会采取干涉政策维护自身利益。这些石油公司之所以敢于漠视所在国的法律，主要是因为美国政府对它们一贯的"保护"。这次，它们同样企盼政府的"介入"。尽管一些政府幕僚也建议采取强硬措施，但最终双方还是通过和平谈判化解危机，并没有动一兵一卒，很好地恪守了睦邻友好的原则，从而使对"睦邻政策"的挑战转化成维护睦邻友好的佐证。对此，时任美国驻墨西哥大使丹尼尔斯说道，"在一个疯狂的世界上，坚持'睦邻政策'无疑是重要的；在那里，泛美团结也许能维系民主制度于不败，不能让这一政策沾染上石油的污痕"。[②]

---

　　① Donald M. Dozer, ed. , *Are We Good Neighbors?* p. 26.

　　② ［美］达莱克：《罗斯福与美国对外政策》（上册），伊伟等译，商务印书馆 1984 年版，第 252—253 页。

二 "二战"与美洲防务安全体系的建立

20世纪30年代的经济大危机,加强了资本主义各国对国际市场的争夺,损人利己、以图自保的经济政策,新旧资本主义国家间的经济、政治和军事矛盾不断升级,资本主义政治经济发展的不平衡性,促成轴心国集团和同盟国集团的出现,最终导致第二次世界大战的爆发。加强美洲国家团结和西半球防御是"睦邻政策"的主要目的之一。早在罗斯福当选时期,韦尔斯在他的备忘录中就谈到有关西半球自卫防御的原则,韦尔斯认为,"门罗主义"是美国的一个自卫方针,也可将其理解成为美洲大陆自卫的基本原则,这一原则对于西半球的其他共和国就如同它对美国本身一样至关重要,因此,他认为美洲其他国家也应该将它纳为国际政策。[①] 言下之意就是将"门罗主义"泛美化。

"睦邻政策"的前期政治疏导和经济合作,以及"二战"的爆发分别为西半球防御安全体系的搭建提供了可能性和必要性,从而决定了这一进程的历史必然性。新墨西哥大学泛美事务学院的一份研究报告称,"美国在1933—1939年期间所采取的开明的政治与经济政策有助于消除以前的政策所造成的许多创伤,并使拉丁美洲做好心理准备,和美国一起抵御外界对本半球的威胁。早在1937年,美国政策就已经是以反对纳粹深入拉丁美洲为目的。但在执行这一政策时,罗斯福政府十分明智地没有像过去那样运用门罗主义单方面采取行动,而是寻求拉丁美洲的合作"。[②] 对于经济合作和政治支持之间的关系,罗斯福及其幕僚们都有着相当清醒的认识。1939年4月,在美洲国际会议上,罗斯福表示,如果不以适当的金融和贸易协定提供支持,政治团结的所有希望都将是空谈。时任美国国务卿赫尔(Cordell

---

[①] Welles to Franklin D. Roosevelt, "A Memorandum on Inter-American Relations", January 10, 1933.

[②] [美] 新墨西哥大学泛美事务学院:《第二次世界大战后拉丁美洲的政治发展》,北京编译社译,世界知识出版社1961年版,第50—51页。

Hull）也主张，只要美国在经济领域引起拉美国家的敌视，就不可能与它们实现政治友好。

随着欧洲战火的蔓延以及世界局势的紧张，促进美洲国家团结、维护西半球的稳定、加强共同安全防务就显得尤为必要，美国也随即将其提上了议事日程。

战争初期，美国坚守中立立场，1935 年 8 月，美国国会通过了第一个《中立法》。1937 年，国会又通过了"永久性"中立法，美国政府宣布奉行中立政策，对交战国实行军火禁运。与此同时，美国也积极构筑西半球的防务体系。1936 年年初，罗斯福倡议在布宜诺斯艾利斯召开美洲国家会议，以确定如何最大限度地保证美洲国家的和平，并试图通过建立共同中立联盟，对付欧洲可能爆发的全面战争。同年年底，会议如期召开。与会代表达成一致，声称一旦西半球的和平受到威胁，它们将共同协商，寻找和实施集体防御措施，化解法西斯势力对美洲大陆可能造成的威胁。1938 年在秘鲁召开了第八次美洲国家会议，发表了《美洲团结原则宣言》（又称《利马宣言》）。文件规定：（1）防御合作不限于和平措施；（2）主要针对非美洲国家的威胁；（3）协商范围除了和平威胁外，还扩大到所有美洲共和国的安全与领土完整；（4）预先采取反对颠覆活动的共同行动；（5）以召开外长会议的形式提供贯彻协商程序的机构。《利马宣言》基本确立了美洲国家战时合作的框架，确定了一致行动的原则，用以对付轴心国的军事进攻和秘密渗透活动。从此，西半球的防务安全成为所有美洲共和国的共同责任，"门罗主义"基本实现了泛美化。

按照《利马宣言》的精神，1939—1942 年初在巴拿马、古巴和巴西先后举行了三次美洲国家外长协商会议，大会通过决议进一步确立了以美国为主导的西半球防务联盟。1939 年 9 月的第 1 次会议通过了《美洲各国中立宣言》和《巴拿马宣言》。文件重申了美洲国家的中立立场，并决定在美洲大陆附近 300 海里建立"安全地带"，不允许交战国在上述地带采取军事行动。1940 年春，荷兰和法国被德国占领，它们在美洲的殖民地有落入德国手中的危险。7 月，第 2 次会议在哈瓦那紧急召开，讨论欧洲国家在美洲的殖民地问题。会议通过了《哈瓦那公约》以及补充专约。文件规定涉及非美洲国家属地的美洲岛屿或地区，如需交换，需由美洲国际领土管理委员会执行临时行政管理权；如果情况紧急，任何一个美洲共和国都有权单独或与他国共同采取为保障本国安全的行动。实际上，有此能力的美洲国家也只有美国一个国家。因此，美国通过《哈瓦那公约》既可以防止原荷、法美洲殖民地落入德国手中，又可以消除拉美国家以及荷、法、英的疑虑。会议的另一项重要成果是通过了《美洲各国防御互助合作宣言》，即《哈瓦那宣言》，这份文件首次提出美洲国家互助的原则。

1941年12月7日，珍珠港事件爆发。8日，美国对日宣战。11日，美国对德国和意大利宣战。以美国为首的西半球防务体系，也因美国战争态度的转变，由最开始的中立备战变为积极参战。1942年1月15日第3次美洲国家外长会议在里约热内卢举行。会议就同轴心国断交、应对轴心国在美洲大陆的破坏活动等事项达成一致，并通过了"关于战略物资的生产和交换"的决议。该决议规定：为使西半球国家，特别是处于战争状态的国家能够充分和迅速地得到战略物资和稀缺物资，会议建议美洲各国实行经济动员，以实际表现大陆的团结。这也就意味着拉美成为美国军工产业的原料产地和战略物资输送地，为美拉战时合作打下了基础，标志着美拉之间的战时同盟正式形成。

"二战"时期，拉美绝大多数国家保持与美国行动一致，西半球团结的纽带从未像现在这样紧密。截止到1942年2月，除了阿根廷和智利，其余18个拉美国家中有13个向轴心国宣战，5个与轴心国断交。一年以后，智利成为第6个同轴心国断交的拉美国家，仅剩阿根廷一国保持中立。在这19个国家中，6个国家同意美国在自己领土建立海军和空军基地；2个（巴西和墨西哥）国家积极参战，巴西陆军向意大利派遣远征军，墨西哥空军中队在太平洋战场战功赫赫。相对于军事支援，拉美国家在"二战"中的经济贡献更为显著。拉丁美洲的战略物资和原材料对于同盟国的获胜至关重要。"二战"时期，美国政府的非军事机构总共购买的商品价值约为44亿美元，仅从拉美就购入了24亿美元的商品。此外，美国之前与拉美国家签订采购战略物资的双边协定发挥了巨大作用。拉丁美洲向美国提供了包括铜、铍、锰、云母、石英、钽、锡、钨、锌等在内的重要战略物资。委内瑞拉 80% 的石油出口到了英国。阿根廷向同盟国提供牛肉和小麦。事实上，拉美在"二战"中还充当了美国和联合国的兵工厂。①

三 "睦邻政策"的实质

可以说，拉丁美洲在"二战"时期的表现就是对罗斯福"睦邻政策"的最大肯定。"睦邻政策"的实施为"二战"时期美拉的战时合作打下了良好的基础，同时，"二战"又为增强这种睦邻友好提供了"契机"，客观上服务了"睦邻政策"的政治目的。

首先，在政治方面，罗斯福政府承诺并奉行不干涉原则，缓和了美拉之间的紧张关系，改善了美国在西半球的形象。美国全国计划协会发布的一项研究报告指出："虽然拉丁美洲各国起初还有不少的疑虑，但'睦邻政策'终究还是大大消除了认为美国可能统治拉丁美洲的担忧，终究还是大大地缓和了拉丁美洲对于美国此前一个时期对加勒比海和中美洲进行武装干涉而激起的愤怒"。② 前巴西外长奥斯瓦多·阿兰哈（Oswaldo Aranha）高度评价"睦邻政策"，并将其赞誉为一次"十字军东征"。他认为"睦邻政策"很好地体现了美国的灵魂，一种类似于"红十字，基督教的救世军，洛克菲勒基金会和宗教慈善的精神"。③ 其次，经济方面，美国实行互惠贸易，加强了美洲国家间的经济合作，帮助美国克服国内经济问题的同时，也促进了拉美国家的经济发展。美拉贸易额的显著上升，一方面给制造商带来了巨额利润，更为重要的是解决了剩余产品过剩的压力。"二战"严重削弱了原本就在经济危机中苦苦挣扎的资本主义诸国，唯有美国成

① Edward O. Gueerant, *Rossevelt's Good Neighbor Policy*, Albuquerque：University of New Mexico Press，1950，pp. 195 - 206.

② ［美］美国全国计划协会研究报告：《影响彼此经济关系的美国和拉丁美洲政策》，郭协译，世界知识出版社 1962 年版，第 8 页。

③ Frank D. McCann, Jr., *The Brazilian-American Alliance*, 1937 - 1945, Princeton：Princeton University Press，1973，p. 62.

为战争中最大的赢家。它是唯一没有遭到战火洗劫的交战国，而且盟国对战争物资的大量需求极大地刺激了美国的经济发展，特别是军事工业。从某种程度上说，“二战”引领着美国走出了经济阴霾，促使其成为名副其实的资本主义头号大国。最后，在军事方面，“睦邻友好”的地区氛围为构建西半球集体防御机制创造了前提和条件，美拉的战时合作保障了西半球的安全与稳定，同时也增强了美国的军事实力。1939—1945 年，美国军队人数由 33.5 万人暴涨至 1200 万人，国防预算也由 10 亿多美元增长到 800 亿美元。美国陆军人数从战前资本主义世界的第十七位，跃居战后的第一位。① 尤其是战后初期对原子弹的垄断，打足了美国日后充当世界警察的底气。

事实证明，“睦邻政策”实现了华盛顿当局缓和美拉关系、改善美国形象的既定目标，不仅如此，以经济合作换取政治、军事支持的策略十分奏效，美国在保卫国家安全的同时也增强了大陆团结、促进了拉美国家的经济发展，有效地防止法西斯势力对“后院”的侵袭，巩固了自身在拉丁美洲的经济主导地位，开创了美国国家安全与拉美经济发展并济的局面，可谓一举多得的“良策”。

不可否认“睦邻政策”在加强地区团结、抵制反法西斯侵略方面的历史进步意义。西方学者布莱斯·伍德认为，这一政策“证明美国国务院并非资本家的‘奴仆’，相反，在美国和拉美关系中存在一种国家利益，它不用于或者高于私人资本主义经济”。② 阿瑟·林克等主张“睦邻政策”勇敢地、坚持不懈地抛弃了威尔逊传道式的干涉主义，全部实现了胡佛总统以来对“罗斯福推论”的否定，建立了美洲国家友谊与和平的大厦，是一种与外国政治合作与友好完全开明的政策。③ 且不论这些学者对“睦邻政策”的评价是否掺杂了过多的

---

① *Congress and the nation*, 1945–1964: *A Review of Government and Politics in the Postwar Years*, Washington, D.C.: Congressional Quarterly Service, 1965, p. 240.

② Bryce Wood, *The Making of the Good Neighbor Policy*, New York: Columbia University Press, 1961, p. 167.

③ ［美］阿瑟·林克、威廉·卡顿：《一九〇〇年以来的美国史》（中册），刘绪贻等译，中国社会科学出版社 1983 年版，第 127 页。

溢美之情，他们的观点大多表现出了富兰克林·罗斯福在处理美—拉关系时"变"的一面。然而，我们仍然能够透过"变"的表象寻找到这一政策背后的"宗"——"门罗主义"，只是这种控制方式变得更为隐蔽。

首先，美国政府的"不干涉"带有很强的局限性。美国所承诺的不干涉原则实际上指"不进行武力干涉"，"这并不意味着它放弃了为居住在拉美的美国国民进行外交抗议的合法权利"。[①] 言外之意，就是美国还可以采取武力以外的其他方式，比如经济封锁、财政压力、支持暗杀等，干涉拉美国家的内政，维护自身的利益。因此，美国对拉美的干涉基调没变，变的只是干涉的手法。美国对尼加拉瓜的干涉并没有随着 1933 年美军的撤离而中止。1934 年，美国政府示意尼加拉瓜国民警卫队司令索摩查坚决扑灭由奥古斯托·塞萨尔·桑迪诺领导的尼加拉瓜反美民族运动。1938 年，美国资助墨西哥反政府势力，组织反卡德纳斯的武装叛乱。虽然这些并非"睦邻政策"的主流，但也足以让我们窥探罗斯福政府不干涉原则的有限性。

其次，美国通过增进经贸关系，加强了美国在西半球的经济主导力。美拉战前开展的互惠贸易合作，再加上"二战"对其他资本主义国家实力的削弱，都有利于美国树立对西半球经济的绝对控制地位。英美对拉美市场占有份额的此消彼长，最能说明这一事实。从1938—1945 年，在拉美的出口额中，美国所占的比重由 31.5% 增加到 49.2%，英国则由 15.9% 下降到 11.8%；同期，在拉美的进口额中，美国所占比重由 35.8% 增至 58.5%，英国则由 12.2% 降至3.6%。[②] 尽管美国在墨西哥政府石油国有化问题上有所妥协，但以其他方式打击国有化。比如，美国政府拒绝给墨西哥石油公司（Petróleos Mexicanos，PEMEX）提供贷款，直至墨西哥政府再度允许

---

① Gordon Connell-Smith, *The United States and Latin America：An historical analysis of Inter-American relations*，p. 171.

② ［英］维克托·布尔默－托马斯：《独立以来拉丁美洲的经济发展》，张凡、吴洪英、韩琦译，中国经济出版社 1995 年版，第 284 页。

美国资本的介入。① 总之,部分出于战争形势,部分出于工于心计的设计,罗斯福政府最终通过"睦邻政策"加强了美国对整个西半球的经济控制,使得拉美国家在经济上日益依附于美国。

最后,通过西半球防御体系,美国排除了新的外部势力对美洲的渗透和影响,最终确立了美国在西半球的霸主地位。为了抵制纳粹势力在拉美的散播,保持西半球的团结,美国国务院在洛克菲勒以及美洲事务协调办公室的指导下,开展文化心理较量,一时间,拉美的报纸、广播、电影院等都充斥着体现北美生活方式的宣传品,并将这种方式称为"迄今为止,一个国家宣传的最强烈的倾斜方式"。此外,国务院通过《租赁法》向拉美提供了价值4亿美元的军事装备,并向拉美国家派遣军事使团,或者在美国军校训练拉美人。到战争结束时,美国取代西欧国家成为支撑南美军事发展的最大东家。②

第二节 冷战的开始与杜鲁门政府的拉美政策

"二战"结束后,美国政府积极谋求世界领导的地位,苏联等社会主义国家成为阻碍美国实现这一梦想的绊脚石,因此,反苏、遏制共产主义的扩张成为战后美国外交战略核心要务,美国在西半球的安全防务目标也随之发生了转移,由原来的反法西斯转变为反共。杜鲁门政府借助政治、军事等手段将拉美国家捆绑在自己的西半球反共防务安全体系之内。由于这一时期美国的冷战战略重心在欧洲和远东等"前线地区",所以杜鲁门政府没能给予拉美这个"战略大后方"充足的重视,全然不顾拉美国家经济发展要求,并未在西半球出台类似于"欧洲复兴计划"的经济援助方案,甚至还抛弃了富兰克林·罗斯福政府在战时对拉美国家的经援和价格承诺。相反,杜鲁门政府利

---

① Clayton R. Koppes, "The Good Neighbor Policy and the Nationalization of Mexican Oil: A Reinterpretation", *The Journal of American History*, Vol. 69, No. 1 (Jun., 1982), pp. 62 – 81.

② Robert Freeman Smith, "The Good Neighbor Policy: The Liberal Paradox in United States Relations with Latin America", in Leonard P. Liggio and James J. Martin, eds., *Watershed of Empire: Essays on New Deal Foreign Policy*, Colorado Springs: Ralph Myles, 1976, pp. 86 – 87.

用战后工业品的出口优势，大力促进美国在拉丁美洲的贸易和投资，加大对拉丁美洲经济命脉的控制力度。这种缺少安抚和同情的经济政策，使一度得到修复的美拉关系再度出现裂痕。

一　拉美在美国全球冷战战略中的地位

第二次世界大战打破了原有的世界格局，德国、意大利和日本战败，退出了资本主义全球霸主的竞争行列；英国、法国、荷兰等老牌资本主义国家虽然是战胜国，但战后国内民生凋敝、问题丛生，国际影响力随着殖民地的剥落严重削弱。唯独美国不但经济军事势力猛增，同时也巩固了对传统势力范围的控制，一跃成为头号资本主义强国。

战时罗斯福政府推行"新政"，加大政府对经济的干预力度，解决了生产与销售的矛盾，使美国迅速摆脱了经济危机的阴影，完成了由一般垄断资本主义向非法西斯式的国家垄断资本主义的转变，并将"美国制造"推向了全球各地，乘虚占据了老牌资本主义国家战前盘踞的国外市场，填补了它们撤兵后留下的经济空白。战后初期，美国占有了资本主义世界工业产值的 2/3，外贸出口额的 1/3，黄金储备的 3/4；生产了世界 1/3 的小麦，1/2 的棉花，70% 的玉米；开采了 62% 的煤和石油，冶炼了 61% 的钢；生产了 48% 的电力和 84% 的汽车；拥有全世界 84% 的民用飞机，85% 的冰箱和洗衣机。对此，英国外交大臣欧内斯特·贝文（Ernest Bevin）感慨道，今天的美国就像拿破仑战争结束时的英国，甚至是有过之而无不及。拿破仑战争结束后，英国掌握了全世界约 30% 的财富，而今天美国则占有约 50%。[①]

在军事方面，美国的陆海空三军都急速膨胀。1945 年美国武装部队人数比大战爆发时增长了将近 40 倍。美国的空军是当时世界上最庞大、最先进和最具威力的。美国的航空工业在数量和质量上都遥

---

① Thomas G. Paterson, *Soviet-American Confrontation*：*Postwar Reconstruction and the Origins of the Cold War*, Baltimore：Johns Hopkins University Press, 1973, p. 11.

遥领先，拥有超级空中堡垒 B - 29 远程战略轰炸机和世界上唯一能横跨大洋的航空力量。15000 架远程飞机几乎使美国垄断了洲际空中运输，控制了资本主义世界的全部空中航线。到 1947 年，美国的商船吨位超过了所有资本主义国家的总和；海军舰艇吨位达到 380 万吨，大大超过了英国的 150 万吨，成为世界最大海上强国。此外，美国在海外建立了 484 个军事基地，可以说，在世界任何一个海域都会发现美军的踪影。[①] 在欧洲，美国的军事、政治和经济势力已经深入到了欧陆中心，占领了德国、柏林和奥地利的一部分；在亚洲，美国单独占领了日本，派兵进驻南朝鲜，接管了南太平洋上的马里亚纳、马绍尔、加罗林等群岛；在西半球，美国也实现了排挤英国、德国等外部势力的目的。

雄厚的经济和军事实力驱使着美国领导人将世界领袖的梦想变为现实。富兰克林·罗斯福当政时期就已经把美国未来的目标定为担负领导国际社会的责任。杜鲁门继任总统后屡次吐露这种心声。1945年 12 月 19 日，杜鲁门向国会提交了特别咨文，强调建立国防部的必要性，并声称："无论我们喜好与否，我们都必须认识到（战争的）胜利赋予美国人领导世界的永久责任。未来的世界和平在很大程度上取决于美国担当世界领袖的决心。"[②] 1946 年 4 月 6 日，杜鲁门在芝加哥发表讲话，再次提到："美国现在已经是一个强大的国家，没有任何一个国家能与之相比。这不是自吹自擂……但这意味着拥有这样的力量，我们就要挑起领导的担子并承担责任。……为此，我们还要做很多，我们要变得更强大。"[③] 美国正在朝着全球霸主的地位积极迈进。

---

① 刘绪贻主编：《美国通史（第 6 卷）：战后美国史 1945—2000》，人民出版社 2002年版，第 11—12 页。

② "Special Message to the Congress Recommending the Establishment of a Department of National Defense", December 19, 1945, Harry S. Truman Library (HSTL), available at：http：// www. trumanlibrary. org/publicpapers/index. php? pid = 508&st = &st1 = , 2009 年 9 月 26 日。

③ "Address in Chicago on Army Day", April 6, 1946, available at：http：// www. trumanlibrary. org/publicpapers/index. php? pid = 1518&st = &st1 = , 2009 年 9 月 26 日。

　　然而，在美国领导人看来，苏联是其称霸世界的最大障碍，因为苏联是战后唯一在军事实力和政治影响力方面均能与美国抗衡的国家。随着两国在经贸、战后赔偿等问题上的分歧日益加深，使大同盟联结在一起的军事"黏合剂"几乎完全剥落了。此时，美国政府高层已经形成了美苏对抗的观念，1946 年美国驻苏使馆代办乔治·凯南给国务院发回了"八千字长电报"，恰好迎合了美国决策层的这种思想。电报中，凯南分析了苏联对战后世界的控制意图。他认为：（1）苏联认为它仍然生活在资本主义的包围圈之中，从长远看，与资本主义持久的和平共处是不可能的，因此，苏联必须尽可能地削弱资本主义力量；（2）苏联认为资本主义世界的固有矛盾将不可避免地产生战争，所以，苏联要致力于加深和利用资本主义大国间的矛盾分歧，并在这种矛盾发展到帝国主义战争的时候将其转化为革命起义；（3）资本主义国家内部除了资产阶级外还存在"民主进步人士"以及看似温良实际极度危险的社会民主党，所以，苏联应当最大限度地利用"民主进步人士"，而且必须同社会民主党作坚决的斗争。凯南坚信苏联和美国不可能有永久性的妥协，因为苏联的社会主义制度构成了美苏关系的结构性障碍，即苏联的政治体制需要用外部的威胁来证明其内部统治的合法性。基于以上分析，凯南得出以下结论：第一，苏联将成为美国的对手，美国应对苏联实施遏制；第二，在美苏对峙中，美国实力明显强于苏联，所以不用实施全面军事遏制，而应以经济手段为主，只有在苏联对外扩张时予以反击；第三，美国对苏联遏制的重点是西欧和日本。① 凯南的遏制思想随即成为美国决策层制定对苏政策的指导性理论。同时，丘吉尔的"铁幕演说"放出了冷战的信号弹。随后，杜鲁门政府插手希腊和土耳其事务，标志着美国正式接管资本主义的旧摊子，并将其投放到与共产主义对抗的新国际格局之中。杜鲁门对此解释道："希腊和土耳其是内外受到共产主

---

① "The Long Telegram", in George F. Kennan, *Memoirs*, 1925 – 1950, Boston：Little, Brown and Co. , 1967, pp. 271 – 297；John Lewis Gaddis, "Containment：Its Past and Future", *International Security*, Vol. 5, No. 4（Spring, 1981）, p. 76.

义威胁的自由国家。……我国的理想和传统要求我们去援助希腊和土耳其，要求我们让全世界知道，我们的政策就是不管在什么地方，如果自由受到威胁，我们就要加以援助"，"杜鲁门主义"标志美国外交政策的转折点。① 随后，美国政府出台了帮助欧洲复兴经济的马歇尔计划，以遏制共产主义的经济扩张，并酝酿缔结政治军事集团。

1948 年 8 月，美国《国家安全委员会第 20 号系列文件》（NSC 20）出台，标志着美国政府内部已经完成了冷战的政策准备。8 月 18 日，美国国务院完成了提交给国家安全委员会的报告，通过后形成了 NSC 20/1 号文件。文件通过分析当时的美苏关系，得出美国应该持有的立场，即要尽量减小苏联的力量和影响，使其不能对国际和平与稳定构成威胁。② 25 日，国务院对 NSC 20/1 号文件进行修订，形成了 NSC 20/2 号文件。文件进一步分析了苏联的意图以及美国对苏联战略的核心思想。文件认为，现在苏联政府主要在军事威慑下，用政治手段实现政策目标，它仍不想寻求蓄意的军事行动。在综合考虑美苏的军事力量对比和政策意图后，文件最后确认，为了对抗苏联的政策和态度所造成的国际局势，美国要建立长期的国家防务政策。③

1949 年 9 月 23 日，苏联成功研制出原子弹，打破了美国的核垄断地位。军事优势地位的丧失，迫使美国政府高层重新评定之前的有限遏制政策，NSC 68 号文件应运而生。文件重点提出了美国现行战略政策的局限性。第一，在军事方面，现行战略并没有迫使来自苏联的压力减少，相反会明显导致美国在与苏联的军事力量对抗中处于下风。第二，在政治方面，强有力的政治主动权对冷战的胜利至关重要。第三，在经济方面，马歇尔计划虽然在一定程度上阻止了共产主

① ［美］哈里·杜鲁门：《杜鲁门回忆录》第二卷，李石译，世界知识出版社1965年版，第122—123页。

② NSC 20/1, "A Report to the National Security Council by the Department of State", August 18, 1948, CK 3100353958, 数据库 DDRS（Declassified Documents Reference System），Gale Group, Inc。

③ NSC 20/2, "A Report to the National Security Council by the Department of State", August 25, 1948, CK 3100354039, DDRS。

义在欧洲扩大影响，但并不能解决国际经济均衡的问题，这会导致美国与欧洲缺乏政治稳定的经济基础。第四，在外交方面，除非立即做出决定采取新行动，否则可能会耽误我们采取必要措施以增强自身力量的时机。综合以上分析，NSC 68 号文件明确提出美国必须迅速加强自由世界的政治、经济和军事实力，实现对苏联以及社会主义阵营的"长期、全面"的遏制。[①]

尽管美国政府决策层将遏制的战略重心放到了欧洲和远东，但这并不意味着拉美在美国的全球冷战战略中不重要。相反，拉美地区在其中扮演着举足轻重的角色。杜鲁门总统对此谈到，"拉丁美洲所起的巨大作用，无须再说明。……这个大陆是个极其重要的原料产地，并且是我们有可能实现互利的贸易伙伴，这对我们极其重要"。[②] 如果说欧洲和远东地区是冷战的前线，那么拉美则是美国的战略大后方，它能为美国提供重要原材料和商品销售市场，是美国的"最后一道防线"。一旦苏联突破了这道防线，将直接威胁到美国在西半球的既得利益，继而危及美国本土安全和它的全球战略。因此只有保证"后院"稳固，才能使美国在"前方"的争夺无后顾之忧。为了更有效地与苏联在全球范围内抗衡，美国迅速将拉美纳入到冷战的战略轨道中，使其成为美国称霸世界的重要辅助力量。

二　反共与杜鲁门政府对拉美的安全政策

"门罗宣言"自提出以来就不断地被美国政要们扩充，每一次新发展都是美国政府对当时西半球地区关系和国际格局的反应，同时也昭示着美国安全政策的新内容。国际冷战格局的形成，注定了华盛顿官方将要对"门罗主义"再做一次重大延伸，以求更好地为新时期美国在西半球的安全政策服务。

1950 年 4 月的一次演说中，助理国务卿爱德华·米勒对"门罗

---

① NSC 68, "United States Objectives and Programs for National Security", April 14, 1950, available at: http://www.fas.org/irp/offdocs/nsc-hst/nsc-68.htm, 2009 年 10 月 5 日。

② New York Times, March 7, 1952.

主义"做了新诠释。他首先审视了美国对拉美的干涉史。米勒认为，西奥多·罗斯福、伍德罗·威尔逊、凯文·柯立芝之所以派军进驻加勒比国家，是为了抵制欧洲对该地区的干涉，他将这种干涉称为"保护性干涉"。随后，他肯定了罗斯福的"睦邻政策"，声称该政策承认了美洲国家平等的法律地位，但是他警告说，"一旦外部环境发生改变，迫使我们重拾'保护性干涉'的时候，美洲国家必须共同联合去面对以前由美国一国承担的责任"。"如果美洲任何一国遭受到共产主义的政治挑衅，我们就要联合起来为了共同的利益行动。"①后人将米勒的这些思想统称为"米勒主义"（Miller Doctrine）。从中，我们可以看出西半球的防务重点已经由反法西斯转变为抵御共产主义的外部影响，杜鲁门政府对拉美的安全政策都是紧密围绕这一外交理念开展的。

首先，为了有效遏制共产主义，美国极力强化泛美体系，积极组建美洲政治—军事集团，将西半球国家结成铁板一块，使它们在政治和军事上与自己保持一致的反共立场，抵制共产主义可能的外部侵袭。1945年2月21日至3月8日召开的查普德佩克（Chapultepec）会议，为美国战后在西半球建立美洲政治军事同盟做了铺垫。会议通过了《查普德佩克公约》，强调"世界的新局势比任何时候都更为迫切地要求美洲人民联合起来，以便保卫他们的权利和维持国际的和平"。《查普德佩克公约》涵盖了三个部分的内容：（1）任何一个国家对美洲国家的主权或政治独立的任何攻击，都将被视为对本公约签字国的侵略行为，对此，各签字国应该彼此协商一致给予应对；（2）建议美洲各国政府按照各自的宪法条例签订一项条约，确定在出现侵略威胁或侵略行动时实行制裁的程序；（3）公约构成一项区域性办法，用来处理与维护国际和平安全有关的，并适合在本半球采取区域行动的问题。② 此外，会议还决定成立由美洲各国参谋总部代

---

① Walter LaFeber, *Inevitable revolutions: The United States in Central America*, New York: W. W. Norton & Co., 1983, pp. 94 – 95.

② 《国际条约集》（1945—1947），世界知识出版社1959年版，第9—12页。

表组成的常设泛美参谋部，此举使泛美体系进一步军事化。这次会议进一步加强了战时美国在西半球取得的优势地位，为战后建立美洲政治军事联盟奠定了基础。

《查普德佩克公约》签订后，美国便积极着手准备召开下一次泛美会议，试图从法律上把正在形成的美洲政治军事集团合法化。1947年8月15日至9月12日，20个美洲国家的代表在巴西里约热内卢举行了关于大陆和平与安全特别会议。美国和拉美国家就会议的议题产生了分歧，拉美国家的代表极力强调经济援助问题的重要性，而美国则主张讨论它起草的《美洲国家间互助条约》，对经济问题竭力回避。在讨论《美洲国家间互助条约》时，拉美国家担心该条约的通过会使美国的干涉合法化。阿根廷代表提出要区分美洲外部和美洲国家之间的矛盾，对后者应采取和平方法解决，委内瑞拉、秘鲁、哥斯达黎加、海地等国纷纷响应这一主张。最后，争执的双方都有所让步，美国政府同意提供适当经济援助，拉美20国签订了《美洲国家间互助条约》（又称《里约热内卢条约》）。其中第2条规定："任何一国对美洲一国的武装进攻应被视为对全体美洲国家的武装攻击。因而，每一缔约国家承诺行使其联合国宪章第51条所承认的单独或集体自主的固有权利以援助应付攻击"。[1] 该条约于1948年12月3日生效，无限期有效。《美洲国家间互助条约》与《查普德佩克公约》的不同之处，就在于它涵盖了所有拉美国家，而后者的缔约国中不包含阿根廷。《美洲国家间互助条约》的签订为美洲政治军事同盟的建立迈出了实质性的一步。之后，美国力图将泛美联盟由一个行政—法律同盟转变为政治—军事同盟。

1948年3月，第9次美洲国家会议在哥伦比亚首都波哥大召开。美国代表和与会的拉美20国代表，就改组泛美联盟、通过美洲国家组织宪章以及经济合作等议题展开讨论。然而，经济议题仍然不了了之。最终，会议通过了《美洲国家组织宪章》（以下简称《宪章》）。《宪章》对美洲国家组织的性质、宗旨、原则和机构等做了具体规

---

① 《国际条约集》（1945—1947），世界知识出版社1959年版，第520—521页。

定,并重申了包括"大陆团结"、"集体安全"等内容。① 这次会议实现了美国对泛美体系改组的既定目标,美洲国家组织的成立使泛美体系更加组织化和制度化,不过它也成为日后美国干涉拉美国家内政的合法工具,美国借此将其在国际上遇到的问题泛美化。《美洲国家间互助条约》的签订和美洲国家组织的建立,标志着美洲政治军事集团的正式形成。这是战后美国全球扩张战略中第一个地区性政治军事集团,为其以后建立类似集团提供了模板,1949年北大西洋公约组织就是以此为原型打造的。

事实上,尽管冷战因素已经融入美洲内部事务当中,但1948年以前的杜鲁门政府并没有做好在西半球通过一切方式与共产主义斗争的准备。在第9次美洲国家会议上,美国政府并不急于达成一项多边的"美洲国家反共协定"。原因是因为美国政府虽然认为"共产主义是美洲的一个潜在隐患,但是除了极个别的例外,目前尚不存在严重威胁。"除此之外,美国政府也"不希望拉美独裁政府通过反共协定,来打击国内所有的政治反对派,不管这些反对势力是共产主义的还是非共的",因为猛烈的打压"将不可避免地导致一些拉美左派投入共产主义的怀抱"。②

其次,除了在制度和组织上的保障,美国还通过增加军事援助的方式,扶植和维护拉美亲美政权的政治与社会稳定,以期达到保护地区和国家安全的目的。"二战"后,美国取代欧洲成为拉美国家最大的军械来源地。为了驱赶西半球的外国势力、增强美国主导的美洲大陆的和平与安全,美国国防部的官员们主张将西半球的军事政策标准化。战后美国愿继续为拉美国家提供军械,前提是拉美国家要在西半球防务上与美国合作,同意将军事基地租用给美国空军和海军,并保

---

① 《国际条约集》(1948—1949),世界知识出版社1959年版,第67—71页。

② "Policy of the United States Regarding Anticommunist Measures within the Inter-American System", June 21, 1948, *FRUS*, 1948, Vol. IX, pp. 193–206.

证不从其他国家购买军械或取得军训。①

1950 年 5 月 20 日，杜鲁门总统批准了《国家安全委员会第 56/2 号文件》，宣告美国与拉美国家军事合作的政策正式出炉。政策规定：首先，国防部官员要与拉美国家共同制订一份西半球防务计划；其次，为了保证充分地履行西半球防务计划，美国与美洲其他共和国有必要互相援助。美洲军事合作新政策是建立在这样一种假设之上的，即"美国陷入了一场与苏联进行的全球争斗当中；冷战是一场实实在在的战争，在这场战争中，自由世界面临着严峻的生存考验"。② 不管是 NSC 68 号文件还是 NSC 56/2 号文件，它们都肯定了苏联威胁拉美安全的假设。1951 年，美国出台了《共同安全法》（Mutual Security Act of 1951）。同年，美国国会批准了 3815 万美元的对拉美军事援助计划，1952 年，这一数额增至 5168 万美元。③

为了让拉美国家在军事合作中承担更多的义务，美国决定同它们签订双边军事互助协定。1952 年 1 月，美国首先同厄瓜多尔签订军事协定。协定规定：美国将给予厄瓜多尔军事装备、物资、人员或其他军事援助，用来提高防御能力，维护西半球的和平；同时，厄瓜多尔必须保证有效地利用美援，贯彻防御计划，并且只能在为执行双方政府所通过的防务计划的情况下动用美援，未经美国同意，不得将援助用于其他目的，并要限制与苏联集团的贸易。④ 按照这种模式，美

① Melvyn P. Leffler, "The American Conception of National Security and the Beginnings of the Cold War, 1945 - 1948", *The American Historical Review*, Vol. 89, No. 3 (June, 1984), pp. 354 - 355.

② "NSC 56/2, U. S. Policy toward Inter-American Military Collaboration", April 18, 1950, *FRUS*, 1950, Vol. Ⅰ, pp. 626 - 637.

③ Cited in John M. Baines, U. S. Military Assistance to Latin America: An Assessment, pp. 471 - 472; Stephen G. Rabe, *Eisenhower and Latin America: The Foreign Policy of Anticommunism*, pp. 22 - 23.

④ Edwin Lieuwen, *Arms and politics in Latin America*, New York: Published for the Council on Foreign Relations by Praeger, 1960, p. 201.

国相继与 12 个拉美国家签订了双边军事互助协定。①但是，在实际援助方面，美国显得有些力不从心，因为它必须要优先考虑对希腊、土耳其和北约的援助，而拉美只能在美国的全球军援战略上退而求其次。②

与此前相比，这一时期美国对拉美的军事援助带有明显的政治色彩。"二战"前美国的军事援助大多是为了帮助维护拉美政府的稳定局面，从而服务于美国在该国的既得利益，经济动机比较浓厚；"二战"后的军援主要是为了强化西半球防务安全体系，抵制国际共产主义的外部影响，政治动机比较强烈。这使得美国对拉美国家内部事务的干涉更具隐蔽性，现在美国仅依靠军事援助就能达到此前武力干涉的目的。

需要指出的是，杜鲁门政府对拉美的军事援助多是提供给能与美国"合作"的独裁政府，原因是华盛顿官方认为独裁政治似乎更能维持社会和政治的稳定，而稳定有利于保障美国的经济扩张和既得利益。更为重要的是，独裁政权与美国在反共问题上更容易达成一致，因为它们更能有效地维持国内秩序，镇压反政府势力。不过，美国政府高官也曾担心"与这些独裁者签订军事条约或反共协定，可能会被一些拉美独裁政府用以镇压国内各种反政府势力，而这种反政府势力很可能代表着自由主义和民主"③，但是在冷战这一特殊时期，国家安全显然是美国决策人需要首先考虑的问题，民主诉求就只能求其次了。1950 年，凯南在备忘录中强调："共产主义的活动是我们在这个

① 这 12 个国家分别是：古巴、巴西、哥伦比亚、秘鲁、乌拉圭、智利（1952 年）；多米尼加共和国（1953 年）；尼加拉瓜、洪都拉斯（1954 年）；危地马拉、海地（1955 年）；玻利维亚（1958 年）。

② Chester J. Pach, Jr., "The Containment of U. S. Military Aid to Latin America, 1944 - 49", *Diplomatic History*, No. 6(Summer 1982), pp. 225 - 243, available at: http://web. ebscohost. com/ehost/detail? vid = 5&hid = 108&sid = 9b24b6c8 - 5f0d - 46f7 - 95ca - 0017914c3ca0% 40sessionmgr111&bdata = JmFtcDtsYW5nPXpoLWNuJnNpdGU9ZWhvc3QtbGl2ZQ% 3d% 3d#db = ahl&AN = A000197649.01, 2009 年 10 月 12 日。

③ Stephen G. Rabe, *Eisenhower and Latin America*：*The Foreign Policy of Anticommunism*, p. 21.

地区（拉美）最担心的问题。我们必须提高警惕，将此看作非常重要急迫的问题。……共产主义正在挑战我们在西半球执行了一个多世纪的政策——门罗主义……在这个重要关头，我们不能对共产主义在新大陆的活动掉以轻心，我们必须认识到这可能会改变美国在西半球的传统政策。……民选政府在成功对付共产主义攻击上面显得软弱无力，剩下可选的就是严酷政府的镇压举措：这些措施可能与美国的民主理念相违背，但是这些政权和镇压举措却是更理想的选择，事实上，是我们战胜共产主义的唯一选择"。① 美国甚至将这种对亲美独裁政权的支持制度化、合法化。1951 年 3 月 26 日至 4 月 7 日，第 4 次美洲国家外长协商会议在华盛顿举行。会议通过了一项决议，要求各国采取反共防护措施。其实，这就是给独裁政权和右派政府开绿灯，让它们推行麦卡锡主义，加紧镇压所谓的"共产党人"。而这些"共产党人"只是些支持社会改革、倡导经济独立地位的左派民族主义者。

在这种政治理念的指导下，美国和拉美独裁者在政治合作中实现了"双赢"。一方面，美国用军事和经济援助成本，换回拉美独裁者的亲美反共立场。有了条约"义务"的约束，独裁者们对美国政府俯首听命，充当了美国政治和经济的代言人。古巴独裁者巴蒂斯塔一上台，就向杜鲁门承诺美国在古巴的利益将受到尊重。独裁者既能通过高压手段维持美国想要的秩序，同时又能给美国的商贸和资本带来繁荣。另一方面，有了美国这座巨大的靠山，拉美独裁者才能稳坐江山。1952 年 5 月，尼加拉瓜独裁者索摩查及其夫人受到杜鲁门的邀请到白宫共进午餐，这是自 1939 年以来索摩查第一次得到美国总统的招待，这在某种程度上被认为是对索摩查的亲美政策和他致力于缓和中美洲紧张状态的褒奖。

总之，通过以上举措，美国将拉美各国紧紧地束缚在自己的反共防御体系之内。美国政府坚信"美国的国家安全与西半球的地区安全

---

① "Memorandum by the Counselor of the Department（Kennan）to the Secretary of State", March 29, 1950, *FRUS*, 1950, Vol. Ⅱ, pp. 607 – 608.

是一致的"①，它想从南方邻居那儿得到的就是拉美国家对此的认同。
就这一点而言，杜鲁门政府对拉美的安全政策基本是成功的。因为大
多数拉美国家在东西方对抗中都能与美国保持步调一致，推行反苏反
共的外交政策，尽管很多是受制于那些防务互助和军援协定的约束而
做出的无奈之举。战后初期，与苏联保持外交关系的拉美国家曾达
13个。但是后来迫于美国的压力，1947—1952年先后有7个拉美国
家同苏联断交，宣布共产主义活动为非法，并一再扩展这些非法活动
的范围。② 也正是有了拉美这宝贵的20张选票，美国在联合国提出的
决议总能获得多数票而通过。美国学者戴维·霍罗威茨的话语一针见
血："事情很清楚，由于能拖着拉丁美洲政府一起走，美国总是能够
凑集一个反苏的多数。"③ 除了加强军事政治控制，杜鲁门政府还对
拉美推行积极的经济扩张政策，巩固自身在西半球的经济主导地位。

三　杜鲁门政府对拉美的经济政策

（一）抛弃战时经济援助承诺

"二战"时期，为了获得拉美国家对美国战时政策的配合，同时
也为了从南部共和国争取到更多的物资援助，罗斯福政府曾誓言：一
旦敌人被打败，美国将会大力援助拉美国家，帮助它们实现经济多样
化发展。④ 因此，随着战争的胜利，拉美民众对泛美经济合作以及美
国履行经援承诺翘首以盼，但结果却令他们大失所望。

战争结束后，拉美国家的经济经历着由战时繁荣转向战后衰落的
种种"阵痛"，由于战争刺激所导致的经济发展与繁荣在战后受到严

---

① "Memorandum by the Counselor of the Department（Kennan）to the Secretary of State"，March 29，1950.

② Stephen G. Rabe, *Eisenhower and Latin America：The Foreign Policy of Anticommunism*，p. 15.

③ ［美］戴维·霍罗威茨：《美国冷战时期的外交政策——从雅尔塔到越南》，上海市"五·七"干校六连翻译组译，上海人民出版社1974年版，第16页。

④ Stephen G. Rabe, *Eisenhower and Latin America：The Foreign Policy of Anticommunism*，p. 12.

重挑战。一位智利官员早在战争进行中，就指出两个引人注目的问题已经隐隐出现，一是和平到来时那些数以百万计失去工作的人将做什么？二是随着战时工业对原料需求的结束，拉美国家应当如何调整经济？① 因此，拉美国家热切企盼美国承诺的经济援助能为拉美经济发展提供新的动力，以帮助它们渡过难关。但是，杜鲁门政府对此却并不积极，迟迟不肯出台具体的援助计划。

首先，杜鲁门政府摒弃了战时美—拉协定中美国对拉美的价格承诺。战时，拉美国家并没有因为世界范围内的供小于求，而抬高战略物资的价格水平，它们保持固定价格，对美国销售战略物资，拉美国家也因此积累了约 34 亿美元的外汇储备。由于拉美出口企业要将外汇兑换成本国货币，这也就间接导致货币供应量的上升，增加了通货膨胀的压力，人民生活成本上升了 80%。对此，1945 年 2 月，在查普德佩克会议上，罗斯福政府承诺取得战争胜利后不立即废止战时条约，并逐步释放美国的资本货。但是，战争结束后，美国突然开放价格控制，导致很多工业制成品价格扶摇直上。显而易见，美国的这种举动对于拉美国家的经济发展是不负责任的，致使拉美国家面对着不平等的商业竞争。在自由的经济竞争中，价格是由供求关系决定的。战时是原材料和战略物资的卖方市场，拉美国家却在具有明显经济优势的情况下，在价格方面被人为地束缚手脚，为了战争的胜利以低价销售优势商品；而战后各国百废待兴，是工业制成品的卖方市场，美国明显占据有利地位，为了自身利益的最大化，毫不负责地将拉美抛向了开放的自由市场，而工商业制成品的价格远远高于原材料的价格，这也就意味着拉美需要为此花费大部分的战时盈余。仅智利一个国家，就要为此支付 5 亿美元。对此，美国却给出了这样的理由："我们牺牲了人民和财产用来保护西半球免遭极权主义的威胁"。②

---

① J. Lloyd Mecham, *The United States and Inter-American Security*, 1889 – 1960, Austin: University of Texas Press, 1961, p. 257.

② Stephen G. Rabe, *Eisenhower and Latin America: The Foreign Policy of Anticommunism*, pp. 16 – 17.

其次，杜鲁门政府对拉美经济援助请求无动于衷。1945 年 2 月 21 日至 3 月 8 日，美洲国家在墨西哥城附近的查普德佩克，召开关于"战争与和平"特别会议。会上，拉美国家对经济问题表现出了极大的兴趣。他们就国际商品协定、控制外资、原材料和工业制成品价格以及经济援助等问题交换了意见。美国代表对这些议题发表了不同看法，但是为了避免战时分歧，美国与会代表经济事务助理国务卿克莱顿（William Lockhart Clayton）只是泛泛地向拉美国家保证可从美国得到援助，并建议同年 6 月 15 日专门召开一场围绕经济问题的特别会议。由此可以看出，美国对拉美国家的经援承诺并没有诚意，而只是战时合作的权宜之计。此外，这次大会通过了《美洲国家经济宪章》，提倡消除贸易壁垒，消除一切形式的经济民族主义，为外资提供保障等。不难发现，这些主张明显有利于美国对拉美的经济扩张，因为对拉美国家而言，降低贸易关税就意味着把它们的新兴发展的工业置于与美国历史悠久高效的大型工业的竞争之中。[1] 关于满足拉美长远经济发展的需要，后人或许可以这样记载："在墨西哥城会议上，美国慷慨陈词，却拒绝对具体计划予以支持。"[2]

1947 年 7 月，时任美国国务卿马歇尔提出了"欧洲复兴计划"（又称"马歇尔计划"），对被"二战"破坏的西欧各国进行经济援助、协助重建。对此，拉美国家认为，如果美国政府愿意帮助曾经的敌人，那么对昔日的盟友则更应该照顾，它们企盼一个属于"拉美的马歇尔计划"也会紧随而至。然而事实证明，它们的想法太过天真。1947 年 8 月，在里约热内卢会议上，拉美国家代表主张大会围绕经济合作展开讨论。但是，美方代表仍旧竭力回避谈论经济问题。马歇尔建议将此议题放至波哥大会议上，并明确表示美国主要关心的是欧洲的经济复兴，而对拉丁美洲不存在类似的计划。马歇尔仅同意增加进出口银行 5 亿美元的援助。1946—1949 年，巴西曾向美国提出 10

---

① Arthur P. Whitaker. , ed. , *Inter-American Affairs*: *An Annual Survey*, New York: Columbia University P. , 1945, pp. 12 – 13.

② J. Lloyd Mecham, *A Survey of United States-Latin American Relations*, p. 162.

亿美元的贷款要求，但是美国政府一直对此不置可否，最终巴西政府只获得了 1 亿美元的贷款。1945—1950 年，西欧获得美国的经济援助高达 190 亿美元，而 20 个拉美国家只得到了 4 亿美元，不到美国对外经济援助总额的 2%，还不及两个欧洲小国（比利时和卢森堡）。① 对于如此大的差距，时任美国驻巴西大使赫歇尔·约翰逊（Herschel Johnson）打了一个形象的比喻，他形容美国政府的援助就如同"欧洲得了天花，而拉美仅患了普通感冒一样"。② 美国就这样将昔日战争中的南方伙伴抛至脑后。

（二）自由主义的经济政策

对于杜鲁门政府为何不在西半球出台一个类似于"马歇尔计划"的经济援助方案，除了战略上的考虑外，很大一部分原因是出于美国对拉美的经济定位。美国将欧洲和远东视为冷战的前线，而将局势相对稳定、经济秩序正常的拉美地区视为战略大后方、稳定的商品市场和原料供应地，维持现状就是美国在西半球的最大利益。马歇尔在里约热内卢会议上曾公开表示，欧洲复兴计划为拉美的经济发展提供了契机，因为这不仅可以帮助拉美恢复原材料和热带食品的市场，同时一旦欧洲工业重新崛起，又为拉美增添了一个工业制成品来源地。③ 这段话间接表述了美国政府对战后拉美的经济定位：拉美依然要在世界经济体系中扮演传统角色，为工业世界提供原材料，同时为工业制成品提供市场。

在经济援助方面对拉美地区的"忽视"，并不意味着美国对拉美经济政策的"无为"；恰恰相反，美国在战后积极推进自由主义经济，进一步加大了对拉美地区的经济扩张。杜鲁门政府的两任国务卿

---

① Stephen G. Rabe, "The Elusive Conference U. S. Economic Relations with Latin America, 1945 – 1952", *Diplomatic History*, No. 2 (Summer, 1978), p. 293.

② Stanley E. Hilton, "The United States, Brazil, and the Cold War, 1945 – 1960: End of the Special Relationship", *The Journal of American History*, Vol. 68, No. 3 (Dec., 1981), pp. 602 – 604.

③ Stephen G. Rabe, *Eisenhower and Latin America: The Foreign Policy of Anticommunism*, pp. 16 – 17.

都陈述了美国在拉美的经济立场。马歇尔在第9次美洲国家会议上直言,"美国不能让它目前需要开始恢复繁荣的经济承受全部负担",因此,拉美国家"必须以国内外的私人资本为来源"。① 艾奇逊(Dean Acheson)也坦言:"制约拉美经济进一步发展的最大障碍就是外国私人投资的增长太过缓慢",他认为所谓美洲国家间的"经济合作",就是给予美国私人资本确实的保障和优待。② 从中我们不难发现,这一时期美国在拉美的核心经济利益就是输出私人资本和扩大自由贸易。而有关杜鲁门政府为何不履行对拉美的经济援助承诺,转而支持自由经济的原因,艾奇逊一语道出真谛:"在提供经济发展援助方面,将政府的公立基金置于与私人资本直接且毫无价值的竞争中,是与我们的传统政策背道而驰的。"③ 在杜鲁门总统看来,这种传统政策就是美国一个多世纪以来一直在西半球奉行的"门罗主义"。④这一时期,华盛顿官方借助《克莱顿计划》,并以此为基础"有限地"推行"第四点计划",进一步加大对西半球经济的控制。

《克莱顿计划》的主旨就是自由贸易、自由投资和自由企业。所谓"自由贸易",就是剔除关税保护,拉美国家不能采取保护本国工商业的措施,应对美国工业制成品敞开国门;所谓"自由投资",即为取消对美国投资的一切限制,比如,不得规定企业中外国资本低于本国资本的比例,并且要保证投资者有任意抽回资金和汇回利润的自由,在投资和纳税方面享有与所在国国民相等或更优越的条件,即适用"国民待遇"原则;所谓"自由企业",意指拉美国家须保证美国私人公司的活动自由,且不进行国有化,或在实行国有化的同时给予被没收的美国企

---

① Thomas L. Karnes, *Readings in the Latin American Policy of the United States*, Tucson Arizona: University of Arizona Press, 1972, pp. 265 - 266.

② "Unsighed Draft Memorandum Prepared in the Department of State", January 4, 1950, *FRUS*, 1950, Vol. II, pp. 594 - 596.

③ Gordon Connell-Smith, *The Inter-American system*, London: Oxford U. P., 1966, p. 156.

④ Gordon Connell-Smith, *The United States and Latin America: An Historical Analysis of Inter-American Relations*, p. 199.

业家以优厚的补偿。在这种不平等的经济秩序中，拉美等发展中国家属于弱势群体，它们受到排挤无法参与制定游戏规则，只好承受贸易条件的逐步恶化带来的结果。因为迟迟盼不到北方大国的援助，而国家经济发展又急需资金，无奈它们只能默认外国资本和企业的进驻。所以，美国在战后同许多拉美国家签订了友好、贸易与经济发展条约。

1949 年 1 月 20 日，杜鲁门开始了他本人的第二届总统生涯，在就职演说中他宣布了对外行动中的四个原则，其中第四点提出"为了用我们先进的科学和进步的工业帮助改善和发展那些发展中地区，我们必须着手实施一项大胆的新计划……提供我们所有的技术和知识给那些热爱和平的人们，以帮助他们认识到自己对更美好生活的期望，并且在与其他国家的合作中，我们应当促进对需要发展的地区的资本投入"。① 这就是杜鲁门政府对第三世界进行开发援助的"第四点计划"。这个计划的主要内容包括：研究发展中国家的经济发展问题；对公司机构的发展项目提供技术顾问、提供技术训练；对政府的发展计划在财政和管理上给予配合；向发展中国家和地区派遣教师等。

该计划一推出，美国政府就积极运作在拉美推行，拉美国家也表示欢迎这项援助计划。但这次显然又让它们失望了，因为"第四点计划"在拉美的实施是有条件，且是限定范围的。尽管这一时期拉丁美洲的政局基本稳定，但是美国共同安全署仍然希望与拉美国家签订技术合作计划，使它们"有效地利用第四点计划这一类型的援助"，进一步"增强政治稳定"的能力。② 1949 年 4 月，蒙得维的亚会议召开，美国与参会的 16 个拉美国家代表举行磋商，讨论具体实施"第四点计划"的准备事宜。讨论中，拉美各国与会代表纷纷表示希望美国资助它们发展基础工业，但美国代表则强调说，美国投资的重点是原料的开采和粗加工、轻工业、装配工业、包装工业和运输系统等。由此可见，美国提供的资

---

① "Inaugural Address, Thursday", January 20, 1949, available at: http://www.truman-library.org/educ/inaug.htm, 2009 年 10 月 15 日。

② "Report Prepared by the Office of the Director of Mutual Secretary (Harriman)", August 18, 1952, *FRUS*, 1952–1954, Vol. I, p. 528.

助对象与拉美国家的要求相去甚远。由于拉美国家长期充当资本主义国家的原料产地，所以工业基础非常薄弱，希望借助"第四点计划"逐步改变这一被动局面；而美国资助的范围仍然是紧紧围绕着原材料的开发、粗加工和出口环节进行的，根本无助于改变拉美国家的经济结构。美国提供援助的条件出乎拉美国家的意料，但它们对此也显得无可奈何。除此之外，所有接受"第四点计划"的拉美国家，都要与美国签订各项双边协定，保证遵守《克莱顿计划》中的经济原则，切实履行自由贸易、自由投资和自由企业制度；而且，受援国还应主动向美国提供经济和政治情报，保证美国的专利、商标权益等。

通过"经济友好条约"和"第四点计划"等措施，美国在拉美的经济势力急剧扩大。这一时期，美国在拉美的私人投资呈直线上升态势，增长约18亿美元，固定资产投资也已达到44亿美元。此外，美国利用它在拉美对外贸易中的垄断地位，通过"贱买贵卖"的不等价交换，操纵了国际原材料市场价格，加大了对拉美国家的经济剥削。与此同时，美国垄断资本通过它在拉美的庞大投资及对拉美外贸的控制，逐步掌握了拉美国家的经济命脉。1945—1948年，美国在拉美的私人直接投资约为9.74亿美元，其中的6.83亿美元投向了石油产业，0.72亿美元投向了农业，0.22亿美元投向了矿业。美国钢铁公司、伯利恒钢铁公司等控制了巴西、委内瑞拉、智利、秘鲁和古巴的铁矿开采，拉美的铁砂几乎全部运往了美国；至于其他，如墨西哥的铅和锌、古巴的金、巴西大部分的金、古巴和巴西的镍的开采，被美国资本所控制；整个美洲大陆的电话公司、水电公司、航空公司也几乎全部为美国资本所控制。在农业方面，美国联合果品公司和美国糖公司等跨国公司，几乎完全控制了拉美的咖啡、可可、香蕉和甘蔗等经济作物的生产和出口，联合果品公司甚至成了中美洲国家的"国中之国"。①

---

① Simon G. Hanson, "Latin America and the Point Four Program", *Annals of the American Academy of Political and Social Science*, Vol. 268, Aiding Underdeveloped Areas Abroad（Mar., 1950）, pp. 66, 72.

　　尽管杜鲁门政府通过一系列措施，在政治、军事、经济等方面牢牢控制拉丁美洲，使其成为美国追逐世界霸权的工具，但是拉美国家在国际事务上还是发出了一些与美国不尽相同的声音。

　　首先，体现在坚守不干涉原则方面。在 1947 年的里约热内卢会议上，阿根廷代表明确提出要区分洲内矛盾和洲际矛盾，提出要采用严格的和平手段解决洲内冲突，反对把会议条约当作干涉拉美国家内政的工具。这项建议得到了委内瑞拉和秘鲁的支持。1948 年在波哥大会议上，由于拉美国家的坚持，终于把维护不干涉原则写进了《美洲国家组织宪章》。

　　其次，体现在发展民族经济方面。1948 年，联合国拉丁美洲暨加勒比海经济委员会成立（Economic Commission for Latin America and the Caribbean ／ Comisión Económica para América Latina y El Caribe, ECLAC）。1949 年，拉美经委会执行书记、阿根廷经济学家劳尔·普雷维什（Raúl Prebisch）提交了一份题为《拉丁美洲的经济发展及其主要问题》的报告。他通过对拉美社会经济的纵向比较分析，发现由于殖民时代的国际分工，造成了日后拉美等发展中国家贸易条件逐渐恶化，因此，必须打破"中心—外围"的国际经济结构，实现国内经济模式由初级产品出口向"进口替代"工业化的转变，开始由普通工业消费品进口替代过渡到耐用消费品和中间产品的进口替代，最后实现机器、设备等生产资料的进口替代，逐渐形成类似于发达国家较为完整的工业体系，最终实现经济完全独立发展。[①] 这种关于发展中国家和地区的经济发展理论被称为"发展主义"（或"普雷维什命题"）。为了摆脱对美国等资本主义国家的依赖，阿根廷等一些拉美国家开始接受发展主义，并将其作为国家经济政策加以奉行，率先拉开了拉美进口替代工业化的序幕。

　　最后，体现在外交立场上的独立倾向。关于是否派兵援助美国参加朝鲜战争的问题就是一个明显例证。朝鲜战争爆发后，杜鲁门总统

---

　　① Raúl Prebisch, "The Economic Development of Latin America and its Principal Problems", *Economic Bulletin for Latin America*, Vol. 7, No. 1（Feb. , 1962）.

宣布由于受到中国军队的进攻，美国进入国家紧急状态。国务卿艾奇逊迅速召集拉美国家外长举行第4次美洲国家外长协商会议，杜鲁门亲临会议，敦促拉美国家制定公正分担责任的原则，其实就是研究在美洲境外使用拉美国家军队的问题。令美国政府万万没有想到的是，只有哥伦比亚一国在出兵朝鲜问题上点头答应，象征性地派出了一支部队入朝作战。而大多数拉美国家通过《华盛顿宣言》仅仅传达了对北方巨人的"口头"支持。① 因此，美国试图通过此次会议建立一支拉美军队的目的没有达到，同时也说明了拉美国家在国际事务当中追求独立性。而导致美拉双方在出兵朝鲜问题上产生分歧的原因，还是出在经济援助上面。助理国务卿米勒发现，"'二战'后，由于美国对世界其他地方新朋友的优待，拉美国家普遍感到被北方邻居所抛弃，由此导致了拉美人的冷漠和阴郁。"1951年2月，当他奔走在里约热内卢请求巴西出兵朝鲜的时候，却得到了巴西人的冷遇。巴西外长冯度纳（João Neves da Fontura）告诉米勒："如果华盛顿能够出台一项拉美'马歇尔计划'的话，巴西现在的立场很可能大有不同，我们在目前紧急情况下的合作也会变得非常重要。"这番话表明美国需要支付经济筹码来换取支持，使米勒认识到了经援问题的严重性。他立即请求华盛顿当局批准对拉美的经济援助，哪怕款项数目相当有限。但是由于此时美国政府已经将大量的财力投放到了欧洲和远东，而无暇顾及拉美。但最终在1952年，米勒还是为巴西争取到了一笔3亿美元的贷款，暂时缓和了紧张的美巴关系。②

总之，杜鲁门政府通过与拉美国家缔结军事条约、加大军事援

① "Memorandum by the Assistant Secretary of State for Inter-American Affairs（Miller）to the Director of the Office of Regional American Affairs（White）", March 22, 1951, *FRUS*, 1951, Vol. Ⅱ, pp. 964 – 965.

② "Miller to Paul Nitze, Director of Policy Planning Staff", September 26, 1950, *FRUS*, 1950, Vol. Ⅰ, pp. 654 – 664；Stanley E. Hilton, "The United States, Brazil, and the Cold War, 1945 – 1960：End of the Special Relationship", p. 609；"Memorandum by the Deputy Assistant Secretary of State for Inter-American Affairs（Mann）to the Secretary of State", February 20, 1953, *FRUS*, 1952 – 1954, Vol. Ⅳ, pp. 607 – 609.

助、加强经贸往来，基本实现了其在西半球的预定目标，建立了政治
军事集团，扩大了美国在拉美的经济利益，缔造了一个安全可靠的半
球体系，完成了西半球防务目标由反法西斯的外部入侵向抵制共产主
义的外部影响转型。但是相比较其前任罗斯福而言，杜鲁门的策略显
得缺少安抚和同情，甚至颠覆了某些政策，特别是在经济援助问题
上，让一度得到修复的美拉关系跌至低谷。无论如何，杜鲁门政府奠
定了冷战时期美国对拉美的政策基调，即美国在拉美的地缘政治和战
略利益是防止共产主义在拉美扩大影响，而经济核心利益是促进美国
对拉美的贸易和投资，后继的美国总统基本上都遵循这一原则制定对
拉政策，只是针对不同情况在策略上做些微调。当杜鲁门卸任的时
候，人权、干涉、经济民族主义和共产主义等诸多问题摆在了艾森豪
威尔的面前，如何处理这些前任的拉美政策遗产，制定出一个合理的
拉美政策考验着这个军人总统的治国之才。

第三节　第一届艾森豪威尔政府的拉美政策

德怀特·艾森豪威尔在竞选总统期间，曾多次表示对美拉关系的
担忧。1952 年 10 月 13 日，在新奥尔良举行的一场竞选演讲中，他指
出拉美人民已经对美国失去了信心，而责任恰恰出在美国对自身政策
的颠覆和否定上面。"二战"时期为了争取支持，美国政府千方百计
地安抚拉美国家，并给予它们战后经援合作的承诺。然而，战后的美
国政府背信弃义，现在整个拉美正在蔓延悲观的情绪，"伴随经济衰
退而来的将会是受共产主义影响的民众运动"。与罗斯福时期的"睦
邻友好"相对比，他将杜鲁门政府的拉美政策形容成"恶邻政策"。
在演讲的最后，艾森豪威尔做出承诺，要"改变"美拉关系继续恶
化的局面。[1] 然而事实证明，这些竞选口号只是拉选票的工具。成功
当选总统的艾森豪威尔上台后，并没有兑现竞选时的承诺，在加强西

---

① Eisenhower's speech in 9/26 – 10/13/52（3）folder, box 2, Speech series, Ann Whit-man File（hereafter cited as Whitman）, Dwight D. Eisenhower Papers, DDEL.

半球国家反共团结的同时，依旧漠视拉美的经援需求，推行着"贸易而非援助"的经济政策。

一　NSC 144/1 号文件与艾森豪威尔政府西半球安全政策的确立

在竞选总统成功后，艾森豪威尔和他的共和党支持者指责民主党外交政策的无序性，批评杜鲁门政府对共产主义过于软弱，誓言新政府将扭转这种局面，加大与共产主义的对抗。

1952 年 1 月 20 日，艾森豪威尔在就职典礼上，对于未来的美拉关系给予了这样的期望，"在西半球，为了共同的目标，我们要与拉美兄弟国家一同致力于完善互信体系而努力"。[①] 1 月 27 日，国务卿约翰·福斯特·杜勒斯（John Foster Dulles）在首次官方演说中，再次抨击了杜鲁门政府对拉美战略重要性的"忽视"，并称"在拉美某些地区，共产主义分子正在积极筹划运动"[②]。美国必须给予充分的重视，因为"共产主义正在削弱北方巨人在中南美洲的影响"。他提醒说，"在某种程度上，现在的拉美就像 20 世纪 30 年代中期的中国，共产主义运动正在生根发芽"，因此，美国现在应该加大投入用以对付南美的"红色威胁"。此外，杜勒斯在电话会议中，告诉身为中央情报局局长的胞弟艾伦·杜勒斯（Allen Walsh Dulles，为避免混淆，下文统称艾伦），"共产主义分子正在西半球积极拓展他们的专制主义。"为了不让共产主义蛊惑拉美民心，掀起西半球的革命浪潮，"我们必须说服拉美人，以使他们相信共产主义是有国际野心的"，发展中国家的民族解放运动"并不是内生性运动"。在国会听证会上，杜勒斯强调拉美需要社会改革和经济发展，美国对此必须予以配合。美洲事务助理国务卿卡伯特（John Moors Cabot）非常同意杜勒斯的观点，声称"拉美需要的是社会变革而非革命"，以"阻止共产主

---

① *Department of State Bulletin*（*hereafter cited as DSB*），Vol. 28，February 2，1953，p. 169.

② *DSB*，Vol. 28，February 9，1953，pp. 214 – 215.

义在拉美蔓延的脚步"。①

随后，艾森豪威尔政府开始着手制定对拉美的安全政策。1953年 2 月 18 日，在美国国家安全委员会第 132 次会议上，艾森豪威尔政府对拉美问题进行了首次实质性讨论。中央情报局局长艾伦向会议提交了一份有关拉美局势的报告，指出："恶化不仅存在于与美国的关系方面，同样也表现在大多数拉美国家的经济和政治领域。而克里姆林宫正试图利用这种局势。"接着，艾伦对比了拉美和中东地区的革命运动，得出结论："经济民族主义、地区主义、中立主义和共产主义正在这些地区上升"。这对美国占有拉美的战略原料构成威胁，并将减缓美拉军事合作进程。② 会后，艾森豪威尔责成国家安全委员会官员尽快拟出一份拉美政策文件。

一个月后，1953 年 3 月 18 日，NSC 144/1 号文件诞生。文件主题虽为拉美事务，但对于拉美的政治、社会民主和人权几乎只字未提，从始至终都紧紧围绕着与苏联斗争这一主题。文件指出美国真正需要的是拉美在联合国的支持，消除国内共产主义的威胁，生产战略原料，并在西半球防务上与美国保持通力合作。③ 经过简短的讨论后，艾森豪威尔签发了这一文件。NSC 144/1 号文件的出台，标志着艾森豪威尔政府的拉美政策正式形成。

有了 NSC 144/1 号文件作为政策指导，艾森豪威尔政府将增进泛美体系内部的合作，并试图借此向拉美人民表明"美国并没有忘记他们"。1953 年，艾森豪威尔先是派遣胞弟米尔顿（Milton Eisenhower）对拉美进行访问，而后又参加了招待拉美驻美国大使们的晚宴，并在泛美纪念日发表演说。他甚至考虑设置一个拉美特别大使的永久职位，让社会名流来担任，如前陆军领将克雷（General Lucius Clay）和

---

① Stephen G. Rabe, *Eisenhower and Latin America：The Foreign Policy of Anticommunism*, pp. 29 – 31.

② "Memorandum of Discussion at 132ⁿᵈ Meeting of NSC", February 18, 1953, *FRUS*, 1952 – 54. Vol. Ⅱ, p. 1107.

③ "NSC 144/1, United States Objectives and Courses of Action with Respect to Latin America", March 18, 1953, *FRUS*, 1952 – 54, Vol. Ⅳ, pp. 6 – 10.

资深政治家约翰·麦克洛依（John McCloy）。杜勒斯对此想法并不赞同，他认为此举可能会招致世界其他地区的猜疑和不满。无论如何，这些行动都昭示着华盛顿官方将在拉美事务上投入更多的精力。

除了指明美国在拉美的政策目标，NSC 144/1 号文件也反映了美国政府对拉美局势的担忧，他们认为拉美人并没有真正领会到国际共产主义的危害性。NSC 144/1 号文件的附件提到，"危地马拉的阿雷瓦罗（Arévalo，1945—1950 年在任），哥斯达黎加的菲格雷斯（José Figueres，1953—1958 年在任），委内瑞拉的贝坦库尔特（Betancourt），秘鲁的阿雅德拉托雷（Haya de la Torre）等都是承诺变革取得政治权力的"，但他们都是"不成熟且不切实际的理想主义者，不但缺乏有效经营政府的能力，而且缺少反对极权主义的决心，尤其是反对共产主义的决心"。① 因此，为了争取拉美国家与美国达成一致的反共立场，艾森豪威尔政府还采取了如下措施用以加强西半球的防务安全体系。

首先，加大在拉美的反共宣传。美国新闻署每年约投入 520 万美元用于这项工作，该机构对中美洲绘制和传播了约 90000 部反共的动画书，为超过 300 家拉美报纸提供反共的连环漫画，并在古巴播出 26 个反共的广播节目。美国政府还在萨尔瓦多开设了一个调频 50000 瓦的广播电台，国务院认为此举不仅有助于公开宣传反共信息，同样也适用于隐蔽宣传领域。此外，美国政府竭力阻挠具有共产主义倾向的会议的召开，比如青年节和学生代表大会。对于那些参加国外共产主义会议的人士，美国还要求所有拉美国家政府拒绝给他们签证颁发护照。大多数拉美国家遵从美国的旨意，但也不乏一些坚持独立外交的国家对此表示抗拒，比如阿根廷、巴西和墨西哥。②

其次，争取拉美劳工阵线的反共立场。NSC144/1 号文件的目标之一就是要建立美洲区域工人组织（Organización Regional Interameri-

① Annex to NSC 144, "United States Objectives and Courses of Action with Respect to Latin America", March 6, 1953, NSC 144 folder, box 4, White House Office of the Special Assistant for National Security Affairs Records (hereafter cited as OSANSA), DDEL.

② "Progress Report on NSC 5432/1 United States Objectives and Course of Action with Respect to Latin America", January 19, 1955, *FRUS*, 1952–1954, Vol. IV, pp. 106–108.

cana de Trabajadores，ORIT），该组织是由美国劳工联合会（American Federation of Labor，AFL）发起的拉美反共工会运动的一部分，主张自由贸易。除此之外，美国还严密监控拉美的劳工动向，收集拉美劳工运动的情报，邀请工人领袖访问美国，调查工会官员的背景等。为了更好地指导这项工作，国务院还聘请了美国工会官员充当顾问，其中包括美国劳工联合会主席乔治·梅尼（George Meany）和该联合会驻拉美的首席管理塞拉菲诺·罗穆阿尔迪（Serafino Romualdi）。梅尼非常清楚劳工联合会在拉美的职能，是为了增进美拉双方劳工之间的友谊，打消苏联寻求相同支持和友谊的念头。然而，梅尼和其他官员也提到，如果美国对拉美的独裁政权采取不承认的态度，他们在拉美制造民主劳工运动的任务会完成得更轻松些。尽管如此，美国工会的反共立场还是非常鲜明，美国国务院的官员对此印象非常深刻，助理国务卿卡伯特在给杜勒斯的备忘录中写道："看来我们需要投入更多的财政，用以支持我们的劳工事业了。"①

最后，加强美拉之间的军事合作，增加对拉美反共政府的军事援助。艾森豪威尔本人非常热衷于通过军事援助的手法反共。他曾对国家安全委员会的官员们说，他从来没有如此赞同国务院的意见，只有一个例外，那就是对拉美国家输出军需。毫无疑问，对拉美的军事援助至关重要，因为美国不仅可以从拉美换取战略原料，也能"在发生共产主义战争的时候保卫南美"②。因此，美国将对拉美的共同防务预算由 1951 年的 3815 万美元提升至 1952 年的 6240 万美元，1954 年又增至 1.05 亿美元。③

---

　　① Cabot's recommendation to Dulles cited in memorandum of J. T. Fishbum, State Department labor advisor, to Cabot, March 23, 1953, Department of State Records（hereafter cited as DSR），National Archives 820. 06/3 - 2353, cited in Stephen G. Rabe, *Eisenhower and Latin America*: *The Foreign Policy of Anticommunism*, pp. 33 - 34.

　　② "Memorandum of Discussion at the 141st Meeting of the National Security Council on Tuesday", April 28, 1954, *FRUS*, 1952 - 1954, Vol. IV, pp. 146 - 147.

　　③ Michael J. Francis, "Military Aid to Latin America in the U. S. Congress", p. 392; Stephen G. Rabe, *Eisenhower and Latin America*: *The Foreign Policy of Anticommunism*, p. 35.

但是,在是否有必要增加对拉美的军援问题上,美国政府内部产生了意见分歧。尽管艾森豪威尔指示国防部"调查增加对拉美军事援助的可行性",但参谋长联席会议和国防部的官员们认为,不应优先考虑拉美的军事地位。① 为了避免分歧进一步扩大,华盛顿官员公开谈论防务援助计划的次数有所减少,但对于促进西半球军事合作的战略意义,他们依然保持着一致的立场,即用军事援助来保持拉美国家的反共立场和政治支持。美国陆军总参谋长柯林斯(J. Lawton Collins)在指导对尼加拉瓜军事援助的工作时指出:"与我们合作的拉美军官,以及那些曾到过美国并目睹它强大的人士,通常将会成为我们在那些国家最友好的朋友。"② 原因很简单,这些军官正是现在大多数拉美国家的统治者,因此,这种"友谊"对于反共而言异常珍贵。美国驻巴拉圭大使乔治·萧(George Shaw)曾提到"巴拉圭政府之所以能够维持统治,在很大程度上得益于美国的军援"③。美国驻委内瑞拉大使弗莱彻·华伦(Fletcher Warren)建议华盛顿当局向委内瑞拉独裁者希门内斯(Marcos Peréz Jiménez)出售复杂的军事器械,因为"它已经同苏联和捷克斯洛伐克断绝了外交关系,并正在着手监督共产主义组织的活动"。④

如果说杜鲁门总统在位时期对国外的民主势力还抱有一丝同情的话,那么艾森豪威尔的上台则完全将天平倾向了拉美亲美的独裁政权。NSC144/1 号文件根本没有将民主列为艾森豪威尔对拉美政策的既定目标。这或许是因为米尔顿·艾森豪威尔对拉美政治发展的乐观估计。当米尔顿从拉美返回美国时,他向总统汇报道:"绝大多数拉

---

① "Memorandum by the Under Secretary of State(Smith)to the Executive Secretary of the National Security Council(Lay)", November 20, 1953, *FRUS*, 1952 – 1954, Vol. Ⅳ, p. 42.

② "Memorandum on Substance of Discussion at a Department of State-Joint Chiefs of Staff Meeting, Held in the Pentagon, 11 a. m. ", May 22, 1953, *FRUS*, 1952 – 1954, Vol. Ⅳ, pp. 150 – 153.

③ "The Ambassador in Paraguay(Shaw)to the Department of State", September 4, 1953, 同上书, pp. 1473 – 1480。

④ "The Ambassador in Venezuela(Warren)to the Department of State", May 11, 1953, 同上书, pp. 1643 – 1647。

美国家正在朝着民主化方向迈进，尽管它们仍然存在一定程度的封建主义和独裁政治"。[1] 这种结论显然是不符合实际的，因为当时 20 个拉美国家中就有 13 个是独裁政权。[2] 这再次说明了在冷战思维当道的时代里，反共而非反独裁才是美国决策人思考的要务。华盛顿当局不但无视拉美的独裁政治，反倒大肆支持独裁者。艾森豪威尔总统甚至将美国对外国名人的最高荣誉——功绩勋章（Legion of Merit），授予了秘鲁和委内瑞拉的大独裁者曼努埃尔·奥德利亚（Manuel Odría）和希门内斯，理由很简单，仅仅是因为他们两人坚定的反共态度和采取的强硬反共措施。1954 年 10 月，美国驻委内瑞拉大使华伦在给希门内斯的颁奖仪式上，声称："贵国总统充沛的精力和坚强的意志力帮助委内瑞拉的军力大为提高，这有利于促进西半球的共同防务。……他对共产主义影响的持续关注，使得委内瑞拉政府能够时刻保持警惕，驱除共产主义对于委内瑞拉和其他拉美国家的现有威胁。"[3]

二 "贸易而非援助"的经济政策

尽管艾森豪威尔政府将反共作为对拉美外交政策的主要目标，但是拉美人关注的是本民族的经济发展，他们认为泛美体系不应只是一个反共的政治军事联盟，更应成为一种经济合作机制。对此，美洲事务助理国务卿卡伯特非常清楚，在与国家安全委员会官员交换有关西半球冷战局势的意见时，他指出"拉美马歇尔计划"迟迟不能到来才是拉美反美情绪的最大根源。他还强调，拉美政治激进派的产生都是出自国内问题，而非国外因素所致，因此，美国必须牢记他们中的

① Milton Eisenhower's Report, "United States-Latin American Relations: Report to the President", in *DSB*, Vol. 29, November 23, 1953, pp. 695 – 717.

② Richard P. Stebbins, *The United States in World Affairs*, 1953, New York: Harper & Brothers, 1955, pp. 344 – 345.

③ "Memorandum by the Assistant Secretary of State for Inter-American Affairs (Holland) to the Secretary of State", December 20, 1954, *FRUS*, 1952 – 1954, Vol. IV, pp. 1674 – 1675.

大多数都是本土共产主义分子。① 为了保持拉美国家对美国冷战政策的支持，艾森豪威尔政府必须要照顾到拉美人民的经济诉求，适时地出台对拉美的经济政策。

与他的前任们一样，艾森豪威尔总统认为，自由贸易和自由投资是保持世界和平和繁荣的基石，世界的繁荣就意味着和平和安全。当一国政府出现统治危机的时候，民众贫困、儿童饥饿和共产主义革命就会随即而来。为了使全世界的经济保持活力，美国的职责就是降低关税和开放市场。自由贸易不仅可以提高社会下层民众的生活水平，即使是美国最低的生活标准；同时还能保障美国自由的安全。艾森豪威尔认为，随着经济的发展，美国对锡、钴、铀、锰和原油等进口原材料的需求会不断增加，他担心一旦这些原料出口国的政权没有掌握在亲美集团手中，那么美国的长期经济利益将会遭受严重损害。② 虽然艾森豪威尔在演讲中多次强调美国的世界领袖责任，但是他也认识到了美国能力的有限性。他在 1952 年的总统竞选中就展露出了经济保守的一面，当时他承诺要降低美国的财政支出和海外援助。尽管如此，他在对外援助方面并没有坚持保守的立场，1953—1961 年，美国的经济和军事的对外援助总额达到了 500 亿美元。然而，这些援助仅限于直接受共产主义影响的地区，其他地区只能通过与美国扩大贸易和投资的方式获取经济发展所需的资本。

1954 年春，莫斯科宣布通过援助加强同第三世界不结盟国家关系的新方针。同年 3 月 30 日，艾森豪威尔总统在提交国会的咨文中阐发了新一届政府对外经济政策的要义："援助——我们希望削减；投资——我们希望扩大；货币兑换——我们希望更加便利；贸易——我们希望发展"。这标志着艾森豪威尔政府"贸易而非援助"的经济

---

① Stephen G. Rabe, *Eisenhower and Latin America: The Foreign Policy of Anticommunism*, p. 40.

② Dwight D. Eisenhower, Robert H. Ferrell, ed., *Eisenhower Diaries*, New York: Norton, 1981, pp. 242–245.

政策正式出台。① 5 月 15—16 日，政府要员、工商界人士和经济学家
参加了普林斯顿研讨会，讨论当前形势下美国的外援政策。绝大部分
与会者都为美国缺乏足以与《共产党宣言》抗衡的现代化意识形态
武器而喟叹，提议实施一项针对发展中国家的开发援助计划。两个月
后，罗斯托和米利肯（Max F. Millikan）撰写了一份"新的美国对外
经济政策建议"报告。报告批评了过分依赖军事和其他"消极"手
段的政策，导致美国失去了欠发达国家的信任，迫使它们转而"乞
灵"于共产主义经济增长模式；为了维持自身的经济增长速度和自由
的生活方式，美国必须推动日本、德国等工业化国家开辟海外市场，
并说服第三世界选择西方的经济增长模式；报告还指出美国对外经济
援助政策的目标应该是积极提高第三世界的生活水平，而非消极地遏
制共产主义，并提出了具体对策，即由美国牵头制订一项总额为 200
亿美元的五年"世界经济计划"，其中美国提供 100 亿美元（贷款为
主，援助为辅）。② 然而，政府并没有采纳这个支出庞大的计划。

　　美国对拉美的经济主张基本遵循了"贸易而非援助"的原则。艾
森豪威尔政府对拉美经济政策追求的目标为，"促进拉美政府达成这
样的共识：发展私营公司是他们获取经济发展所需大量资本的最好渠
道，为此，它们要不断改善投资环境以吸引更多的外资"；作为回报，
美国政府将尽量减少贸易保护主义对拉美经济的冲击，降低来自拉美
产品的进口关税。③ 同时，为了促进投资和贸易，艾森豪威尔采纳了
财政部长乔治·汉弗莱（George M. Humphrey）的建议，限制进出口
银行的短期信贷权力，再加上长期贷款的收缩，美国对拉美的发展贷

---

① 当年国会批准的外援拨款仅为 24 亿美元，其中 86% 都属于军事和防务支持援助。
详见 "Special Message to the Congress on Foreign Economic Policy", March 30, 1954, in *Public
Papers of the Presidents of the United States*, United States Government Printing Office, available at:
http://www.presidency.ucsb.edu/ws/index.php? pid = 10195&st = &st1 =, 2009 年 10 月 21
日。

② Kimber Charles Pearce, *Rostow, Kennedy, and the Rhetoric of Foreign Aid*, East Lan-
sing: Michigan State University Press, 2001, pp. 51 – 52.

③ "Statement of Policy by the National Security Council", March 18, 1953, *FRUS*,
1952 – 1954, Vol. Ⅳ, p. 8.

款由 1952 年的 1.47 亿美元骤减至 1953 年的 760 万美元。① 通过进口原材料和热带作物,出口加工食品和工业制成品,艾森豪威尔政府初步实现了拓展对拉贸易,占领了拉美的资本市场的目的。20 世纪 50 年代早期,美国在拉美投资总额达到 60 亿美元,占美国在全世界直接投资的 40%。这些资本大多数是投放在拉美的采掘业上面,比如智利的铜和委内瑞拉的石油。美国和拉美的年均贸易额约为 70 亿美元,约占美国全球贸易的 1/4。②

这种冷战优先、"贸易而非援助"的经济政策再次引发了拉美民众的反美情绪。对此,艾森豪威尔总统向南方邻居们保证将派米尔顿出访考察。拉美人民显然希望米尔顿的访问会改变美国政府的经济政策。米尔顿出访回国后,在给总统的报告中特别指出,美国在向拉美国家输出资本的过程中应该避免强制性,"这应当是它们经济发展中对资本的一种自发性需求"。他提出了两个方面的政策调整建议:(1)向拉美国家投放一些小规模的发展项目资金,总支出预计仅为 1700 万美元。比如,可以通过进出口银行向厄瓜多尔提供 250 万美元的贷款,以帮助它改善机场设施。(2)进出口银行要恢复对拉美的长期信贷业务。③

对于米尔顿提出的增加对拉美经济援助的建议,美国政府内部产生了意见分歧。

美洲事务助理国务卿卡伯特在给国务院的信件中,指出拉美国家的人均收入是北美的 1/8,在几个最穷的国家,比如玻利维亚、厄瓜多尔和海地,人均收入仅为美国的 3%—5%。而美国只将对外发展援助金额的 1% 给了拉美。卡伯特提醒说:"我们不应对南方邻国怀有偏见,不应再继续忽视美国和拉丁美洲的关系。"此外,他对引进外资解决拉美经济问题的方式提出了质疑。他指出,即使一些拉美国

① Burton I. Kaufman, *Trade and Aid: Eisenhower's Foreign Economic Policy*, 1953–1961, Baltimore: Johns Hopkins University Press, 1982, pp. 29–32.

② *DSB*, Vol. 30, January 11, 1954, pp. 48–53; *DSB*, Vol. 31, October 25, 1954, pp. 600–606.

③ Milton Eisenhower's Report is in *DSB*, Vol. 29, November 23, 1953, pp. 696–717.

家拥有较好的投资环境，制定了比较合理的税额，颁布了投资法案，但是外国投资者仍然敬而远之。原因有很多，比如拉美交通通信设施落后、人民受教育程度低下、技术水平差等，但最根本的还在于拉美经济结构的不完整和人力资源的贫乏。更让卡伯特担心的是拉美日益拉大的贫富分化，"涓滴效应"无助于削弱共产主义的吸引力。① 根据上述分析，卡伯特得出了与米尔顿相似的结论。首先，美国政府应当继续实施"第四点计划"，加强与拉美国家的技术合作，他建议每年向拉美国家拨付 2500 万美元用以援助小型发展项目和高速公路的建设。其次，在长期信贷方面，他提议进出口银行向拉美投放 5 年总计 10 亿美元的长期贷款，这些长期贷款主要用于完善拉美国家的基础设施。不难发现，不管是短期信贷还是长期贷款，它们的目的都是改善拉美的投资环境，为美国日后更大规模地倾注资本做铺垫。关于美国对拉美实施经济援助和经济合作的意义，卡伯特说："这会使拉美朋友们看到美国巩固美拉友谊的决心，而非只是些伪善的陈词滥调，与我们的合作会使他们受益匪浅"。最后，他点明了实施经济援助的真正动机，向拉美国家宣告"我们的民主资本主义要远远好于共产主义的温馨承诺"。②

反对增加对外援助的主要代表人物是财政部长汉弗莱。他在对外经济事务上，甚至比艾森豪威尔总统更加保守。在内阁和国家安全委员会的会议上，他多次警告增加对外经济援助的官员说，过度的经济支出会摧垮美国。与其他保守派一样，汉弗莱推崇促进对外贸易和投资，而非对外援助，他总是乐于将美国自身的经验与第三世界的发展相提并论，他认为正是由于美国大力吸引外资，才促成了 19 世纪的

---

① Cabot's speech to Pan American Society, in *DSB*, Vol. 29, October 19, 1953, pp. 513-518.

② "Memorandum by the Assistant Secretary of State for Inter-American Affairs (Cabot) to the Under Secretary of State (Smith)", January 20, 1954, *FRUS*, 1952-1954, Vol. Ⅳ, pp. 203-205.

经济起飞,因此,拉美国家也应该效仿美国引进外资。[1]

关于是否加强同拉美的经济合作,艾森豪威尔总统和国务卿杜勒斯的立场对于政策走向至关重要。杜勒斯多次向总统表示对拉美经济发展的担心,认为战后国际市场对拉美原材料需求明显萎缩,加剧了拉美的贫困问题,如果美国忽视拉美经援的要求,将很有可能把南方邻国拱手相让给共产主义。[2] 但他还是把与共产主义的对抗当作是美拉关系的第一要务,建议美国政府将更多的精力放在政治和外交领域,而他的经济想法并没有付诸到实践当中。他甚至还解雇了卡伯特,让代表美国海外公司利益的亨利·霍兰德(Henry F. Holland)取而代之。卡伯特对于政府冷战优先的决定非常担忧,他坚持认为拉美的经济发展才是当前影响美拉关系的最根本问题。继任的美洲事务助理国务卿霍兰德对杜勒斯唯命是从,他表示虽能理解拉美国家争取经济援助的迫切心情,但是"美国的全球战略显然不允许我们过多地考虑这件事情"。[3] 对于杜勒斯的这些言行,艾森豪威尔总统表示支持。事实上,尽管美国政府没有采纳米尔顿"新的美国对外经济政策建议"报告中的经援建议,但该建议所蕴含的思想已被政府决策层所接受。1955 年,艾森豪威尔总统曾多次强调对外援助是美国外交政策的必要组成部分,他借用罗斯托等的开发援助逻辑链条理论进行论证,即大规模外部资本投资——国内资本积累——提高劳动生产率——改善生活水平——遏制共产主义。[4] 相对于罗斯托 200 亿美元的"世界经济计划",艾森豪威尔显然更喜欢米尔顿提出的 1700 万美元的小型发展援助计划,因为这样美国就不用投入过多而达到事半功倍的效果。

---

[1] Burton I. Kaufman, *Trade and Aid: Eisenhower's Foreign Economic Policy*, 1953 – 1961, p. 30.

[2] "Memorandum of Conversation, by the Director of the Office of Regional American Affairs (Cale)", October 2, 1953, *FRUS*, 1952 – 1954, Vol. Ⅳ, pp. 197 – 201.

[3] Stephen G. Rabe, *Eisenhower and Latin America: The Foreign Policy of Anticommunism*, p. 69.

[4] Sergey Y. Shenin, *America's Helping Hand: Paving the Way to Globalization (Eisenhower's Foreign Aid Policy and Politics)*, New York: Nova Science Publishers, 2005, pp. 39 – 65.

　　为了安抚拉美国家，让它们继续保持反共立场，美国政府不得不做出些让步。1954 年夏秋两季，华盛顿多次召开跨部门会议，一方面商讨制定一个新的经济政策，另一方面也为即将在里约热内卢召开的泛美经济会议做准备。1954 年 9 月 3 日，NSC 5432/1 号文件出炉，这标志着艾森豪威尔政府对拉美经济政策所做的试探性调整。文件重申了美国在拉美的经济目标依然是扩大对拉美贸易、改善拉美的政治和经济环境以便于吸引更多的国内和国际资本。同时，文件也吸纳了米尔顿的建议，授权进出口银行可以为所有合理的经济发展计划提供资金，甚至有权对拉美的发展援助提供贷款。这次政策调整显然是一个折中方案，它在坚持原有经济方针的基础上，又增加了一些经济援助的内容。然而，有关贸易与援助的争论依然存在。汉弗莱在国家安全委员会第 224 次会议上，提出约束进出口银行的信贷权力。艾森豪威尔对此予以采纳，宣称进出口银行出借款项需要总统的授权，但他也提醒汉弗莱："美国现在不仅仅是与拉美国家开展贸易，而是在同共产主义进行斗争"。[①]

　　如此小规模的政策调整，自然不能满足拉美国家的需求。巴西外长表示美国的战略使拉美人感到疑惑，美国人试图通过经济援助打败亚洲和欧洲的共产主义，而在拉美，为什么它仅仅依靠政治—军事的方式呢？[②]"拉美马歇尔计划"的幻想已经破灭，现在拉美人又开始做着"艾森豪威尔计划"的美梦。1954 年秋，霍兰德多次在与拉美领导人举行的会议和演讲中，声明美国政府不会对拉美出台所谓的"马歇尔计划"和"艾森豪威尔计划"。[③]尽管如此，拉美国家仍然没

---

①　"Memorandum of Discussion at the 224th Meeting of the National Security Council on Monday", November 15, 1954, *FRUS*, 1952 – 1954, Vol. Ⅳ, pp. 344 – 352.

②　Stanley E. Hilton, "The United States, Brazil, and the Cold War, 1945 – 1960: End of the Special Relationship", p. 618.

③　Holland address to the Pan American Society, *DSB*, Vol. 31, November 8, 1954, pp. 684 – 690; "The Assistant Secretary of State for Inter-American Affairs (Holland) to the Deputy Assistant Secretary of State for Inter-American Affairs (Woodward)", September 19, 1954, *FRUS*, 1952 – 1954, Vol. Ⅳ, pp. 332 – 335.

有放弃，它们将经济合作的希望寄托在即将召开的美洲经济会议上。1954 年 11 月 22 日至 12 月 2 日，泛美经社理事会在里约热内卢召开。拉美国家统一立场，向美国提出了一个系统的、量化的援助计划，主张在今后的 10 年或更长的时期内，拉美每年需要输入 10 亿美元的外资，私人资本最多承担 3 亿—3.5 亿美元，其余的 6.5 亿—7 亿美元要由公共资本承担，其中美国的援助最重要。此外，拉美国家还倡议成立美洲金融机构，专门对拉美国家发放贷款，并就该机构的资本构成、设址、组织机构等技术问题制作了详细的方案。对此，艾森豪威尔政府的基本立场是，世界银行和进出口银行已足以向拉美提供发展所需的外部公共资金，没有必要再专门建立美洲金融机构，制约拉美国家进一步贷款的因素不是缺乏贷款机构，而是借贷国在能力范围内缺乏合作的项目。[①] 美国政府代表在这次会议上总共拒绝了拉美国家提出的 8 个经济合作方案，并拒绝投票表决任何有关发展援助和成立美洲金融机构的议案。因此，里约热内卢会议在美拉经济合作上面没有取得突破性进展，美国再次采取不了了之的态度应对拉美的经援要求。对于这样的会议结果，美国政府内部褒贬不一。财政部长汉弗莱非常满意，他认为这有助于美国在西半球经济扩张。相反，国务院官员理查德·鲁伯特姆（R. Richard Rubottom）则将此次会议形容成"美国历史上所参加的最失败的会议"，他认为美国对拉美国家经援要求的漠视将不利于美拉关系的长远发展。[②] 此人于 1957 年出任拉美事务助理国务卿。

里约热内卢会议再次向拉美人表明了美国政府坚持自由贸易和投资的立场。美国政府之所以恪守这一立场，是因为受到强烈的政治动机的驱使。这一时期，随着经济和军事实力的增强，苏联逐渐将战略目光投向了第三世界。苏联领导人频频出访新独立的国家，其中包括

---

① Council on Foreign Relations, *American Foreign Policy: Current Documents*, 1957, Washington, D.C.: Department of State, 1986, p. 365.

② Stephen G. Rabe, *Eisenhower and Latin America: The Foreign Policy of Anticommunism*, p. 77.

埃及、印度和印度尼西亚，并对这些国家承诺提供大量经济援助。自
20 世纪 50 年代起，拉美国家纷纷开展进口替代工业化经济发展战
略，对资本货的需求较大。苏联抓住这一时机，不断向拉美提供巨额
贷款，同时推销本国重工业品，比如机械、交通运输工具、水电设备
等，推动苏拉之间的贸易和经济合作。1955 年，苏联对拉丁美洲的
贸易总额达到 3.4 亿美元，古巴成为苏联新的贸易伙伴，同年，古巴
向苏联出口了 50 万吨的库存积压糖。① 此后，1956 年 1 月 16 日，苏
联国防部部长尼古拉·布尔加宁（Nikolai Bulganin）提出，要进一步
扩大与拉美国家的外交、经济和文化交流，开展技术援助，缔结贸易
协定。美国政府对此高度重视，艾森豪威尔认为这种新经济攻势甚至
比斯大林时代的反美宣传更为可怕。NSC 5613/1 号文件指出："苏联
集团欲加强与拉美国家的经贸文化往来，不仅是为了追求经济利益，
同时也是为了破坏美国与拉美的传统友谊，颠覆拉美国家的政权，扰
乱美洲的秩序。"为了抵制苏联对拉美的经济影响，保卫传统商品和
资本市场，美国政府一方面继续降低贸易门槛，增进美拉商品流通；
另一方面，美国政府也应展露出强硬的一面。NSC 5613/1 号文件宣
称"亲近苏联的举动就等于威胁美国安全利益。……一旦让拉美国家
与苏联建立了紧密的联系，必将损害美国在这一地区的核心利益，我
们应当断绝与这种国家的经济合作，采取一些可行的政治、经济措施
和军事行动加以应对。"② 因此，保护传统市场、输出资本品、抵御
共产主义在西半球的政治经济影响，才是美国在拉美的经济核心利
益，经济援助在美国的全球冷战战略当中不居于主要地位。

　　事实上，苏联对拉美的经济渗透并不成功，除了美国的政策之
外，很大一部分原因是双方的经济结构不具有互补性，苏联生产的工
业品在质量和数量上都没法与美国相比，因此，苏联在西半球的经济

---

① Robert Loring Allen, *Soviet Influence in Latin America*: *The Role of Economic Relations*,
Published in cooperation with the Woodrow Wilson Dept. of Foreign Affair, University of Virginia,
Washington: Public Affairs Press, 1959, pp. 8 - 9.

② "NSC 5613/1, Statement of Policy on U. S. Policy toward Latin America", September 25,
1956, *FRUS*, 1955 - 1957, Vol. Ⅵ, pp. 119 - 127.

影响可以说是微乎其微。1955 年，是苏拉经济关系最密切的年份，双方的贸易总额也仅为 3.4 亿美元，1956 年不增反减跌至 2.3 亿美元，跌幅超过 30%。50 年代剩余的年份里，苏拉贸易额也只占到拉美对外贸易总额的 1.5%，而美国则占拉美外贸份额的将近 40%。①即使是与主要贸易伙伴阿根廷和乌拉圭，苏联与它们的经济联系也不能称之为密切。尽管苏联迫切需要拉美的牛肉、小麦和木材，但是除了石油，它没有充足的工业制成品作为交换对象，因此在与拉美国家的双边贸易中，苏联基本处于入超状态。1953 年，苏联仅占阿根廷出口贸易额的 2.5%。而阿根廷和乌拉圭之所以同苏联进行贸易，是因为美国和加拿大这两个西半球最富裕的国家吸收不了它们过剩的牛肉、小麦和木材。②

正当艾森豪威尔政府陶醉于这些成果的时候，国内外的批评声也不绝于耳。这些质疑声，有的来自拉美的民主人士，有的代表拉美的经济流派，还有的发自美国的民主党内高官。时任哥斯达黎加总统何塞·菲格雷斯（José María Hipólito Figueres）曾向杜勒斯抱怨说美国的政策就是"保卫腐败的独裁者"。哥伦比亚前总统艾德瓦尔多·桑多斯（Eduardo Santos）公开谴责美国的军事援助计划，称援助的武器帮助哥伦比亚军队镇压了示威群众。拉美经委会官员则斥责美国的自由贸易政策将加剧拉美的发展困境，他们呼吁制定更合理的商贸协定，成立美洲发展银行。同时，美国民主党内的官员也对艾森豪威尔的拉美经济政策颇有微词，其中以参议员外交委员会的批判最为激烈。担任委员会主席的威廉·富布莱特（J. William Fulbright）和担当拉美小组负责人的威恩·摩斯（Wayne Morse），连同一些很有权势的民主党人，如麦克·曼斯菲尔德（Mike Mansfield）、休伯特·汉弗莱（Hubert Humphrey）、约翰·肯尼迪（John Kennedy）和弗兰克·丘奇

① Robert Loring Allen, *Soviet Influence in Latin America: The Role of Economic Relations*, pp. 8 – 9, 34 – 45;［英］维克托·布尔默 – 托马斯:《独立以来拉丁美洲的经济发展》，张凡等译，中国经济出版社 2000 年版，第 284 页。

② "National Intelligence Estimate (hereafter cited as NIE) – 91 – 54, Probable Developments in Argentina", March 9, 1954, *FRUS*, 1952 – 1954, Vol. Ⅳ, p. 464.

(Frank Church)，劝谏政府决策人改变现行的拉美经济政策。尽管参议员外交委员会在反共、自由贸易与投资、保持西半球霸权等根本立场上与政府保持一致，但是他们不赞同政府的策略和方式。他们担心对独裁者的支持和拒绝实施经济援助，会逼迫绝望的拉美人使用极端的方式解决问题。纵使是官员们这样的苦口婆心，也没能改变艾森豪威尔及其幕僚们的傲慢态度，他们继续无视拉美的经济发展现状：绝大多数拉美人仍然十分贫穷，他们还要生活在单一产品、出口导向的经济体制下，他们渴望改变的诉求被军事独裁者阻挡。① 种种迹象表明，艾森豪威尔政府必须为他们对拉美经济发展的忽视付出代价。

---

① Stephen G. Rabe，*Eisenhower and Latin America：The Foreign Policy of Anticommunism*，pp. 96 – 99.

第二章

第二届艾森豪威尔政府对拉美政策的两次调整

第一届艾森豪威尔政府试图通过经济和安全政策，加强对拉美国家的控制，将泛美体系打造成一个反共的政治军事联盟。但是，拉美国家也并非铁板一块，它们中的大多数特别是一些民选政府有着自己的政治、经济、防务和外交立场，不愿对美国唯命是从。然而，一旦拉美某些国家的民族主义政策危及美国的核心利益，华盛顿当局就会操起惯用的干涉手法，捍卫其在西半球的霸权，颠覆危地马拉阿本斯政权就是最好的例证。尽管反共和集体安全成为冷战时期美国维护西半球霸权的新理由，但是它粗暴干涉别国内政、无视他国发展权益等事实，还是激发了拉美民众的反美情绪。副总统尼克松的拉美尴尬之旅以及古巴革命都向世界昭示着泛美体系潜伏着重重危机。根据新的地区形势，第二届艾森豪威尔政府对此做出了两次政策调整。在这两次调整中，美国的冷战战略目光开始由重点关注冷战前线地区演变为前线和后方兼顾，开始更多地关注第三世界的冷战形势，战略手法也开始由强调军事援助逐渐演变为突出经济援助和经济建设，以抵制共产主义的影响。

第一节　颠覆危地马拉阿本斯政权

南方邻居虽然早已看透了北方大国的伎俩，但是迫于地理条件和经济依赖，也无力改变这种局面，只能通过历次洲际大会伸张权益。1948 年，第 9 次美洲国家会议通过了《美洲国家组织宪章》，明确将不干涉原则载入宪章，不干涉原则正式成为泛美体系的主要原则之一。《宪章》中第 15 条规定："任何国家或国家集团都没有权力以任何理由直接或间接干涉任何其他国家的内政和对外事务。"① 不干涉的原则虽然明确载入《宪章》，但是制定游戏规则的权力依然把握在美国手中。在美国的外交文件中，华盛顿官方明确声明不干涉原则不适用属于共产主义的政权。② 这种对不干涉原则的曲解成为美国干涉拉美事务的借口，由此对于那些与美国步调不一致、民族主义倾向强烈的拉美国家，美国只要冠之以共产主义的"罪名"，就又可以行干涉之事了。危地马拉首当其冲，成为战后美国在西半球打着反共旗号武装干涉的第一个牺牲品。

经济大危机致使危地马拉经济迅速恶化，军官豪尔赫·乌维科（Jorge Ubico）趁机于 1931 年 2 月夺权。乌维科对内实行独裁统治，对外奉行亲美政策。在其当政的 13 年中，人民的民主权利被剥夺，所有政党均遭取缔，改革派势力遭到残酷镇压，没有劳动立法，也不允许组织工会，工人的权利得不到任何保障。1934 年，乌维科颁布了《游民法》（Vagrancy Law）。按照法令，无地或少地农民每年至少要到大地主或外国公司的种植园做 180 天的雇工，不足天数的被视为"游民"，将被关进监狱或强迫从事最艰苦的公共工程。由于危地马拉农民大部分都没有或只有少量土地，《游民法》的颁布无异于将他们置于任人宰割的地位。此外，乌维科在内政和外交上讨好美国。为了追随美国的反共政策，凡被认定为共产党员的一概被处死。在其治下，美国联合果品公司获得了向太平洋沿岸扩张的特权，为此，乌维科强制迁出该地区的农民，把最好的土地奉送给联合果品公司。这些政策严重激化了社会矛盾和民族矛盾，1944 年秋，危地马拉爆发全国性总罢工和武装起义，乌维科及其追随者被逐出国境。12 月，危地马拉举行全国大选。总统候选人胡安·阿雷瓦罗（Juan José

① Robert N. Burr and Roland D. Hussey, eds., *Documents on inter-American cooperation*, Vol. 2, Philadelphia: University of Pennsylvania Press, 1955, p. 183.

② "Policy of the United States Regarding Anti-Communist Measures Within the Inter-American System", June 21, 1948, *FRUS*, 1948, Vol. Ⅸ, p. 27.

Arévalo）向人民承诺"民主和改革"，他获得了85%以上的选票当选总统。阿雷瓦罗即将要面对的是一个经济破败、民生凋敝的国家：农业工人人均年收入不到100美元，2%的富人占有70%以上的可耕地，70%的人口是文盲，国家几乎没有工业可言。阿雷瓦罗总统立即启动了一系列社会和经济改革，其中包括颁布新宪法，恢复人民的言论、出版和集会自由，承认工会和政党的合法地位，废除大庄园制，限制外国资本，指责联合果品公司偷税漏税，要求其必须服从危地马拉法律等；在对外事务方面，阿雷瓦罗也表现出独立倾向，在他任期内，危地马拉断绝了与多米尼加和尼加拉瓜等独裁政权的外交关系，1945年同苏联建立外交关系。阿雷瓦罗的改革维护了民族利益，推动了民族经济的发展和社会的进步。尽管改革比较温和，但还是招致了国内既得利益集团和美国政府的不满，他们将阿雷瓦罗视为眼中钉，肉中刺。1948年，美国国务院在一份政策声明中认为，阿雷瓦罗的改革加剧了混乱状况，共产主义正在利用这种形势，以此控制整个半球。时任美国驻危地马拉大使理查德·帕特森（Richard Patterson）警告说，如果危地马拉不停止对美国利益的侵犯，两国之间的关系将蒙受损失。对此，阿雷瓦罗毫不客气地宣布帕特森为不受欢迎的人。在当政的6年中，阿雷瓦罗成功应对的政变和暗杀就达20多次。

1951年3月，哈科夫·阿本斯·古斯曼（Jacobo Arbenz Guzmán）当选为总统，这也是危地马拉历史上第一次和平的政权交接。在就职典礼上，阿本斯向民众承诺要将危地马拉打造成一个经济独立、现代化的资本主义国家。此后，阿本斯政府便着手改造国家的经济结构，制定了危地马拉历史上第一部收入税法，采取了许多限制美国垄断资本活动的措施，旨在发展本民族工业，比如建设圣托多新港，以打破联合果品公司对危地马拉港口的独占；在首都附近修建新的水力发电站，以结束电气公司对电力的垄断；此外，还准备修长达1000公里的高速公路，以摆脱国际铁路公司对交通运输的控制。但是阿本斯始终认为土地分配不均才是阻碍社会和经济发展的根本原因，因此当务之急就是土地改革。1952年6月，阿本斯政权颁布了《土地改革法》，规定以支付"土地公债券"的方式，将外国公司未垦殖的土地、租佃的土地以及面积 180 公顷以上或荒废 1/3 耕地的大庄园统统没收，归国家所有。1952 年至 1954 年，阿本斯政府共没收了 150 万英亩的土地，并将其分配给了 10 万户家庭。[①]

阿本斯政府的改革严重危及美国在危地马拉的经济利益和战略利益，加剧了美国的不安情绪。其中，土地改革对美国的触动最大，因为改革的矛头指向了美国联合果品公司。该公司占有的 55 万英亩土地中，有 85% 是未垦殖土地，属于被没收的范围。果品公司声称它们需要这片土地用于轮作、保土以及应对飓风的破坏。但是阿本斯政府对此不予理会，坚决推行土改方针。1952—1954 年，征收果品公司约 40 万英亩土地，并按照每英亩 3 美元的协议标准进行赔偿。联合果品公司对此表示抗议，要求得到每英亩土地至少 7 美元的赔偿金。美国政府强烈支持果品公司的立场，声称要为其讨回公道。1954 年，美国国务院向阿本斯政府开具了一份账单，提出对于前期征收的 20 万英亩土地，危地马拉应支付给联合果品公司 1585 万美元，这是继 1938 年美国石油公司向墨西哥政府提出索款之后，提出的最高赔偿金额。[②] 对此，阿本斯政府并不埋单。

华盛顿官方认定阿本斯的改革得到了共产主义的支持，共产主义对危地马拉的影响显著，共产党在工会和土地改革中非常活跃，而且著名的共产党员、工人领袖维克多·曼努埃尔·古铁雷斯（Víctor Manuel Gutiérrez）前不久还造访社会主义阵营国家。[③] 美国的媒体将危地马拉形容成"中美洲的赤色前哨"、"共产主义在美洲的桥头堡"等。美国驻危地马拉大使约翰·普里福伊（John Peurifoy）宣称："我

---

① Richard H. Immerman, *The CIA in Guatemala: The Foreign Policy of Intervention*, Austin: University of Texas Press, 1982, pp. 44 – 57, 95 – 99, 65 – 66.

② Stephen G. Rabe, *Eisenhower and Latin America: The Foreign Policy of Anticommunism*, pp. 45 – 46.

③ Ronald M. Schneider, *Communism in Guatemala*, 1944 – 1954, New York: Frederick A. Praeger, 1959, pp. 185 – 217.

们不允许在得克萨斯和巴拿马运河之间建立一个苏维埃共和国。"①

　　事实上，在1953年1月之前，美国政府还是相对克制的，多采取外交施压的方式以图改变阿本斯的民族主义立场，其中包括中止帮助危地马拉修筑公路，不向危地马拉军队出售军械等。用美国外交官鲁道夫·舍恩菲尔德（Rudolf E. Schoenfeld）的话，就是："让危地马拉人认识到他们是依赖美国的，如果他们希望从美国获取援助，那么就必须调整自己的行为与美国保持一致。"② 艾森豪威尔上台后，美国对危地马拉的态度日渐强硬。自1953年年底，美国国务院开始在其他19个拉美国家中制造舆论，说服它们信从"危地马拉安全威胁论"。同时，艾森豪威尔总统与他的幕僚们正在密谋颠覆阿本斯政权的"普布瑟克塞斯行动"计划。③

　　为了使干涉危地马拉的行动合法化，美国坚持在1954年3月召开的第10次美洲国家会议上通过一项反共决议。国务卿杜勒斯声称"门罗主义还应包括阻止外国意识形态在美洲国家的蔓延"④，再一次对门罗主义的内涵进行扩充。除此之外，美国借助会议平台加强对拉美国家的反共教育，竭力证明共产主义与民族主义是有区别的。卡伯特强调，共产主义是国际性的，受莫斯科的指挥，试图干涉美洲的内部事务；危地马拉共产主义并不是民族主义改革者，而是颠覆性势力。"我们的立场是任何与共产主义交好的国家，都是国际共产主义颠覆计划的一部分"。⑤ 对于美国的言论，危地马拉外长吉列尔莫·托列略（Guillermo Toriello）给予回击。他指出："美国只不过想寻求

---

　　① William Blum, *The CIA*, *A Forgotten History*: *US Global Interventions since World War* 2, London: Atlantic Highlands, N. J.: Zed Books, 1986, p. 77.

　　② "Memorandum of Conversation, by the Acting Officer in Charge of Central America and Panama Affairs (Clark)", October 14, 1952, *FRUS*, 1952 – 1954, Vol. Ⅳ, pp. 1046 – 1048.

　　③ "Draft Policy Paper Prepared in the Bureau of Inter-American Affairs", August 19, 1953, *FRUS*, 1952 – 1954, Vol. Ⅳ, p. 1083.

　　④ "Memorandom of Discussion at the 189th meeting of NSC on Thursday", March 18, 1954, *FRUS*, 1952 – 1954, Vol. Ⅳ, pp. 304 – 306.

　　⑤ "Memorandum by the Assistant Secretary of State for Inter-American Affairs (Cabot) to the Acting Secretary of State", February 10, 1954, *FRUS*, 1952 – 1954, Vol. Ⅳ, p. 282.

一种权宜之计，压制人们的合法诉求，将每一个民族主义或者经济独立的意向，任何社会进步的愿望，任何对知识的渴望，任何进步和自由改革的利益都打上'共产主义'的印记，以达到继续控制美洲经济的目的"。① 托列略的雄辩得到了拉美国家与会代表的热烈掌声，但当投票表决反共决议时，尽管绝大多数拉美国家选择跟随美国，然而墨西哥和阿根廷以坚持不干涉原则为名，投了弃权票，危地马拉投了反对票。原因就在于美国再次用经济援助要挟拉美国家，以换取它们的反共支持。杜勒斯向拉美代表保证，美国会进一步扫除拉美商品出口的障碍，考虑扩大进出口银行的借贷权力，并承诺之后召开经济大会。② 最后大会通过了《维护美洲国家政治完整，反对国际共产主义干涉的团结宣言》（以下简称《宣言》）。《宣言》称国际共产主义运动对任何美洲国家的政治制度的统治或控制，都将威胁美洲国家的主权和政治独立，威胁美洲的和平，因而要求根据现有的条约采取适当的行动。"现有条约"和"适当的行动"主要指实施 1947 年《里约热内卢条约》以及条约规定的武装干涉的各项制裁。此后，美国凭借这个反共宣言，加紧准备武装颠覆阿本斯政权的活动。1954 年 6 月，一支由美国支持和提供装备的雇佣军侵入危地马拉，阿本斯政府在无法获得西方武器援助的情况下，被迫求助于共产党国家，但最终不敌美国的坚船利炮。6 月 28 日，阿本斯被迫宣布辞职，流亡东欧。右翼军官卡斯蒂略·阿马斯（Castillo Armas）被美国扶植上台，随即便将征收的土地全部奉还给联合果品公司。一场在危地马拉持续数年的社会改革运动就这样在美国的反共口号下被扼杀了，危地马拉重新回到了改革前的亲美独裁统治。

美国始终都打着"国际共产主义威胁"的旗号进行这场武力干涉，然而从客观上讲，阿本斯政权的改革终究还是属于资产阶级民族民主革命的范畴，并不具有美国所说的"社会主义性质"。尽管阿本

① Stephen Schlesinger and Stephen Kinzer, *Bitter fruit*: *The Untold Story of the American Coup in Guatemala*, Garden City, N. Y.: Anchor Books, 1983, pp. 143 - 145.

② Dulles Speech at Caracas in *DSB*, Vol. 30, March 15, 1954, pp. 379 - 383.

斯对共产党采取了比较宽容的政策，但根据美国中央情报局的估算，1953年危地马拉的共产党员总数不超过1000。① 共产党人在危地马拉国内的影响也远没有美国对外宣传的那么巨大。阿本斯执政时期，危地马拉议会共有51个席位，共产党只占4个。此外，没有一个共产党人身居军队、警察和外交部等政府职能部门的要职。至于"国际共产主义"对阿本斯政府的操纵则更是无稽之谈。1954年5月11日，杜勒斯在与巴西大使的对话中承认，"找出证据明确地把危地马拉政府和莫斯科有联系是不可能的；但是我们坚信这种联系是肯定存在的"。6月，杜勒斯询问美国驻洪都拉斯使馆，是否能找到些危地马拉共产党煽动民众反对联合果品公司的证据时，使馆工作人员回答："确凿的证据几乎没有。"之后，美国情报工作人员又对与危地马拉相关的情报进行整理，但是一年之后，负责情报的助理国务卿帕克·阿姆斯特朗（W. Park Armstrong）告知杜勒斯："仍然没有证据能够证明危地马拉共产主义与莫斯科有联系"。②

　　这些只能说明问题的核心并非美国政府所称的共产主义威胁美洲安全，而是以联合果品公司为代表的美国利益被危地马拉民族主义经济改革所侵犯。阿本斯的土改政策是特地为了改进条件以便从事资本主义农业经营而设计的，只不过阿本斯和阿雷瓦罗两人确实企图从美国那里获得最微小程度的政治独立。就是为此，他们的"革命"必须予以制止。美国政府借助阿本斯事件再次向拉美国家表明，美国在西半球的经济利益不容侵犯，任何威胁到美国霸主地位的拉美政权不允许存在。美国学者康奈尔－史密斯对此总结道："美国常常宣称是

---

① "NIE - 84: Probable Developments in Guatemala", May 19, 1953, *FRUS*, 1952 - 1954, Vol. Ⅳ, pp. 1061 - 1071.

② "Memorandum of Conversation between Ambassador João Carlos Muniz of Brazil and Dulles", May 11, 1954, *FRUS*, 1952 - 1954, Vol. Ⅳ, p. 1106; "The Secretary of State to the Embassy in Honduras", June 12, 1954, *FRUS*, pp. 1164 - 1165; Richard H. Immerman, *The CIA in Guatemala: The Foreign Policy of Intervention*, p. 185.

为了阻止西半球以外强国的干涉，从而自己实施对拉美国家的武力干涉"。[1] 干涉与不干涉犹如一枚硬币的两面，在美国的外交辞令中灵活翻转，以冷战反共和集体安全作为借口，美国从干涉国摇身一变成了不干涉原则的维护者，而拉美国家的自主发展权益只能成为美国巩固霸权的牺牲品。

总之，出于全球冷战战略考虑，艾森豪威尔政府从军事、经济、政治等全方位加强对拉美的监控。美国不仅扩大了在拉丁美洲的商品和资本市场份额，抵制了共产主义的经济影响，同时更加强调"硬手法"，特别是在赶走阿本斯这个"共产主义假想敌"之后，艾森豪威尔更为自己的拉美政策自鸣得意。但是，再堂皇的理由也不能掩盖军援扶植独裁政权、武装干涉别国内政、漠视拉美经援需求、无视他国发展权益等事实，美国的强权政治招致了越来越多的拉美人的不满，泛美体系潜伏着重重危机。尼克松副总统在拉美的遭遇就是最好的证明。

第二节　　尼克松的尴尬拉美行与第一次政策调整

一　不愉快的拉美之旅

新任的美洲事务助理国务卿罗伊·理查德·鲁伯特姆（Roy Richard Rubottom）是尼克松拉美行的倡导者。在如何看待美拉关系方面，鲁伯特姆与其前任卡伯特持有相同的观点，他主张政府应当把对拉政策的重点放到经济和社会问题上面。1957年年底，他敦促杜勒斯在来年2月访问拉美。杜勒斯向艾森豪威尔转达了鲁伯特姆的意见，并称虽然自己想对南美国家进行访问，但是由于事先已安排参加1958年上半年在欧洲、中东和东南亚举行的会议，所以此次拉美行还需另选他人。艾森豪威尔在回信中指派副总统尼克松出访拉美，待他归国后，杜勒斯或者总统本人再进行后续访问。这次尼克松拉美之行的主

①　Gordon Connell-Smith, *The United States and Latin America: An Historical Analysis of Inter-American Relations*, p. 275.

要目的是参加阿根廷新任总统阿图罗·弗朗迪西（Arturo Frondizi）的就职典礼，按照日程安排，之后还要走访秘鲁、委内瑞拉、乌拉圭、巴拉圭、玻利维亚、厄瓜多尔以及哥伦比亚等国。

1958 年 4 月，副总统尼克松偕夫人如期造访拉美。然而，出乎白宫的预料，这趟"友好"访问竟然遭遇到了大规模的反美示威游行。到访国家群众纷纷打出了鲜明的反美口号，他们列举了美国的"罪状"，比如支持独裁政府，拒绝对拉美进行经济援助，对拉美的出口产品设置关税障碍等，斥责美国为拉美社会问题的元凶。其中，委内瑞拉人民的反应最为激烈。他们谴责美国政府对已被废黜的独裁者希门内斯的纵容，并在他下台后，仍然庇护他和臭名昭著的秘密警察头子佩德罗·埃斯特拉达（Pedro Estrada）。此外，他们还指责美国的经济保护主义，称其为了保护国内的石油生产商，对委内瑞拉的燃油进口设限。5 月 13 日，尼克松在加拉加斯机场遭遇了此次拉美行中最尴尬的一幕。他刚下飞机，就看到了示威者打的条幅"再见，尼克松，我们不留你！""我们不能忘记危地马拉""我们不需要美国来干涉"等。当尼克松在委内瑞拉外长等官员陪同下走向专车的时候，愤怒的群众甚至向他吐唾沫。即使是坐进了汽车也并不安全，示威者向他乘坐的车子投掷石头、水果、鸡蛋、垃圾，并用棍棒敲打车窗，玻璃碎片散落了尼克松一身，车上的美国国旗也被撕毁，还有人试图掀翻汽车。最后，在向群众发射催泪瓦斯警察的帮助下，尼克松才冲出重围。与此同时，约有 1000 人在委内瑞拉总统府前示威，抗议尼克松的来访，这位美国副总统几乎难以活着回到美国。无奈之下，尼克松不得不取消了预定的一切社交活动，躲在美国大使馆里。为了尼克松的安全，美国政府派遣了一支伞兵部队到加勒比海地区。这一做法更加刺激了拉美人民的反美情绪。同年 8 月，国务卿杜勒斯飞往里约热内卢参加为期两天的圆桌会议，"他的到达受到重兵保护，以防不测，警察驱散了嘲笑的学生，学生们手持标语，上面写着'美国无任何朋友，只有利益'。"① 政府高层在拉美的一系列遭遇表明美国在拉

---

① Pedro A. Villoldo, *Latin American Resentment*, New York：Vantage，1959，p. 51.

美的地位已经岌岌可危，艾森豪威尔政府必须冷静地反思一下前期的
拉美政策，并适时做出调整。

二 第一次政策调整的内容

艾森豪威尔政府首先从辨识示威者的身份入手。尼克松断定游行
民众就是共产主义分子，因为他们都高喊着同样的口号，这显然是共
产党人在背后指使和操控的。杜勒斯更是声称共产主义已经精巧地渗
透到拉美的民众政治运动当中了。[①] 但是，中情局长官艾伦·杜勒斯
认为将责任归咎于共产主义的结论过于轻率，他认为即使没有共产主
义，美国依然会在拉美遭遇这种问题。与危地马拉事件一样，中情局
搜集不到任何有关莫斯科鼓动民众袭击副总统尼克松的证据，最后下
了这样的结论：莫斯科很清楚美拉关系的特殊性，鉴于此，苏联也不
愿在美国的传统势力范围内投入过多的政治、经济和宣传精力。与此
同时，美国参议院和众议院开始研究讨论发生尼克松事件的原因以及
美拉关系，一些对美国政策颇有微词的拉美领导人也被邀请与会。艾
森豪威尔总统派米尔顿到中美洲进行实情调查。美国新闻署负责调查
拉美的媒体，深挖反美情绪的程度。此外，商界人士也试图探寻事件
背后的隐忧。其中，商业顾问委员会拉美分会（Business Advisory
Council's Committee on Latin America）推断："如果放任拉美的政治和
经济问题不管，将会损害美国在那里的私人投资"，因此，他们劝诫
艾森豪威尔应多关注拉美国家的经济发展问题。[②]

事实上，艾森豪威尔政府当时正处于内外交困的窘境中。在国际
上，苏联于1957年10月成功发射了第一颗绕地球运行的人造卫星，
这不仅意味着苏联拥有了威胁美国的新核武器投送系统，同时也说明
苏联已经取得了外层空间探索的优势地位，苏、美两国在战略武器方
面恢复相对平衡。苏联在科技方面的先声夺人严重打击了美国民众的

---

① Richard P. Stebbins, *The United States in World Affairs*, 1953, pp. 354 – 355.

② Stephen G. Rabe, *Eisenhower and Latin America：The Foreign Policy of Anticommunism*, pp. 102 – 103.

自信心。不仅如此，艾森豪威尔政府同样被黎巴嫩、柏林和金门的反美呼声所困扰。在国内，这一时期美国的失业率上升了 7 个百分点，工业总产值下降了 14%。民调显示，艾森豪威尔总统的支持率也由 1957 年初的 79% 滑落至 1958 年的 50%。国际地位的下降和美国经济的衰退，迫使艾森豪威尔政府必须重新调整过去的政策，首先从拉丁美洲入手。尽管美国政府在公开场合指责共产主义应对尼克松事件负责，但是私下里已经开始酝酿对拉美政策的第一次调整。此时，艾森豪威尔的立场开始发生转变，他认为"美国不能无限地支持那些拒绝进行土改和社会改革的政府。我们需要的是既能抓住要害——人民的动荡不安——对症下药，又不致引起流血和更大压迫的新政策"。①

1959 年 2 月 12 日，艾森豪威尔总统批准了国家安全委员会起草的 NSC 5902/1 号文件，提出要给拉美国家"特别的鼓励"。在文件中，美国政府虽然重申了扩大美国贸易和投资、促进资本主义发展、反对经济民族主义等立场，但是首次强调"拉美作为一个欠发达地区，必须受到美国的重视"。文件指出，拉美人民对于民主和工业化的渴望，以及对高品质生活的追求正在与日俱增，因此，美国应该给予他们帮助，以确保西半球的政治和经济稳定。美国不能再指望进出口银行提供的微不足道的援助，而要扩大对拉美的经济援助力度。最后，文件对此前美国的拉美政策进行总结："美国并没有尽全力帮助拉美国家克服困难……显然，是出台一个保持持久关注的政策时候了"。② 美国政府态度的转变，为后来具体政策的调整扫清了道路。从之前尼克松在拉美的遭遇不难发现，政治民主和经济发展仍然是美拉矛盾的核心，因此，艾森豪威尔政府主要针对这两部分内容做出调整。

首先，美国政府公开表达支持民主政治，尊重人权。

---

① ［美］德怀特·D. 艾森豪威尔：《艾森豪威尔回忆录：白宫岁月　缔造和平：1956—1961 年》（下册），静海译，三联书店 1977 年版，第 607 页。

② NSC 5902/1 and Annex B, Statement of U. S. Policy toward Latin America, February 16, 1959, *FRUS*, 1958 - 1960, Vol. V, pp. 91 - 116.

1956—1960 年，在人民反美反独裁的浪潮中，拉美有 10 个独裁政权相继倒台。包括秘鲁曼努埃尔·奥德里亚（Manuel Odría）、哥伦比亚古斯塔沃·罗哈斯·皮尼利亚（Gustavo Rojas Pinilla）、委内瑞拉的希门内斯等。独裁者并没有给美国带来他们所承诺的稳定和经济增长；相反，却使拉美的政治秩序陷入混乱。美国政府看到独裁政治在拉美大势已去，民主化正成为这一时期拉美的政治趋势，因此才改变以往支持独裁的姿态。1958 年 8 月 14 日，艾森豪威尔在欢迎委内瑞拉新任驻美大使的仪式上，宣称："任何形式的威权主义和独裁政治都与我们先辈们的理念是不相一致的"。[1] 对于尚在佛罗里达寄居的希门内斯，艾森豪威尔总统则发表公开信，授权国务院和移民服务中心着手驱逐这位前独裁者的工作。在之后的两年中，艾森豪威尔多次在演讲中重申支持民主的立场。1959 年，他又向阿根廷民选总统阿图罗·弗朗迪西（Arturo Frondizi）示好，称："阿根廷人民和我们持有同一立场，贵政府和阁下所支持的就是我们所支持的"。此外，他还会见了阿根廷颇具权势的佩德罗·阿兰布鲁（Pedro Aramburu）将军，称赞他对于制宪进程的尊重。[2]

其次，艾森豪威尔政府改善以往的漠视态度，增加对拉美的经济援助。

结束了不愉快的拉美之行后，尼克松召开了秘密会议，就拉美目前发展的主要问题，与一些南美国家首脑进行磋商。在会上，厄瓜多尔总统卡米洛·恩瑞克斯（Camilo Ponce Enríquez）指出提高国民的生活水平是该国政府的当务之急；这一点得到了哥伦比亚新当选的总统阿尔伯托·卡马戈（Alberto Lleras Camargo）的赞同，他进一步警告说，如果人民生活不能得到改善，社会动荡将不可避免；玻利维亚

---

[1]　Eisenhower's statement of 14 August 1958 in box 893, OF-227-Venezuela, White House Official File（hereafter cited as WHOF），DDEL.

[2]　Memorandum of conversation between Eisenhower and Frondizi, January 2, 1959, and Christian Herter to Eisenhower on Aramburu visit, November 3, 1959, both in Argentina（1）folder, box 1, Internaitonal series, White House Office of the Staff Secretary Records（hereafter cited as OSS），DDEL.

总统赫尔南·苏阿索（Hernán Siles Zuazo）坦言，如果他的政府不能解决玻利维亚的社会和经济问题，他甚至会因此而丧命。苏阿索的话并非危言耸听。对于拉美总统们的哀求，美国政府内部还是有不少官员表示赞成，尤其是美洲事务助理国务卿鲁伯特姆、米尔顿·艾森豪威尔博士、国务院经济干事托马斯·曼（Thomas Mann）和负责经济事务的副国务卿道格拉斯·迪伦（C. Douglas Dillon）。除了米尔顿，其余三人都参加了1957年的美洲经济会议，他们对政府坚决回绝拉美经济主张的态度感到遗憾，认为仅靠私营公司是不能满足拉美国家的经济发展需求的。一直主张对拉美实施经援的卡伯特，也反复强调拉美国家尚不具备吸引外资的能力，因为那里只有原始的道路和港口，到处都是文化素养低下、营养不良的民众，这种贫困和极不发达的状况对美国的安全构成威胁，这一地区已经处于动荡的边缘。鉴于独裁者们已经倒台，美国现在需要援助那些倡导改革的拉美民选政府，以防出现激进的"左"翼革命。米尔顿指出："拉美国家正在被高涨的革命情绪所包围，它们需要的不仅仅是援助，而是彻底的社会革命。"① 在政府官员和拉美政界的强烈呼吁下，艾森豪威尔政府加大了对拉美经济的关注，主要表现在支持商品协定②和建立美洲开发银行两个方面。

由于担心咖啡、金属等原材料价格的继续下跌可能会引发西半球的社会动荡，美国政府接受了企业咨询委员会（Business Advisory Council）和国家咖啡协会（National Coffee Association）有关支持解决咖啡问题的建议，1958年年底参加了美洲咖啡研究小组和国际铅锌研究小组（International Lead and Zine Study Group），并最终于1959年9月促成世界主要咖啡生产国达成一项协定，控制咖啡出口供给，以

---

① Milton Stover Eisenhower, *The Wine is Bitter*: *The United States and Latin America*, Garden City, N. Y.：Doubleday, 1963, pp. 161 – 163, 205 – 209.

② 国际商品协定是指某些初级产品的主要出口国和进口国之间为了稳定该项产品的经济效益，保证供销稳定和促使其发展等目的，所缔结的政府间的多边书面文件。基础是在对消费者公平、对生产者合理的价格水平上，确保某项商品的充足供应，同时有助于生产和消费之间达到长期均衡。

保证咖啡价格的稳定。①

　　除此之外，艾森豪威尔第二个比较重大的经济举动是促成建立美洲开发银行。有关开办美洲开发银行的想法最初是在 1889 年的泛美大会上，由美国国务卿詹姆斯·布莱恩（James G. Blaine）提出的。1942 年，美国副国务卿萨默·威尔斯在当年召开的美洲外长协商会议上再次做出保证，要成立一个地区银行。拉美国家对此信以为真。然而，在获得了拉美国家的原材料和战略物资之后，美国并没有履行承诺，成立地区银行的事情石沉大海。1954 年举行的里约热内卢会议上，美国回绝了拉美国家有关设立美洲金融机构的方案。1957 年，欧洲经济共同体创设了非洲发展基金。② 在这种情况下，美国再也不能拒绝拉美国家的相关要求。1958 年 8 月 12 日，迪伦在美洲经济和社会理事会（The Inter-American Economic and Social Council，IAESC）上，宣布："现在，国务卿授权我向你们通报，美国政府准备考虑建立一个美洲区域开发机构，它将得到所有成员国的支持。美国在完成与其他美洲共和国进行磋商等必要的准备步骤以后，将在美洲国家组织发起的会议上讨论该机构的组建及其责任"。③ 1959 年 1 月 8 日，由西半球各国代表组成的谈判和起草美洲开发银行章程的特别委员会开始工作。经过 3 个月的协商和谈判，该委员会完成了相关章程的起草工作。4 月 8 日，美洲各国代表签署了协定，确定首期集资 10 亿美元，美国提供其中的 45%。经过一年多的资金筹集和规划，美洲开发银行于 1960 年 10 月正式运营，1961 年 2 月投放了第一笔贷款。④拉美人翘首企盼 70 年的承诺，终于变成了现实。

---

　　① 国际铅锌研究小组是一家由联合国于 1959 年组建的政府商品组织。旨在确保全球铅锌市场的透明度，向市场提供有关铅锌供需发展的信息，保证世界范围内铅锌的供求基本平衡。

　　② Burton I. Kaufman, *Trade and Aid: Eisenhower's Foreign Economic Policy*, 1953 - 1961, pp. 164 - 166.

　　③ Council on Foreign Relations, *United States in World Affairs: Current Documents*, 1957, pp. 408 - 409.

　　④ Sidney Dell, *The Inter-American Development Bank: A Study in Development Financing*, New York: Praeger, 1972, p. 15.

三　第一次政策调整的有限性

尽管艾森豪威尔政府在尼克松事件后，出台了一些新的举措来改善与拉美国家的关系，但需要指出的是，这次调整仍然带有很大的局限性。

首先，以自由贸易和投资为主、以经济援助为辅的经济政策格局依然没变；而且，美国政府虽然出台了新的经援方案，但是经援额度远远达不到拉美国家的需求。1956 年，巴西总统谢力诺·库比契克（Juscelino Kubitschek）曾向艾森豪威尔提议，在未来二十年美国应至少向拉美国家提供 400 亿美元的援助，NSC 5902/1 号文件也号称要加大援助力度，但是 1959 年美国国会仅仅通过了 2500 万美元的对拉经援额度，如果按照这种水平，20 年的总援助额度也只有 50 亿美元，仅为库比契克建议的 1/8；在讨论筹办美洲开发银行的过程中，库比契克主张 50 亿美元首期集资，而实际数额仅为 1/5。虽然美国政府同意向拉美提供开发贷款基金（Development Loan Fund），但这一政策明显更倾向于南亚、远东和非洲，拉丁美洲获得的金额仅为贷款总额的 8%。①

其次，坚持对拉美政府提供军事援助。1958 年 8 月，在参议员威廉姆·富布莱特（J. William Fulbright）的倡议下，参议院外交委员会（Senate Foreign Relations Committee）的民主党成员给艾森豪威尔写了一封公开信，声称军事援助虽然有利于巩固非民选政府的统治，但是却留下了这样一种印象，即美国是军国主义国家，这与美国一直推崇的自由理念是相违背的。他们恳请总统重新审议既往的军援政策。对此，艾森豪威尔总统委派退休将军威廉姆·德雷伯（William Draper）召集贤人组成德雷伯委员会（Draper Committee），负责撰写一份独立客观的、没有政党偏见的调查报告。1959 年 8 月，报告完成。它否定了富布莱特等民主党人的建议，主张经济援助和军事援助二者相得

①　Stephen G. Rabe, *Eisenhower and Latin America：The Foreign Policy of Anticommunism*, pp. 110，113.

益彰，没有内部安全作保障，就无经济繁荣可言；美国政府可以通过军事训练向拉美军官展示美国的"软实力"，而后者则可以提高自身的文化素养和执政能力，因此军事援助是能够促进经济发展的。① 这项报告成为艾森豪威尔执政末期对外军援的指导方针。此后，美国政府扩大了对拉美的军事援助规模，仅 1959—1960 年的军援金额就达1.6 亿美元。② 由于 20 世纪 50 年代中后期很多拉美军事政府相继倒台，所以有些人对军援的必要性提出了质疑。鲁伯特姆解释道，这种形势下美国就更应该对民选政府加大军事援助，以增强其抵御共产主义颠覆和暴动的能力。③ 这表明美国政府虽然在公开场合赞誉拉美的民选领袖，但是在私底下还是对它们的反共能力持怀疑态度。因此，美国必须保持对拉美军官的反共教育和训练，防患于未然。

从以上分析不难发现，在美国对拉美政策的第一次调整中，拉美国家的部分发展需求得到了满足，但是它作为美国商品市场和原料产地的经济地位，及其作为美国冷战大后方的战略地位并没有发生根本性改变。换句话说，这次调整也只是艾森豪威尔政府在推行既定方针的基础上，在美国可接受范围内做出的微调，并没有触碰美国在拉美的核心利益——自由贸易、投资和反共，因此使调整效果显得极为有限。尽管导致这一现象产生的原因有很多，但最主要的还在于政府最高决策人的立场没有发生根本转变。

艾森豪威尔总统和国务卿杜勒斯认为，虽然存在一些动荡，但总体而言拉美还是安全的，因此不需要对拉美政策做大的修整。1959年 2 月在一次内阁会议上，艾森豪威尔说他仍然赞同拉美政府使用武

---

① U. S. President's Committee to Study the United States Military Assisstance Program, *Composite Report*, DDEL, Abilene, Kansas, pp. 185 – 187, 145 – 169.

② U. S. Senate Committee on Foreign Relations, *Hearings on the Mutual Security Acts*, 1959, Washington：Government Printing Office, 1959, pp. 543 – 560；U. S. Senate Committee on Foreign Relations, *Hearings on the Mutual Security Acts*, 1960, Washington：Government Printing Office, 1960, pp. 345 – 370.

③ Oral history of Roy Richard Rubottom, *John Foster Dulles Oral History Collection*, Firestone Library, New Jersey：Princeton University, p. 59.

力对待"异己分子",并称他已向墨西哥新任总统马特奥斯(Adolfo López Mateos)传授了一本反共小册子。① 杜勒斯完全认同艾森豪威尔的主张。1958 年夏天,在与巴西总统库比契克的会晤中,他试图扭转话锋,将谈论主题从欠发达引向共产主义。会后,库比契克这样描述杜勒斯:"一个倔强、不肯让步的人,几乎不能跟他达成妥协"。② 尽管美国是出于反共的打算,决定继续对拉美实施军事援助,但艾森豪威尔和杜勒斯都不相信苏联对拉美有近期"野心"。他们将阿本斯事件当作是警告苏联、加强西半球反共联盟的标志,并认为在此之后苏联人已经改变了策略。杜勒斯预测共产主义会转向"民族阵线"的策略,采取"间接挑衅"的路线,通过联合政治团体,制造诸如经济发展、经济独立等理由,号召劳工联合与自由,倡导土地改革等手段鼓动反美情绪,制造骚动。中情局和国家安全委员会接受了杜勒斯的分析,指出苏联的战略是隐藏他们的革命战术,伪装成民族主义分子,从而达到离间美拉关系的目的。苏联在西半球短期目标是扶植所谓的"中立"政府,诸如埃及的纳赛尔、印度的尼赫鲁和印度尼西亚的苏加诺;苏联的根本目的是切断拉丁美洲与北方大国的传统联系,成为西半球的新霸主。③ 在美国的决策者看来,尼克松事件也有积极影响,那就是提醒了政府和美国民众,共产主义潜在威胁的确存在,只是这种威胁现在看来并不那么急迫。可以说,美国政府最高决策人没有放松对共产主义的警惕,但也没有提高警惕。直至 1960 年以前,艾森豪威尔政府的拉美政策始终都建立在这样一种理念之上,即经济上通过自由贸易和投资,政治军事上依托反共说教,就能保持西半球的安全与稳定。因此,这也就决定了第一次政策调整只能是细枝末节的修缮了。然而,加勒比岛国的剧变,即刻将美国决策层对西

---

① Cabinet meeting, February 27, 1959, C‑49 folder, box 5, Cabinet series (Minnich notes), OSS.

② Stanley E. Hilton, "The United States, Brazil, and the Cold War, 1945‑1960: End of the Special Relationship", p. 622.

③ Robert Loring Allen, *Soviet Influence in Latin America: The Role of Economic Relations*, p. 6.

半球冷战局势的乐观估计打得烟消云散。

第三节　古巴革命与第二次政策调整

一　艾森豪威尔政府的古巴政策

1952 年，巴蒂斯塔通过发动军事政变，建立起对古巴的独裁统治。与其他拉美独裁政权一样，巴蒂斯塔表现出了极大的亲美性，他在获得美国丰厚"军饷"的同时，也履行着对"顾主"的"承诺"：在经济上他为美国资本的倾入大开国门，在内政外交上巴蒂斯塔恪守反共的立场。尽管与美国签署的互惠贸易协定让古巴赚取了约 1.5 亿美元的外汇，但是却加深了古巴经济结构的单一性和对美国经济的依赖程度。据统计，巴蒂斯塔当政时期，蔗糖出口占了古巴对外贸易额的 80%；美国对古巴的投资总额高达 9 亿美元，古巴也因此成为美国在拉美的第二大直接投资国。美国资本操控着古巴的经济命脉，垄断了古巴约 40% 的蔗糖生产，90% 以上的通信和电力设施，50% 的煤矿和铁路，40% 的原糖生产和 23% 的蔗糖加工业，2/3 的石油冶炼业以及旅游业等支柱产业。[①] 此外，巴蒂斯塔中断了与苏联的外交关系，声明支持美国出兵朝鲜；宣布共产党为非法组织，并成立了镇压共产党的活动局。巴蒂斯塔的亲美独裁暴政招致了中下层民众的极大不满，反政府运动在古巴遍地开花，融入 20 世纪 50 年代拉美反美反独裁运动的浪潮之中。

随着艾森豪威尔政府对拉美政策的第一次调整，存在于美国和巴蒂斯塔之间的权钱交易也即将走向终结。美国政府不能再对巴蒂斯塔政权的腐败专制视而不见，华盛顿当局开始谋划后巴蒂斯塔时代的蓝图。美国政府先是召回了亲巴蒂斯塔的驻古巴大使阿瑟·加德纳（Arthur Gardner），令主张改善美国形象的厄尔·史密斯（Earl E.

---

① Stephen G. Rabe, *Eisenhower and Latin America: The Foreign Policy of Anticommunism*, p. 120.

T. Smith）取而代之；而后在 1958 年 3 月，宣布对古巴实行武器禁运，加速摧垮这匹"病马"；1958 年 12 月 17 日，美国政府对巴蒂斯塔下了最后通牒："美国认为阁下已经完全失控于当前的古巴形势，因此，不会再支持你的政权"。① 同时，艾森豪威尔政府也在物色新的代理人。然而，这种"换马"图谋为时已晚，卡斯特罗领导的"七·二六运动"势如破竹，挥军西向哈瓦那。1959 年 1 月 1 日，失去靠山的巴蒂斯塔出逃，革命军胜利挺进首都，卡斯特罗领导的古巴革命宣告成功。

尽管艾森豪威尔政府对"七·二六运动"抱有成见，但起初并不认为它对美国的国家安全构成威胁，因此，没有立即对古巴新政权采取公开敌视的态度。1958 年 12 月 23 日，副国务卿克里斯蒂安·赫托（Christian Herter）向总统递交报告，称："尽管共产主义可能在某种程度上利用了反政府军，但是没有充分证据表明反政府军是共产党人指使的。"② 国务卿杜勒斯也表达了相似的观点，认为虽然卡斯特罗有非凡的胆略，但他并不是共产主义的代理人。然而，美国政府对这个新政权也没有掉以轻心，国务院制定了 4 个标准，用以衡量卡斯特罗政权是否与美国敌对：一是共产党人参与政府；二是古巴的经济改革对美国利益的影响程度；三是对泛美体系的支持力度；四是在东西方冷战中的立场。③ 基于这样的考虑，1959 年 1 月 7 日，美国政府正式承认了古巴新政府，随后召回了对卡斯特罗存有敌视的驻古大使史密斯，另任主张拉美社会经济改革的菲利普·邦萨（Philip Bonsal）出使古巴。因此，在古巴新政权成立之初，美国政府基本保持观望等待，欲根据古巴的走势来制定下一步政策。副总统尼克松提醒说：

---

① Cole Blasier, "The Elimination of United States Influence", in Carmelo Mesa-Lago, ed., *Revolutionary Change in Cuba*, London: University of Pittsburgh Press, 1971.

② Stephen E. Ambrose, *Eisenhower: The President*, p. 505.

③ Alex Roberto Hybel, *How Leaders Reason: US Intervention in the Caribbean Basin and Latin America*, Oxford, UK: B. Blackwell, 1990, p. 83.

"我们应当趁卡斯特罗意向不明的时候，把他引向正途"。① 但是古巴之后的发展态势显然出乎了美国人的意料。

卡斯特罗首先加强了新政权的建设，颁布法令，允许各个政党享有组建与宣传的权利，古巴共产党的合法地位得以恢复；宣布行政权与立法权集中于内阁手中，卡斯特罗本人出任总理职务。而后又实行了国有化、土地改革、颁布法令限制外资等一系列大刀阔斧的经济改革。特别是 5 月 17 日颁布的《土地改革法》，规定废除大庄园制和禁止外国人占有古巴土地，这意味着外国资本土地所有制在古巴不复存在。美国政府对此反应强烈，随即提出索赔要求，但卡斯特罗全然不顾美国的反对，继续按照既定方针推进改革。这些经济民族主义举措显然触犯了美国在古巴的经济既得利益，与美国决策人心中的前两条标准相左，而卡斯特罗接下来的举动更使美国对他抱有的侥幸期望荡然无存。

1960 年 2 月 4 日，卡斯特罗在哈瓦那与苏联部长会议第一副主席米高扬举行会晤，2 月 15 日，双方签署了《苏古贸易协定》。根据协定，苏联承诺在此后的五年中，除 1960 年购买古巴食糖 4.25 万吨外，其余 4 年每年将采购 100 万吨，同时保证以低于美国价格的 33% 对古巴出售石油，并为古巴提供 1 亿美元的贷款帮助古巴进行工业化。② 古巴政府亲苏的举动显然触碰了美国最为敏感的冷战神经。艾森豪威尔对于卡斯特罗的行为恼羞成怒，甚至用"破坏美洲体系的疯子"来形容他，在他看来，卡斯特罗俨然成了第二个阿本斯。美国政府官员也一致认定卡斯特罗严重威胁到了美国在西半球的经济利益和战略利益。5412 委员会（5412 Committee）提议："美国不能再容忍

---

① Stephen G. Rabe, *Eisenhower and Latin America*: *The Foreign Policy of Anticommunism*, p. 124.

② Philip W. Bonsal, *Cuba*, *Castro*, *and the United States*, Pittsburgh: University of Pittsburgh Press, 1971, pp. 131 – 132.

卡斯特罗政权存在于古巴，希望政府考虑对其实施隐蔽行动"。① 经过广泛的讨论后，1960年3月17日，艾森豪威尔批准了中央情报局呈递的《颠覆卡斯特罗政权的隐蔽行动计划》。计划由四部分组成，（1）建立负责的、团结的反卡斯特罗的境外政府；（2）发动一场反对卡斯特罗的宣传攻势；（3）在古巴境内建立隐蔽行动机构和情报网络，服务于境外政府；（4）组织和训练一支准军事部队，以备未来侵入古巴进行游击活动。② 此后，艾森豪威尔政府积极筹备推翻卡斯特罗的具体事宜，一方面试图通过美洲国家外长会议，将古巴问题"泛美化"以及制裁"合法化"；另一方面对古巴实施经济制裁、暗中资助反政府武装，对卡斯特罗政权形成内外夹击之势。

由此不难发现，卡斯特罗和阿本斯的改革有惊人的相似之处，两者都是为了寻求独立自主的经济发展模式，采取国有化和土改等措施，试图使国民经济结构更加多元化、贸易结构多样化。但在这一过程中，两者都触及了美国在本国的私人投资和跨国公司的既得利益，损害了美国的经济安全；同社会主义国家开展贸易往来，也会削弱美国在拉美的经济控制力，同时，严重威胁到了美国在西半球的战略利益。与此相应，美国政府对付这两个"敌对"政权的手法也如出一辙。然而，如同泛美体系的裂隙不会随着阿本斯的倒台而消失一样，

---

① 1954年3月15日，艾森豪威尔总统批准了《国家安全委员会第5412号文件》（NSC 5412）。1955年3月12日、12月28日，美国总统又批准修补了 NSC 5412/1 和 NSC 5412/2 文件。这三个文件均属于"遏制国际共产主义行动的隐蔽军事行动计划"。其中 NSC 5412/2 号文件特别规定，在国家安全委员会负责下，具体由中央情报局负责领导反对和遏制"国际共产主义"的全部间谍和反间谍行动。1955年12月28日，美国国家安全委员会召开会议，决定按照 NSC 5412/2 号文件，由总统、国务院和国防部指定代表组成"5412委员会"或"特别小组"（Special Group）负责批准中央情报局的隐蔽行动。NSC 5412/1 and NSC 5412/2, *Document of the National Security Council*, 1944 – 1977, Start of Reel 4, Microfilm, University Publication of America. Also see in United States Congress Senate, *Alleged Assassination Plots Involving Foreign Leaders*, New York: Norton, 1976, pp. 92 – 93.

② "Development of the Anti-Castro Cuban Operation Zapata", June 3, 1961, available in: *Operation Zapata: The "Ultrasensitive" Report and Testimony of the Board of Inquiry on the Bay of Pigs*, Introduction by Luis Aguilar. Frederick, Md.: University Publication of America, 1981, pp. 3 – 4.

对古巴的敌对政策同样无助于解决美拉之间的矛盾，反倒使问题暴露得越发明显。归根结底，美拉矛盾是拉美国家寻求发展的民族主义与美国巩固地区霸权、争当世界领袖的霸权主义之间的矛盾，只要美国不改变强势的姿态，不从根本上着眼于拉美的经济结构调整和长远发展，那么这对矛盾注定将长期存在下去。古巴革命的成功再次激发了拉美人民追求经济发展和社会公正的热情。对于美国而言，拉美局势已经到了要么改革要么革命的关键时期，艾森豪威尔政府也意识到了单纯强调反共、一味追求私利的拉美政策，已经无法适应当前的地区局势，因此，必须对现行的拉美政策做出较大幅度的调整，才有可能抑制住拉美的革命倾向，将其引向改革的"正道"上。

二 反共观念的转变与第二次政策调整

艾森豪威尔政府摆正姿态，做出亲善之举，再次向拉美国家表明美国对拉美的重视和调整对拉政策的决心。1959 年 12 月，华盛顿当局专门设立美洲事务国家咨询委员会（National Advisory Committee on Inter-American Affairs），由国务卿赫托和助理国务卿鲁伯特姆负责，成员还包括米尔顿·艾森豪威尔，以及商业、劳工和教育界的代表。委员会的成立既具实际作用，也有象征意义。艾森豪威尔一方面希望这些社会名流能为政府提供拉美政策的新思路，另一方面也渴望拉美人民能体会到他的良苦用心。对于苏联对古巴的援助承诺，经援派代表人物米尔顿再次向总统提议，美国也应对拉美制订一个 5 年援助计划，每年向拉美国家提供 1.5 亿美元的贷款，这笔钱可以从开发贷款基金（Development Loan Fund）中拨付。此前，开发贷款基金主要负责向西半球以外的其他地区提供贷款。他还提醒说，西半球现在的局势变化很快，美国有所作为的机会稍纵即逝，一旦让共产党夺取拉美多数国家的政权，将后患无穷。

除了借助该机构表达美国对拉美的重视，艾森豪威尔还决定南下对邻邦进行一次"友好"访问。在苏古达成贸易协定一周后，艾森豪威尔当即走访了阿根廷、巴西、智利和乌拉圭等拉美国家，借此机会表达美国对这些民选政府及其实行的社会经济改革的支持，并争取在古巴问题上与这些国家达成一致。事实证明，艾森豪威尔的拉美之行还是比较成功的。与尼克松形成了鲜明对比，艾森豪威尔不仅得到了拉美人民的鲜花和掌声，同时也获取了受访国主要领导人反卡斯特罗的立场。

在取得这次访问成功的同时，在拉美的所见所感使艾森豪威尔陷入了深深的反思当中。此次受访的国家几乎都是拉美最发达的经济体，但即便是在这些国度，赤贫现象也还是随处可见。每当看到人们破旧的房屋和困苦的生活状态时，艾森豪威尔内心深处都有种挫败感，他为过去 7 年来美国在西半球推行经济政策的效果感到沮丧。他认为向拉美倾注的大量私人投资和公共资本并没有惠及大众，人们对于社会公正的呼吁依然有增无减，美国的经济政策没有赢取拉美的民心，反倒激发了他们的反美情绪。此外，在访问期间，他还收到一封来自智利学生联合会（Federation of Students）主席的公开信。信件虽然使用了恭敬的语言，但却谴责了美国对拉美发展要求的漠视，认为美国应该对拉美的贫困现状负责。的确，美国对拉美政策第一次调整的效果并不理想。原料价格依然呈下跌态势，新的国际咖啡协定并没有帮助稳定咖啡的价格，出口行业的萧条直接造成大批工人失业；大多数拉美民众的收入水平并没有提高，人均收入仍然维持在战后初期的水平，依旧是美国的 1/8。[①]

虽然鲜花和掌声让艾森豪威尔觉得欣慰，但欢迎人群中的另外一种声音却使他深感不安。人们打出了这样的标语："我们喜欢艾克（Ike，艾森豪威尔的小名），可我们同样喜欢菲德尔！"拉美领导人也表示卡斯特罗已经深得民心，穷人们视他为社会变革的象征；他们还表达了对于卡斯特罗是共产主义代理人的怀疑。巴西总统库比契克强调："比起共产主义，一个国家的贫穷和经济萧条更能激发人民的不

---

① Milton Stover Eisenhower, *The Wine is Bitter*: *The United States and Latin America*, pp. 242 – 248.

满情绪"。① 鉴于此，艾森豪威尔回国后，决定先扑灭古巴的"嚣张气焰"，立即批准了《颠覆卡斯特罗政权的隐蔽行动计划》，然后再制定出一个针对拉美国家，彻底的、由美国支持的民主发展计划。

首先，美国政府设立了社会进步信托基金，切实加大对拉丁美洲的经济援助。

1955 年 12 月，赫鲁晓夫访问阿富汗、印度和缅甸，承诺向它们提供大量的技术援助和贷款。在这一背景下，政府和国会广泛发动各界人士重新评估美国的外援计划。罗斯托和米利肯提交了名为"美国经济援助政策目标"的研究报告。报告指出，苏联对外扩张的重心正在由公开的"军事侵略"转向以政治、心理和经济手段为主的"隐蔽侵略"，因此，美国的外援计划重点也要相应地由军事防务支持转向经济开发，一项与军援和其他援助计划分立、不附加任何政治条件、注重长期利益而非短期目标的为期二十年或三十年的全面经济援助计划，必会产生稳定、高效、民主的社会。该报告一出，立即受到了各界的关注。随后，罗斯托和米利肯对这个研究报告进行扩充整理，出版了《一项建议：实行有效外交政策的关键》一书。在书中他们指出，尽管每个国家的资源、文化、历史和政治制度不可能完全相同，但不同国家的发展道路确有一定的共性，需要经过"起飞前提条件阶段"（preconditions for take-off）、"起飞阶段"（take-off）和"自促增长阶段"（self-sustained growth）。在罗斯托看来，战后新独立的国家面临着"民族国家建构"的问题，传统制度和文化正在消解，人民对社会进步和经济发展的预期迅速上升，而且越来越多的人相信只有通过暴力革命和否定民主制度才能实现这一目标，共产主义的存在使这场"民族国家建构"对美国来说更具威胁性。然而，亚非拉地区的战后发展进程却与其他工业国家在 18 世纪后期、19 世纪和 20 世纪初期经历过的"起飞的前提条件阶段"和"起飞阶段"极为相似，但是资金和技术问题是制约欠发达国家走向"起飞阶段"的瓶

---

① Kubitschek to Eisenhower, July 19, 1960, Brazil (2) folder, box 4, International series, Whitman.

颈。为了帮助它们解决这一难题，罗斯托提出了一系列对策，建议美国等发达国家订立一个五年发展援助计划，分别提供 100 亿—120 亿美元和 20 亿—30 亿美元的资本和技术援助，如果这一计划能够延续到 10 年，就可使自由世界所有欠发达国家的实际人均年收入增长至少 1.5%—2%。[①]

实质上，罗斯托是将西方国家尤其是美国的发展经验作为一种普世的标准，来衡量欠发达国家所处的发展阶段，他忽视了发展中国家当地的政治、社会和文化特性，尤其是殖民地统治留下的各种"后遗症"对于它们现代化进程中的巨大作用。他认为，西方工业化国家有"指导"发展中国家的责任，而只有美国才是世界上唯一有能力履行这一职责的国家，因此，美国必须尽最大努力以自身经验，将欠发达国家引导走上资本主义而非共产主义的发展道路，这也是美国"使命感"的召唤。对于罗斯托和米利肯在《一项建议：实行有效外交政策的关键》一书中的观点，艾森豪威尔政府的主要官员还是比较认同的，特别是有关增加长期开发援助的建议，于是政府决定设立开发贷款基金（Development Loan Fund），针对拉美的社会进步信托基金就是在这一背景下设立起来的。

1960 年 7 月 11 日，艾森豪威尔在罗德岛新港的新闻发布会上宣布，他将向国会申请一笔特别的公共资金，用于改善拉美国家下层民众的生活质量。8 月 1 日，迪伦向艾森豪威尔提交了一份备忘录，详细阐述了这一计划的具体内容。（1）该计划是一个长期援助计划，美国政府首期欲拨付至少 6 亿美元，其中 1 亿美元用于智利地震后的重建，其余 5 亿美元用于"那些旨在为拉丁美洲国家的各个公民改善生活状况提供机会的计划"。[②] 这笔钱不会在一个特定的财政年度支出，而是要在有好项目的前提下，在一段时期内使用；根据该计划的

---

① Walt Whitman Rostow and Max F. Millikan, *A Proposal: Key to an Effective Foreign Policy*, New York: Harper & Brothers, 1957, pp. 1 – 8, 25 – 26, 37 – 39, 49 – 50, 126 – 127, 141 – 151.

② ［美］德怀特·D. 艾森豪威尔：《艾森豪威尔回忆录：白宫岁月　缔造和平：1956—1961 年》（下册），第 607 页。

影响和受援国的表现，讨论将来的款项需求。（2）贷款主要用于社会项目，如拓荒、改善对土地的利用、修建住房、建设社会基本设施、发展职业教育等。（3）由美洲开发银行代为管理，以贷款或赠款的形式发放。（4）为了减轻拉美国家的外债负担，援助资金主要为软贷款①，可以用当地货币偿还。② 根据备忘录的内容，8 月 8 日，艾森豪威尔向国会提出申请，一个月后，国会通过了授权法。同时，美国人带着他们的援助计划参加了波哥大会议。在会上，美国代表没有否决或弃权拉美政府提出的任何经济发展方案，这是战后美国政府第一次积极地同拉美国家讨论经济发展问题。最后大会通过了《波哥大行动》，并将艾森豪威尔政府的经援方案融入其中，命名为"社会进步信托基金"（Social Progress Trust Fund）。

　　社会进步信托基金的设立，标志着艾森豪威尔政府从根本上改变了对拉美消极无为的经济援助政策。首先，这是一个有实际内容的援助计划，美国不仅承诺了具体的援助金额、援助领域和项目，还表示会有后续资金。为了表明诚意，艾森豪威尔政府立即向美洲开发银行拨付了 5 亿美元。③ 其次，这是美国政府主动提出的经济援助方案，并经过了精心策划，有着明确的政策目标。迪龙是该经援方案的主要策划人，自始至终都表现得相当积极；同时，美国国会也在破纪录的短时间内，于 9 月 8 日通过了授权《第 86—735 号公法》。④ 相比较而言，艾森豪威尔政府对拉美政策的第一次调整中，建立美洲开发银行，也只是满足了拉美人的夙愿，并非美国原创。美国政府终于在《共同安全法》的框架内向强调对外开发援助

---

　　① 软贷款通常指国家开发银行通过政府或者国有公司的融资平台进行贷款，款项被允许用于国家确定的重点假设项目的资本金或股本投入，利率低于市场平均水平，还款时间比一般银行贷款长，还设有宽限期，在这段时间内只需支付利率或服务费。

　　② *DSB*，Vol. 43，August 1，1960，pp. 166 – 168；*FRUS*，1958 – 1960，Vol. V，American Republics Microfiche Supplements，Fiche 4. 84 – 473 – 84 – 477.

　　③ Sidney Dell，*The Inter-American Development Bank：A Study in Development Financing*，p. 60.

　　④ ［美］德怀特·D. 艾森豪威尔：《艾森豪威尔回忆录：白宫岁月　缔造和平：1956—1961 年》（下册），第 608 页。

迈出了实质性的一步。

换汤不换药，纵使美国改变了经济策略，但社会进步信托基金仍然服务于反共的冷战大战略。艾森豪威尔总结道："这种计划是我们应对国际共产主义挑衅的最好方式"。[①] 至此，美国已经初步具备了西半球反共的"双驾"马车，一驾是 1954 年加拉加斯会议上通过的《维护美洲国家政治完整，反对国际共产主义干涉的团结宣言》，有了它美国真正组建了西半球反共联盟，可以借助反共的名义合法干涉"不听话"的美洲国家；另一驾就是 1960 年的《波哥大行动》计划，借助它美国可以改善拉美国家的经济和社会条件，从而抵制共产主义的影响。

策略的转变源于艾森豪威尔政府反共观念的转变，具体来说，是针对什么类型的政府更有利于遏制共产主义的界定不同了。艾森豪威尔政府前期的政策主要是借助扶植独裁政权，采取高压的手段遏制共产主义的发展。然而，古巴革命的成功让美国政府顿悟，以往的政策只是种治标不治本的下策，独裁统治只会恶化拉美国家的经济状况，客观上逼迫民众接受共产主义，引发民众运动。所以，艾森豪威尔政府开始摒弃原来借助高压手段的反共策略，转而大力支持拉美的改革派政治家、学者和军官。

其次，艾森豪威尔政府大力支持拉美民选政府的社会经济改革，并鼓动非民选政府顺应民意，推进一定程度的改革。美国对委内瑞拉政治家罗慕洛·贝坦库尔特（Rómulo Betancourt）态度的转变就是一个很好的证明。颇具讽刺意味的是，在美国政府的策略转变中，贝坦库尔特完成了一个左派分子向反卡斯特罗、反共产主义的右派人物的"蜕变"。在希门内斯的独裁统治下，很多主张改革的政治左派人物遭到了流放，其中就有贝坦库尔特。在流亡期间，他写了著名的《委内瑞拉：政治和石油》一书。书中他抨击了美国石油公司的垄断行为，以及美国政府对独裁者的支持。1958 年，委内瑞拉举行大选，

---

① Memorandum of Eisenhower's Conversation with Ambassador to Chile Walter Mueller, September 2, 1960, Chile (1) folder, box 7, International series, Whitman.

贝坦库尔特当选总统。上台后，他推行了一系列改革措施，同时欢迎社会进步信托基金的设立。尽管贝坦库尔特提高了外国石油公司的税率，但是他并没有没收这些公司的土地。美国政府对这一点非常满意。国务卿赫托建议艾森豪威尔向贝坦库尔特"提供一切可能的帮助"。

除了表示对拉美当政改革家的支持外，艾森豪威尔政府还试图通过私人基金会、报纸协会、美国劳工联盟等渠道，从拉美政界和劳工领袖中培养改革家。据悉，美国政府通过 J. M. 开普兰基金会 (J. M. Kaplan) 向国际劳工研究会 (International Labor Research Institute) 提供了 100 万美元的资助。该研究会成立于 1957 年，在哥斯达黎加、多米尼加和墨西哥等国都有分会，该机构为拉美政治家开设了 10 周的研讨班课程，主要教授民主和结构改革等内容。它的成员包括"民主左派"政治家何塞·菲格雷斯 (José Figueres)、胡安·博什 (Juan Bosch) 等。[①] 这些昔日美国政府所厌恶的左派人物，现在却成为被追捧的对象。

此外，艾森豪威尔政府着眼于未来，试图对拉美的青年群体加以"正确的"引导。在美国看来，大学生是拉美未来的领导人，他们的意识倾向间接决定了拉美国家今后的冷战立场。1959 年 12 月 15 日，中央情报局递交了《有关共产主义对拉美学生组织的影响》的报告，称"共产主义势力已经严重渗透到了阿根廷、巴西、厄瓜多尔、萨尔瓦多、尼加拉瓜、巴拿马、秘鲁和委内瑞拉等国的学生群体当中"。这份报告更加坚定了艾森豪威尔影响拉美青年的决心。再加之，共产主义国家每年还邀请约一百名拉美学生在这些国家进行 1 年的访学交流。对此，艾森豪威尔政府又掷资 200 万美元充实到原先的学生交流项目当中。被选拔的拉美学生可以在美国生活学习 6 周，从年轻时期就培养起他们对美国的友情；同时，被选派的美国学生背负着"影响

---

① Statement of U. S. Policy toward Lain America (draft), November 15, 1960, U. S. Policy toward Lain America (1) folder, box 12, Briefing Notes subseries, NSC series, OSANSA.

拉美学生的使命"南下。①

最后，艾森豪威尔政府发掘拉美军队的"建设"职能，军事援助的重点也随之转变为内部防务。军事援助一直是美国在西半球对抗共产主义的有力工具，据统计，整个 20 世纪 50 年代美国总共向拉美输送了价值约 4 亿美元的军援。但是古巴革命的成功，卡斯特罗的游击队打败了拥有美国先进装备的巴蒂斯塔军队这一事实，撼动了艾森豪威尔政府的反共策略。美国政府决策层开始反思之前的军援政策。国防部的官员们开始怀疑拉美其他政府军在武装斗争力量面前是否也会缴枪投降？过多的军事援助是不是一种浪费？在战舰、战斗机和坦克上的大量投入是否应该转移到拉美的经济改革中去？② 在对此类问题的讨论中，美国政府对拉美军队的定位逐渐发生了变化，军援政策的重点也随之改变，新的军援政策可以概括为"一减、一增、一转变"政策。

"一减"主要指美国政府减少对拉美的军火贸易，并与拉美国家签署了限制军备的条约，条约规定拉美政府须将减少的军费支出用于社会和经济改革上面。"一增"主要指美国决策人增加了拉美军队的职能定位，强调军队除了保卫祖国、抗击外来入侵的"硬作用"外，还应当履行促进当地经济发展等"软义务"。具体来说，拉美军队现在要扮演"反暴动"（counter-insurgency）、"现代化"（modernization）和"国家建设"（nation-building）这三种角色。艾森豪威尔政府接受了德雷伯委员会的建议，试图挖掘拉美军队的非军事职能，即在军队工程师的指导下，让士兵投身到公共工程的建设中去。这一计划不仅能改善拉美的基础设施，也有助于提高军官的管理水平和技术能力。

---

① Annex D, CIA Report, "Communist Influence on Student Groups in Latin America", 15 December 1959, Latin America folder, box 3, Operation Coordinating Board series, OSANSA; Annex C, Report on Latin America Student Program, 6 January 1960, Latin America folder, box 3, Operations Coordinating Board (hereafter cited as OCB) series, OSANSA.

② Department of Defense, Office of Special Operation, to OCB, September 14, 1960, #28 Military (4) folder, box 8, U. S. President's Committee on International Information Activities Records, DDEL.

1960 年 8 月，美国的军事顾问团会见了 15 个拉美国家的军官代表，向他们传达了美国政府的这项意图。年底，艾森豪威尔政府分别资助了玻利维亚和洪都拉斯的工程营，并派遣一支援团前往危地马拉开展工作。[①]"一转变"主要指美国政府西半球防务安全观的转变。第二届艾森豪威尔政府开始注重拉美军队的建设职能，也就意味着对内部安全的关注，改善拉美军队的形象，争取民心。

如果说艾森豪威尔政府对拉美政策的第一次调整，是为了安抚拉美民众的权宜之计的话，那么第二次调整则深深地植根于政府决策层反共安全观念的转变，在政策的广度和深度上都做出了重大变革。当共产主义在自家后院吹响胜利号角的时候，美国政府对西半球局势盲目乐观的美梦终被惊醒，它必须从根本上改变以前消极无为、亦步亦趋的拉美政策，着眼于长远，实行积极主动、深层次的冷战对抗。事实上，通过第二次调整，美国可以更加深入地干涉拉美国家的内政，用米尔顿·艾森豪威尔的话来说，这是一种"集体干涉"政策（Collective Intervention）[②]，美国学者史蒂芬·瑞普将其称为"新干涉主义"。

三　美国对多米尼加和古巴的隐蔽行动

（一）颠覆多米尼加特鲁希略政权

艾森豪威尔政府对拉美政策的第二次调整，使得民主和改革成为西半球主旋律，因此，仅存的几个独裁政权就显得格外扎眼。独裁者们面临着两种选择，要么顺应潮流推进改革，要么逆势而行咎由自取。艾森豪威尔也决心在其卸任前，向拉美国家展示美国拥护民主和改革的立场。

当与古巴之间矛盾与日俱增的时候，美国与另一个加勒比国

---

① Willard F. Barber and C. Neale Ronning, *Internal Security and Military Power*: *Counterinsurgency and Civic Action in Latin America*, Columbus: Ohio State University Press, 1966, p. 84.

② Milton Stover Eisenhower, *The Sine is Bitter*: *The United States and Latin America*, p. 230.

家——多米尼加的关系也在悄然地发生变化。1930 年，在美国的支持下，特鲁希略（Rafael Leonidas Ttujillo Molina）通过军事政变夺取了多米尼加共和国的统治权。与其他独裁者一样，特鲁希略当政时期表现出了极大的亲美性，为美国的贸易和投资大开绿灯，基本能与美国在"二战"和冷战初期的立场保持一致。二十多年的独裁统治使特鲁希略认为，他的政治根基已经非常牢固，不用再对美国俯首帖耳了，因此，独立倾向和对美国的"离心力"也越来越强。1958 年，艾森豪威尔政府决定停止对巴蒂斯塔政权的军事援助。由于担心卡斯特罗的成功会激励多米尼加国内的反政府势力，所以，特鲁希略决定与美国政府对着干，开始向巴蒂斯塔输送武器。事实证明，他这种顾虑是合乎逻辑的，1959 年 6 月，也就是巴蒂斯塔政权倒台的 6 个月后，暴动组织就试图以古巴为跳板对多米尼加进行突袭。[1]

古巴革命的成功使艾森豪威尔政府越发担心特鲁希略会重蹈巴蒂斯塔覆辙。1960 年初，赫托提醒总统："圣多明各现在的情况非常糟糕，特鲁希略对异己的残酷镇压可能会导致极端分子控制反政府群体，制造出与革命前古巴一样的局势。"这显然与美国试图建立美洲民主阵线的步调不相一致。不仅如此，当时"很多拉美民主人士对特鲁希略的憎恨甚至超过了卡斯特罗"。[2]诸如像菲格雷斯和贝坦库尔特等民选总统，他们之所以蔑视特鲁希略不仅仅因为他是一个暴虐的独裁者，同样也将他视为向美国要价的筹码，试图用反卡斯特罗立场来换取美国反对一切独裁政权的行动。艾森豪威尔接受了这种看法，1960 年 4 月，他批准了国务院起草的文件，决定执行"对特鲁希略实施流放、暗杀或颠覆"的政策。[3]

---

① G. Pope Atkins and Larman C. Wilson, *The United States and the Trujillo Regime*, New Brunswick, N. J. : Rutgers University Press, 1972, pp. 90 – 94.

② Memorandum of conversation between Eisenhower and Herter, February 15, 1960, Staff Notes, 2/60（1）folder, box 47, Dwight David Eisenhower Diaries, Whitman.

③ Memorandum for president, "Possible Action to Prevent Castroist Takeover of Dominican Republic", with enclosure, "Proposed Plan", 14 April 1960, Intelligence Matters（13&14）folder, box 15, Administrative subseries, Subject series, OSS, DDEL.

为了避免军事干涉，艾森豪威尔政府先是派出了驻多米尼加大使约瑟夫·法兰（Joseph Farland）、佛罗里达州参议员乔治·斯马特斯（George Smathers）、埃德温·诺曼·克拉克将军（Edwin Norman Clark）和前美国驻秘鲁和巴西大使威廉·潘雷（William Pawley）等人前往圣多明各，尝试说服特鲁希略放弃政权，或与温和亲美的反对派进行接触，举行一场自由选举。但是，特鲁希略拒绝合作。他告诉潘雷："你们可以派遣舰队，你们可以派遣陆军，甚至可以往这里投放原子弹，但是我绝对不会离开这里除非是用担架把我抬走"。① 特鲁希略不但不听从美国的建议，反倒反其道而行之。1960 年 4 月，他资助委内瑞拉一伙右翼军官的反政府行动，试图推翻贝坦库尔特政权，结果行动失败。6 月 24 日，他又制造爆炸事件企图暗杀这位民选总统，贝坦库尔特幸免于难。

劝说计划未果，美国政府开始筹备颠覆特鲁希略的隐蔽行动。首先从情报联络入手。1960 年 6 月 16 日，国务卿鲁伯特姆建议中情局，启用亨利·迪尔伯恩（Henry Dearborn），让他充当中情局和多米尼加反政府势力的联络人。其次准备向反政府势力提供军械。6 月 28 日，鲁伯特姆会见了中情局西半球事务处负责人 J. C. 金将军（J. C. King），批准了中情局有关向反政府势力提供少量武器和其他设备的建议，并承诺将尽快落实。② 与此同时，美国运用断交、武器禁运、经济制裁等方式不断对特鲁希略施加压力，以使其不攻自溃。8 月 26 日，美国断绝了与多米尼加共和国的外交关系。此外，美国还提高了多米尼加蔗糖的进口关税，并号召其他拉美国家停止向多米尼加出口石油以及石油产品等物资。然而，特鲁希略再次顶住了美国的压力，依然坚挺在多米尼加的政坛上。艾森豪威尔政府决定向特鲁希略下达最后通牒。1960 年秋，潘雷被派前往。两年前，他也曾试图

---

① Stephen G. Rabe, *Eisenhower and Latin America: The Foreign Policy of Anticommunism*, p. 156.

② United States Congress Senate, *Alleged Assassination Plots Involving Foreign Leaders*, pp. 193 – 194.

说服巴蒂斯塔，但这次他依然无果而归。无奈之下，艾森豪威尔只得启动最后一套方案——暴力颠覆特鲁希略。1961 年 1 月 3 日，他对国家安全顾问下达命令："尽我们所能，尽快解决掉特鲁希略。"① 9 天后，5412 委员会通知中情局向反政府势力提供器械。不久，反特鲁希略团体得到了美国提供的武器。5 月 30 日，特鲁希略的尸体被发现于圣克里斯托堡附近。②

如同拉美其他独裁者一样，特鲁希略只是美国冷战大棋局里的一颗小棋子，当他符合战略需要的时候，美国就把他摆放到适当的位置，而当他成为美国战略调整的绊脚石时，美国就随手将其弃之一旁，寻求另一个有利于美国利益推广、符合美国外交策略的代理人。冷战初期，美国在拉丁美洲主要依靠独裁政府的高压统治来抑制共产主义的发展。随着苏联外交策略的改变以及拉美反美情绪的高涨，华盛顿当局调整了冷战策略，开始着眼于长远发展问题，从内部入手遏制共产主义的影响，此时美国拉美政策的主流是民主与改革。作为西半球的霸主，美国要求拉美国家亦步亦趋，紧跟自己调整步伐。对于那些昔日的独裁盟友，美国政府尽量规劝其在不触动政局稳定的前提下进行一定程度的改革，以顺应民意、提高执政的合法性。大独裁者特鲁希略并没有听命于美国，甚至还加大了高压统治，不得民心，与华盛顿的主张背道而驰，企图暗杀美国的"民主标兵"贝坦库尔特总统。这使得美国决策人大为恼火，与其让共产主义推翻特鲁希略，不如美国先行一步将其推翻，从而避免第二个卡斯特罗政权的出现。由此可以看出，反共的国家安全始终是冷战时期美国外交政策追逐的核心利益，推动拉美国家的民主和改革终究是服务于反共战略的工具。然而，这一时期美国在西半球遭遇的另外一个棘手问题的性质则完全不同。卡斯特罗是与美国下冷战大棋局里的对手，因此，美国必

---

① Memorandum of conversation between Eisenhower, Gordon Gray, and others, January 3, 1961, 1960 Meetings with President, Vol. 2 (2) folder, box 5, Presidential subseries, Special Assistant series, OSANSA.

② United States Congress Senate, *Alleged Assassination Plots Involving Foreign Leaders*, pp. 196 – 200.

须制定出更加谨慎周密的招数以战胜敌手。

（二）图谋颠覆卡斯特罗政权

以《颠覆卡斯特罗政权的隐蔽行动计划》为蓝本，艾森豪威尔政府各部门积极行动，着力从以下几方面推进这一计划。

首先，组织和训练古巴国内政界和军界的反政府势力，营造宣传反卡斯特罗言论的氛围。中情局准备对反政府势力开展6—8个月的培训，首批计划培训300人。5月17日，设在洪都拉斯附近的天鹅岛上的电台开始进行反卡斯特罗的政治宣传。8月18日，艾森豪威尔同意拨付1300万美元的经费预算用于颠覆卡斯特罗政权。应该指出的是，这次参与行动的官员几乎是颠覆阿本斯政权的原班人马，包括中情局长官艾伦·杜勒斯、理查德·巴瑟尔（Richard Bissell）、J. C.金、霍华德·亨特（E. Howard Hunt）和大卫·菲利普斯（David Philips）等。可以说，这次行动几乎是1954年推翻阿本斯政府计划的翻版。

其次，对古巴实行经济制裁。遏制古巴的经济发展，是美国政府试图推垮卡斯特罗政府的重要手法。1960年中，奉财政部长罗伯特·安德森（Robert Anderson）之命，美属炼油厂拒绝履行《苏古贸易协定》，不向苏联提供原油。7月，美国削减70万吨古巴糖。10月，美国开始向古巴禁运，只准向古巴出口有限的食物和药品。月底，艾森豪威尔政府抽走了在古巴的9亿美元的直接投资。据美国官员预测，美国与古巴的贸易额会由1957年的11亿美元下跌到1亿美元。[①]

最后，寻求外交支持，孤立卡斯特罗政权。1960年3月，艾森豪威尔对国务院下达指示，要求他们尽一切努力使拉美人民认识到古巴的危险，并争取他们支持美国反卡斯特罗的立场和行动。虽然许多拉美外交官试图从中调解美国与古巴的关系，对此赫托申明了美国政府的立场：古巴问题已经不是美古的双边关系问题，而是"苏联集团试图利用一切可能的资源支持古巴政权，并将其作为破坏美洲安全和团

---

① Richard E. Welch, *Response to Revolution: The United States and the Cuban Revolution*, 1959 –1961, Chapel Hill: University of North Carolina Press, 1985, pp. 48 – 63.

结的主要工具"的阴谋。① 8 月，美洲国家外长协商会议在哥斯达黎加首都圣约瑟举行，美国政府试图借此会议使古巴问题泛美化。大会最后通过了《圣约瑟宣言》，主要有四点内容：一是谴责大陆外国家对美洲共和国事务的干涉或干涉的威胁，任何美洲国家接受这种干涉及其威胁，都会危及美洲的团结和安全；二是以威胁本半球的团结、和平与安全为由，来抵制苏联利用任何美洲国家的政治、经济或社会局势的企图；三是重申了不干涉原则，宣布泛美体系与"任何极权主义形式不能共存"；四是宣布任何成员国服从该体系原则，并履行美洲国家组织宪章条款的义务。通过《圣约瑟宣言》，美国取得了西半球国家在反对"共产主义渗透"方面的一致行动。1961 年 1 月 3 日，美国同古巴断交。

　　1960 年 8 月，中央情报局列出了刺杀卡斯特罗的地下成员名单，其中的暗杀手段五花八门，包括枪击、在咖啡中下毒、在卡斯特罗潜水的海岸安放炸弹等。② 但卡斯特罗都幸免于难。之后，艾森豪威尔召集白宫和中央情报局的官员讨论下一步方案，准备启动隐蔽行动。但是艾森豪威尔对于中情局是否能凝聚卡斯特罗的反对者并不乐观，因为卡斯特罗的替代者必须是改革派，同时又要在古巴国内有很高的人气，而中情局目前尚没有找到合适的人选。③ 中情局重新制定了颠覆方案。11 月 4 日，中情局拟将古巴的海外流亡队伍扩充至 600—750 人，携带重型武器从水陆两栖作战，一旦流亡部队取得了滩头堡，古巴国内的反政府势力就会相互配合，从而推翻卡斯特罗政权。8 日，中情局与 5412 委员会谈论这一计划，得到了一致赞同。中央情报局的这项新计划后来成为肯尼迪政府猪湾行动的核心内容。11 月 29 日，艾森豪威尔再次召集他的国家安全顾问商讨古巴问题。在

　　① Herten to U. S. Embassies in Latin America, 28 July 1960, Cuba（4）folder, box 4, International series, OSS.

　　② United States Congress Senate, *Alleged Assassination Plots Involving Foreign Leaders*, pp. 72 – 82.

　　③ Peter Wyden, *Bay of Pigs：The Untold Story*, New York：Simon and Schuster, 1979, p. 68.

这次会议上，总统特别强调了颠覆行动的隐蔽性。[①]

　　虽然任期将至，艾森豪威尔已经无法亲自指导颠覆卡斯特罗的行动，但是他希望继任总统能够完成他的未竟之业。1960 年 12 月 6 日，艾森豪威尔在白宫与当选总统肯尼迪讨论外交政策时，将一份名为《古巴与拉丁美洲备忘录》的文件交给了肯尼迪。这份备忘录申明古巴是"对美国在拉丁美洲目标的最大危险"。[②] 1961 年 1 月 3 日，艾森豪威尔对其幕僚说，仍需加强对流亡团体的训练，直到他们形成一个团结的组织，并敦促他们尽快实施颠覆行动。因为卡斯特罗的势力越来越强大，他已经拥有了一支 32000 人的军队，以及 20 万人的国民卫队，并获得了苏联 10000—12000 吨的军事器械援助，包括 6 架直升机，古巴的飞行员在捷克斯洛伐克接受过训练。[③] 在离任前，艾森豪威尔于 19 日再次在白宫同肯尼迪举行会晤，建议他上台后继续物色"一个既反对巴蒂斯塔，又反对卡斯特罗的人"来领导古巴流亡政府，制订出具体的入侵古巴的计划，完成自己未竟的事业。[④]

　　综上所述，艾森豪威尔政府对拉美政策的调整与当时的国际冷战形势密切相关。20 世纪 50 年代国际冷战格局发生了重大改变，苏联的世界战略由斯大林时期的"积极防御"转变为赫鲁晓夫时期的"与美国平起平坐"，在这种思想指导下，苏联的政治军事实力急剧膨胀，尤其加强了对第三世界的扩张，其战略地位明显提高；与此相比，美国在这一时期则陷入内外交困的局面，国内经济疲软，国际事务中又遭遇古巴革命、U－2 飞机等突发事件，面临着后院告急、前线失守的危机，先前的战略优势地位不断下滑。在这种背景下，艾森

① *Operation Zapata*: *The "Ultrasensitive" Report and Testimony of the Board of Inquiry on the Bay of Pigs*, pp. 6 – 7, 58 – 59; Memorandums of conversation between Eisenhower and his national security advisors, 29 November 1960, 1960 Meetings with the President, Vol. 2 (2) folder, box 5, Presidential subseries, Special Assistant series, OSANSA.

② Memorandum, "Cuba and Latin America", in account of 6 December 1960 meeting between Eisenhower and Kennedy, 12/60 folder, box 11, Whitman Diary, Whitman.

③ "Reporting of Military Buildup in Cuba" (December 1960), Cuba (6) folder, box 4, International series, OSS.

④ Peter Wyden, *Bay of Pigs*: *The Untold Story*, p. 88.

豪威尔政府开始全面调整美国的全球冷战策略。在其治下，美国的冷战策略实现了两个比较大的转变：一是战略目光的横向转变，由重点关注冷战前线地区演变为前线和后方兼顾的策略，开始更多地关注拉丁美洲等第三世界的冷战形势。二是战略手法的纵向转变。具体到西半球，就是由强调军事援助，逐渐演变为突出经济援助和经济建设以抵制共产主义的影响。经过艾森豪威尔政府对拉美政策的两次调整，冷战开始真正介入到西半球的安全议题，反共则为美国干涉拉美国家内政提供了合法的借口，在这个过程中，拉丁美洲被卷入到美苏冷战当中。从这个意义上讲，艾森豪威尔政府是美国冷战策略的过渡政府，为后继的肯尼迪总统的拉美政策打下了基石。

第三章

冷战格局的改变与肯尼迪
政府的反游击战政策

　　肯尼迪上台后，立即执行了颠覆卡斯特罗政权的隐蔽行动，不料却酿成了美国对拉美国家百余年来侵略活动遭到的第一次惨败——"猪湾登陆"，直接导致美国在拉美的声誉扫地。这一事件刺激了古巴人民的爱国主义和反美情绪，在客观上加强了古巴革命政府的凝聚力，提高了卡斯特罗在西半球和第三世界的威望，密切了古巴与苏联的联系。古巴革命的成功及其鲜活的生命力，具有强大的地区示范作用，鼓舞着拉美其他国家人民革命的斗争士气，并为这些革命运动提供了思想理论指导——"游击中心论"。古巴激进的革命言论迎合了一批拉美年轻军官、城市贫民以及政治生活中被边缘化的农民的需求，支持暴力革命的拉美"新左派"开始出现。与此同时，莫斯科积极开展与美国在拉美等第三世界的争夺，全面扩张在西半球的影响力。在这种形势下，反美帝、追求民族自主发展的游击运动在拉丁美洲悄然兴起，并于 20 世纪 60 年代达到了其发展的第一个巅峰。美国主导地位的下降，以及共产主义影响的骤然上升，打破了美国占绝对优势的西半球冷战格局。为了防止左翼革命力量乱中取胜，避免拉美出现"第二个古巴"，遏制共产主义在拉美的继续发展，尽快恢复拉美国家的政局稳定，摆脱在西半球的被动竞争地位，肯尼迪政府在加强同拉美亲美政府军事合作反游击战的同时，出台了多项经济援助计划，争取民心，瓦解游击队赖以生存的民众基础。为了应对新时期的共产主义威胁，华盛顿当局可谓是多管齐下，软硬兼施。

第一节　美国在西半球主导地位的下降

1960 年美国总统大选期间，民主党候选人肯尼迪就大打古巴问题这张竞选牌，引起了选民们的热切关注。在田纳西州首府纳什维尔的一次演说中，肯尼迪严厉责备艾森豪威尔政府竟"允许一个共产主义卫星国出现在距离佛罗里达海岸仅 90 公里的地方"，宣称古巴不仅是对美国同时也是对拉丁美洲的"最大危险来源"。对于卡斯特罗在国内的一系列改革，肯尼迪说："我们不愿意继续受人欺辱了，特别是不想被赶出我们的关塔那摩海军基地，或者遭到在对他夺走的美国财产提出赔偿时被拒绝。"他提醒辛辛那提的支持者，古巴已经成了"共产主义在美洲渗透和从事颠覆的基地"。10 月末，肯尼迪甚至在向媒体发布的新闻稿中，声明将增强美国或古巴的反卡斯特罗势力，要求对古巴发动"认真行动的攻势"。为了得到摩门教徒的选票，肯尼迪在盐湖城演讲时称："冷战就是上帝治下的自由与无神论者的暴政专制这两种意识形态之间的斗争。"①

肯尼迪入主白宫后，正式接过了艾森豪威尔政府通过雇佣军武装颠覆卡斯特罗政权的重任。1961 年 1 月 28 日，中央情报局向新任总统递交了推翻卡斯特罗政权的计划。2 月 3 日，肯尼迪下令执行扶植和利用古巴流亡分子推翻卡斯特罗政权的"九点计划"。与其前任一样，肯尼迪虽然赞成采取非常措施推翻卡斯特罗政权，但为了不给国际舆论制造美国武力干涉拉美国家内政的口实，他一再强调不希望过多地暴露美国的干涉痕迹，避免美国的直接卷入。根据肯尼迪的指示，中情局对入侵计划略作修改，最后将登陆地点锁定在了人烟稀少的古巴西南海岸猪湾。4 月 15 日，8 架由美国雇佣军驾驶的 B－26 型轰炸机从尼加拉瓜起飞，轰炸了古巴军队的总参谋部和圣地亚哥、圣安东尼奥、德巴尼奥斯、巴拉科阿等空军基地。与此同时，1400 名

---

① Richard J. Walton, *Cold War and Counterrevolution: The Foreign Policy of John F. Kennedy*, New York: Viking Pr. , 1972, pp. 36－38.

美国雇佣军在美国飞机和军舰的掩护下，从尼加拉瓜出发，17日凌晨在古巴中部拉斯维利亚斯省萨帕塔沼泽地吉隆滩登陆（附近的海湾是猪湾），占领吉隆滩和长滩后继续向北推进；同时进行小股空降，以配合地面行动。然而，卡斯特罗对此早有准备，率领正规军300人、民兵1600人和警察100人，在20辆坦克和5架飞机支援下实施反击，把入侵之敌赶回吉隆滩，并击毁雇佣军的登陆舰艇，切断了他们的退路。19日拂晓，美国雇佣军陷入包围，纷纷缴枪投降，全面溃败。美国雇佣军被俘1199人，亡114人，4艘舰艇被击沉，5辆坦克和10辆装甲车被击毁。①

猪湾事件对于此后的美拉关系影响重大。

一方面，它是美国对拉美国家百余年来侵略活动的第一次惨败，不仅是一次军事失败，也是一次政治失误。国内外舆论对于猪湾登陆的批评非常强烈，刚刚上任3个月的肯尼迪政府为此大失信誉。4月21日，墨西哥民众大游行，表示支持卡斯特罗政府的抗击。联合国安理会将美国这次进攻的合法性作为议题进行讨论。对此，肯尼迪并不愿意承认这是对不干涉原则的侵犯，他辩解道："虽然我们不能期望隐藏我们的热情，但是我们一再声明，本国的武装部队将不以任何方式干涉。如果我们自己或某个盟国没有受到外部进攻的威胁，美国任何单边干涉都是与我们的传统和我们的国际义务背道而驰的。"②猪湾事件后，肯尼迪政府仍不甘心失败，千方百计地挤压卡斯特罗政权的生存空间，宣布对古巴实施全面贸易禁运，策划新的暗杀卡斯特罗的隐蔽行动，并加强了泛美体系内反卡斯特罗的宣传和活动。

美国于1961年10月和11月先后在秘鲁和哥伦比亚召开的美洲国家组织理事会上提出议案，要求根据《里约热内卢条约》第6条的规定，召开美洲国家外长协商会议，讨论古巴局势对西半球和平威胁的问题，以此来制造集体干涉古巴的借口。拉美一些有影响力的国家予以反对，推迟表决提案。但在美国的强大压力下，12月4日，美

---

① 赵学功：《十月风云：古巴导弹危机研究》，天津人民出版社2009年版，第51页。

② J. Lloyd Mecham, *A Survey of United States-Latin American Relations*, p. 227.

洲国家组织理事会会议通过了该项提案。在表决这一提案时，古巴和墨西哥投反对票，巴西、厄瓜多尔、玻利维亚、智利和阿根廷弃权。1962 年 1 月，第八次美洲国家外长协商会议在乌拉圭城市埃斯特角举行。会上，美国国务卿腊斯科在发言中要求与会国"采取行动"实现以下 4 个目标：（1）宣布古巴政府"同泛美体系的宗旨和原则不相容"；（2）把古巴完全排除在美洲国家组织及其各项机构之外；（3）停止拉美国家同古巴之间的贸易往来，特别是军火的运输；（4）要求在泛美防务委员会内设立一个特别机构，向美洲各国政府提出"单独或集体的措施"，以便对古巴采取进一步军事干涉行动。为了博得拉美国家的支持，美国强调它的立场并不是谴责古巴的社会制度，而是谴责敌视威胁美洲国家体系外的国家对古巴的利用。大会围绕两个问题进行表决。一是宣布古巴政权与美洲国家体系是不相容的。二是停止和禁止向古巴提供武器，建立一个特别磋商委员会监督执行这两项决议。在表决过程中，美国政府采取惯常手法威逼利诱，用美元换取选票。海地总统弗朗索瓦·杜瓦利埃（François Duvalier）本来是反对将古巴逐出美洲体系外的，但是当拿到了美国 1300 万美元的借款后，他便改变了态度。大会最后以勉强的 2/3 多数票（14票）通过了这两项决议，美国实现了预定目标。[①] 但美国政府这一系列打压措施的客观效果似乎有违于美国政府的初衷，不仅没有加速卡斯特罗政权的崩溃，反而迫使古巴最终投向苏联领导的社会主义阵营。

另一方面，猪湾事件刺激了古巴人民的爱国和反美情绪，加强了古巴革命政府的凝聚力，挫败美国的阴谋不仅巩固了卡斯特罗在国内的统治地位，提高了他在拉美地区和第三世界的威望，同时在客观上密切了古巴与苏联的联系。赫鲁晓夫信心满满地说："今天的古巴作

---

① 对于将古巴逐出美洲国家组织的投票结果是，14 票赞成，1 票反对（古巴），6 票弃权（阿根廷、巴西、玻利维亚、智利、厄瓜多尔和墨西哥）；有关停止武器供应的投票结果是，16 票赞成，1 票反对，4 票弃权。详见徐世澄主编《美国和拉丁美洲关系史》，第194 页。

为一个独立的社会主义国家雄峙在侵略成性的美国帝国主义的血盆大口之下。古巴的存在对其他拉丁美洲的国家来说是一个很好的证明，鼓舞它们仿效和选择社会主义的道路。其他拉丁美洲国家的人民已经开始认识到采取什么步骤来把自己从美国帝国主义和垄断资本家的压迫下解放出来。可望古巴的辉煌范例，会继续照亮他们前进的道路。"① 这一时期，由于受到以美国为首的美洲国家的排挤，古巴加强了与苏联的关系。1960 年 5 月，古巴恢复了 1952 年为巴蒂斯塔所断绝的与苏联的外交关系。6 月，古巴政府没收了拒绝向苏联提炼原油的美国炼油厂。7 月，在美国取消进口古巴蔗糖定额后，苏联答应吸收古巴的剩余蔗糖。猪湾事件后，古巴主要从苏联获得武器装备。1961 年 12 月 1 日，卡斯特罗宣称自己是马克思主义者，宣布古巴革命是社会主义性质的革命，古巴是社会主义国家。1962 年 7 月，卡斯特罗访问苏联，要求苏联为古巴提供更多的军事援助，以保证古巴不再受到美国的侵略，试图借助苏联的力量与美国抗衡。

对于古巴的军援需求，苏联领导人有着自己的打算。赫鲁晓夫为了摆脱苏联的核劣势地位，谋求与美国的"战略均势"，实现与美国平起平坐、共同主宰国际事务的夙愿，决定采取大胆而又危险的行动——在古巴部署导弹和轰炸机。但这一秘密举动很快就被美国的 U－2 侦察机发现。拉美向来是美国的"后院"，卧榻之侧岂容他人酣睡，肯尼迪政府对于苏联的行为反应强烈。1962 年 10 月 22 日晚，肯尼迪发表电视讲话，首次披露了苏联正在古巴构筑进攻性导弹基地的消息。肯尼迪指出苏联此举是对西半球现状的故意挑衅行为，宣称美国不可动摇的目标是消除这种对西半球的核威胁，绝不会选择投降或屈服的道路，并提出了对古巴实行海上"隔离"等几项初步措施，同时命令国防部为采取进一步军事行动做好一切必要的准备。② 苏联

---

① ［苏］赫鲁晓夫：《赫鲁晓夫回忆录》，张岱云等译，东方出版社 1988 年版，第 496 页。

② "Radio and Television Report to the American People on the Soviet Arms Buildup in Cuba", October 22, 1962, available at：http：//www. presidency. ucsb. edu/ws/index. php? pid = 8986&st = &st1 = , 2009 年 11 月 6 日。

方面对此态度强硬，10 月 24 日，塔斯社发表声明，指责美国"正准备把世界推向战争灾难的深渊"；赫鲁晓夫则表示，苏联在古巴"已经装好的导弹已经足以摧毁纽约、芝加哥和其他大工业城市，更不用提华盛顿这样的小地方了"，美国"从来没有像当时那样面临过如此现实的毁灭性威胁"。① 10 月 24 日，联合国代理秘书长吴丹出面进行调停，呼吁美苏双方实行两三个月的"冷却"时期，苏联停止武器运输，美国取消海上"隔离"。赫鲁晓夫接受了这一建议，表示愿意与美国谈判。肯尼迪则坚决拒绝了谈判的可能，双方剑拔弩张。当"眼珠盯着眼珠"的时候，苏联人开始眨眼了。10 月 26 日，18 艘苏联货船中有 16 艘开始返航；赫鲁晓夫在给肯尼迪的私人信件中，暗示苏联可以从古巴撤走导弹和部队，条件是美国保证不再入侵古巴。② 27 日，赫鲁晓夫又增加了交易条件，要求美国撤除在土耳其的"丘比特"导弹，同时，苏联击落了一架美国 U－2 侦察机。连一向谨慎的麦克纳马拉都表示入侵已经变得不可避免，世界从未如此接近过核战争的边缘。关键时刻肯尼迪和赫鲁晓夫都保持了最大的克制。肯尼迪就 26 日的私函做出答复，声称美国可以迅速撤销隔离措施，保证不入侵古巴，但前提是苏联应在联合国适当的监督核查下从古巴撤走进攻性武器系统，并保证不再把类似的武器运入古巴。28 日，赫鲁晓夫复信肯尼迪，同意对方提出的条件。肯尼迪当日就表示欢迎这一具有政治家风度的决定，并承诺不再对古巴进行武装干涉，私下同意撤回部署在土耳其和意大利的导弹。11 月 8 日至 11 日，苏联撤走了在古巴的全部导弹，并在公海上接受美国海军的检查和拍照。11 月 20 日，赫鲁晓夫同意在 13 天内撤完伊尔－28 型轰炸机，同一天，美国宣布取消对古巴的海上封锁。举世瞩目的古巴导弹危机宣告结束。

古巴导弹危机对西半球乃至世界的冷战局势都产生了深远而微妙的影响。

---

① ［苏］赫鲁晓夫：《赫鲁晓夫回忆录》，第 701—702 页。

② Laurence Chang and Peter Kornbluh, eds., *The Cuban Missile Crisis*, 1962: *A National Security Archive Documents Reader*, New York: The New Press, 1992, pp. 187 – 304.

首先，在美洲体系内部，这次危机对古巴和拉美国家的关系产生了不利影响。核导弹第一次出现在了拉丁美洲，对拉美国家造成了一定程度的恐慌。美国借机大做文章，力图使古巴在美洲国家体系内部处于孤立地位。1962 年 10 月 23 日，古巴导弹危机期间，美国建议拉美各国驻美洲国家组织的代表在华盛顿举行一次临时会议。会上美国要求通过它提出一项议案：援引《里约热内卢条约》第 6 条和第 8 条，给古巴打上"侵略者"的标记，并授权美洲国家组织的成员国采取任何必要的措施，包括使用武力来消除这一和平威胁；要求立即从古巴拆除和撤退所有导弹和任何类型的进攻性武器，联合国应派遣检查小组对此进行核实等。① 最后这项提案获得了一致通过，说明拉美国家在古巴导弹危机期间站在了美国的一边。

其次，在国际层面上，这次直接核对抗使美苏两国领导人都认识到，在核战争中没有胜利者，因此，双方开始表现出寻求和解的意愿。1963 年 6 月，美苏两国在日内瓦签署了《建立热线机制备忘录》。双方同意在紧急情况或特殊事件发生时，使用直接联系渠道，保证快速向对方提供相关信息，避免危机升级。同年 8 月 5 日，苏联、美国和英国在莫斯科签署了《部分禁止核试验条约》。这些举措不仅象征着美苏关系进入一个相对缓和的时期，同时也意味着美国的冷战战略从艾森豪威尔时期的"大规模报复战略"真正过渡到了肯尼迪政府的"灵活反应战略"。

最后，古巴导弹危机在一定程度上导致了双方盟国对美苏两国的信任危机。西方阵营开始对美国的安全承诺产生质疑，古巴则认为它被苏联欺骗了，是这场危机的最大受害者。尽管古巴得到了美国不再武装干涉的承诺，但危机从始至终完全由华盛顿和莫斯科私下处理，全然无视当事国古巴的意见。卡斯特罗对自己国家只能充当超级大国

---

① 《里约热内卢条约》第 8 条规定："为达成本条约的目的，协商机关所商定的措施可包括下列一项或数项：召回外交使团团长；断绝外交关系；断绝领事关系；部分地或全部地断绝经济关系或铁路、航海、航空、邮政、电报、电话或无线电报的往来；以及使用武装力量。"参见徐世澄主编《美国和拉丁美洲关系史》，第 195 页。

战略游戏中的小卒，非常失落和恼火。他强烈反对苏联撤走导弹，但赫鲁晓夫还是这样做了。导弹的撤走剥落了古巴短暂的安全感，古巴人被失望和痛苦的感觉吞噬着。导弹危机后，古巴觉得遥远的苏联并不可靠，试图通过在美洲大陆搞革命的方式来巩固自己的地位，为此，古巴加强了对拉美革命运动的支持。在古巴的积极推动下，拉美"新左派"悄然兴起，共产主义在西半球的影响骤然上升，打破了以美国占绝对优势的冷战格局。

第二节 共产主义力量在拉美的上升

一 苏东国家扩大对拉美的影响

第二次世界大战后，第三世界的民族解放运动迅速兴起，极大地改变了国际政治格局。苏联试图利用第三世界非殖民化进程中的地区冲突、政治不稳定以及结盟关系的不断变化，采取军事援助、经济援助、外交承认、密切党际关系等方法，将这种新兴的政治力量转化为反帝、反美、亲苏的有力工具，扩大苏联在第三世界的影响，进而把第三世界纳入其全球冷战战略之中，同美国抗衡。这是冷战时期苏联对第三世界的总体战略。然而，由于第三世界民族主义的多样性和区域局势的突发变化等，苏联领导人必须根据不同地区适时地做出政策调整，以实现总体战略。"二战"致使苏联满目疮痍，莫斯科对于大规模常规战争所需的巨额花费望而却步，古巴导弹危机让克里姆林宫对核战争边缘的处境仍然心有余悸，因此，赫鲁晓夫决定改变以往冒险主义的做法，采取比较谨慎隐蔽的政策，在不同美国及其盟国发生直接军事对抗的前提下，拓展苏联在第三世界的影响力。具体来说，就是通过支持第三世界的民族解放运动、扶植亲苏政权等方式，实现苏联的经济利益和战略利益的最大化。

表 3 - 1 　　　　　　　　苏联对第三世界提供的经济信贷和

　　　　　　　　　　　赠予：1954—1972 年　　　　　　　　单位：百万美元

年份	非洲		亚洲		拉丁美洲		中东		总数
	数目	百分比	数目	百分比	数目	百分比	数目	百分比	
1954—1964	760	19	1814	45	30	1	1429	35	4033
1965—1972	492	11	1365	32	518	12	1921	45	4296

资料来源：U. S. Department of State, Communist States and Developing Countries: Aid and Trade in 1972, Bureau of Intelligence and Research, RECS - 10, June 15, 1973.

　　具体到拉丁美洲，苏联的政策目标就是：尽可能扩大苏联的影响，保卫"社会主义"古巴，削弱美国在西半球的主导地位，避免与美国发生直接冲突。苏联决策人认为，美国在西半球强大的经济和文化影响，对于苏联扩大对拉美的影响既是一种挑战，同时也是一种机遇。美国的主导地位固然不易被撼动，但正因为它在美洲政治事务中的霸权和经济垄断，反倒使美国成为拉美国家致力于民族发展的头号靶心和转移国内问题的替罪羊。20 世纪 50 年代末 60 年代初，拉美经济民族主义高涨，再加上"猪湾行动"造成的恶劣影响等因素，已经削弱了华盛顿在拉美的政治和经济支配地位。拉美国家的民族资产阶级，能够深刻体会到美国垄断资本的威胁，他们不再相信美国政府所一直鼓吹的通过大量外资就能带来本国技术进步、工业发展和改善生活水平这一论调，他们极力倡导发展民族经济，开启了进口替代工业化进程，为本国产品寻求新市场，在政治和经济上摆脱对华盛顿的依赖。因此，拉美国家对于苏联以及社会主义阵营国家存在着需求，这种发展诉求恰好迎合了苏联的战略利益。克里姆林宫认为要把握好拉美当前的民族主义，加强当地的共产主义运动并培植它们同莫斯科的紧密关系。苏联相信，拉美共产党、左翼和中产阶级民族主义力量组成的联盟，既为反对美国的经济控制而联合，又被社会进步的缓慢速度所挫伤，他们最终会在和平的政治竞赛中取得政权，或通过同"进步的"军事政权的合作取得决定性影响。在这个过程中，为了摆脱美国而争取独立自主发展，这些势力都必将会寻求苏联的支持。因此，他们是拉丁美洲和加勒比地区民族解放运动背后的决定性力量。同时，在拉美的军界、官僚、技术界和上层知识分子中，那些反对美国和外国资本的群体也被莫斯科列为潜在的盟友。总之，苏联军事经济实力的增强，莫斯科冷战策略的转变，古巴倒向社会主义，拉美民族主义发展诉求，都为莫斯科在美国"后院"的扩张提供着风险最小代价最低的新机会。

为了达到上述目的，莫斯科采取了包括外交、经贸援助、文化宣传、军事和政治引导等一整套措施。

首先，这一时期苏联同拉美多国建立或恢复外交关系。20 世纪60 年代之前，莫斯科同拉丁美洲的政治和经济关系是非常有限的，1953 年斯大林逝世的时候，苏联仅同三个拉美国家（阿根廷、墨西哥和乌拉圭）有正式的外交关系。[①] 卡斯特罗的古巴是 1960 年第一个同苏联重建全面外交关系的国家，巴西在 1961 年紧随其后，智利是在 1964 年同苏联恢复建交，哥伦比亚于 1968 年效仿前者，秘鲁、玻利维亚和厄瓜多尔在 1969 年，委内瑞拉和圭亚那在 1970 年，哥斯达黎加在 1971 年，相继同莫斯科重建外交关系。至此，除了巴拉圭，苏联已经同所有南美国家确立了外交关系。勃列日涅夫在 1969 年世界共产党和工人党会议上称苏联正在扩大同拉丁美洲国家的关系，这些国家正在加紧反抗帝国主义的控制和外国垄断集团的压迫。对于60 年代苏联对拉美外交攻势所取得的成果，《真理报》指出拉丁美洲各族人民不顾美帝国主义设置的一切障碍，力求更加接近苏联和其他社会主义国家所作的斗争，正变得愈益强烈起来。[②] 但是由于美国密切注视着苏联的动向，相对于拉美其他地区，苏联在加勒比地区发起

---

① 第二次世界大战期间，出于反法西斯的战略合作需要，若干拉美国家同苏联建立或恢复了外交关系，它们是古巴（1942 年）、墨西哥（1942 年）、哥伦比亚（1943 年）、乌拉圭（1943 年）、智利（1944 年）、哥斯达黎加（1944 年）、尼加拉瓜（1944 年）、委内瑞拉（1945 年）、玻利维亚（1945 年）、厄瓜多尔（1945 年）、巴西（1945 年）、多米尼加共和国（1945 年）、阿根廷（1946 年）。然而，冷战开始后，1945—1950 年间迫于美国的压力等原因，很多拉美国家又同苏联断绝了外交关系，或者不再维持外交关系。详见 Stephen Clissold, ed., *Soviet Relations with Latin America 1918 - 1968: A Documentary Survey*, London, Oxford University Press for the Royal Institute of International Affairs, 1970, pp. 73 - 156。

② ［美］利昂·古雷、莫利斯·罗森堡：《苏联对拉丁美洲的渗透》，第 192 页。

的外交攻势则明显稍逊一筹。尽管一些拉美国家对苏联仍然心存猜疑，但是政府和议会代表团，以及商务、专业、工会、军事和青年团体的互访次数和范围正在与日俱增。如同哥斯达黎加这样一个坚定的亲美国家都同苏联建立了外交关系，这会促使其他一些中美洲国家群起效仿。同时，苏联在拉美国家设立大型外交使团、文化、科学代表团，大大促进了苏联同这些国家政府、社会、经济和政治等各种组织接触的能力，扩大了影响力。

其次，外交关系的正常化为苏联扩大对拉美国家的经贸和援助疏通了渠道。在赫鲁晓夫看来，如果苏联能够占有一个新兴独立国家外贸总额的40%，那么这个国家将不得不选择社会主义道路。[①] 20世纪50年代中后期，拉美国家相继开展了进口替代工业化改革，对资本货的需求比较大。苏联抓住这一机会，不断增加对拉美国家的贷款，推销本国的工业品。派遣贸易或经济代表团是苏联及其盟国建立和扩大经贸关系的一种重要方式。苏联和所有东欧6国在哥伦比亚和秘鲁，苏联和东欧5国在巴西和墨西哥，苏联和东欧4国在乌拉圭，苏联和东欧3国在阿根廷、哥斯达黎加与厄瓜多尔，都分别派驻了贸易代表团；苏联在玻利维亚和圭亚那，波兰在海地和巴拿马，都有经贸代表，波兰、匈牙利和捷克斯洛伐克则在委内瑞拉设有这种办事处。苏联向拉美出口的商品主要有：机床、成套工厂设备、石油钻井设备、发电设备、印刷机、熔铁炉、起重机、制图机、汽车、无轨电车、拖拉机、农业机械、电视机、筑路设备、铸铁、钢材、石棉、化学制品、柴油、石油制品以及小麦等。如表3－2所示，1961年，苏联与拉丁美洲的贸易额（不包括古巴）仅为7230万卢布，1965年上升为1.42亿卢布。由于苏联的贷款利率低、偿还时间长，以及可以用本国产品偿还，所以对拉美国家还颇具吸引力。如表3－3所示，1967年到1972年，苏联及东欧国家向拉美提供的经济贷款由4.3亿美元增至10.38亿美元，大约增长了141%。

---

① Gu Guan-Fu, "Soviet Aid to the Third World an Analysis of Its Strategy", *Soviet Studies*, Vol. 35, No. 1 (Jan., 1983), p. 71.

表 3-2　　　　　　　苏联同拉美国家（不包括古巴）的
贸易：1961—1965 年　　　　单位：百万卢布

年份	1961	1962	1963	1964	1965
出口	26.6	34.6	27.6	26.1	44.6
进口	45.7	66.6	68.1	56.7	97.7
总贸易额	72.3	101.2	95.7	82.8	142.3
苏联入超额	19.1	32	40.5	30.6	53.1

资料来源：利昂·古雷、莫利斯·罗森堡：《苏联对拉丁美洲的渗透》，第 227 页。

表 3-3　　　　苏联和东欧国家向拉丁美洲提供经济
贷款的增长：1967—1972 年　　　　单位：百万美元

年份	苏联		东欧		苏联 + 东欧	
	累积总数 （1954 年起）	百分比增长	累积总数 （1954 年起）	百分比增长	累积总数 （1954 年起）	百分比增长
1967	185	100	246	100	431	100
1968	187	101	256	104	443	103
1969	207	112	267	109	474	110
1970	263	142	318	129	581	135
1971	304	164	492	200	796	185
1972	448	242	590	240	1038	241

资料来源：U. S. Department of State, Communist States and Developing Countries: Aid and Trade in 1973, Bureau of Intelligence and Research, INR RE-20, October 19, 1974.

　　20 世纪 60 年代，苏联同拉丁美洲的经济关系呈现出以下特征：（1）苏联对拉丁美洲的贸易一直存在着严重的赤字，且入超额基本呈逐年上升的势头。如表 3-2 所示，1961 年，苏联对拉美国家的出口额为 2660 万卢布，进口额为 4570 万卢布，入超 1910 万卢布。1965 年，苏联对拉美的贸易入超额已扩至 5310 万卢布。导致苏—拉贸易不平衡的原因有很多，但最主要的还是双方的商品缺乏互补性。苏联为了自身的经济发展，需要进口拉美大量的农产品和原材料，但是苏联的出口商品在价格、技术和质量上都不及西方国家的同类产品，它所提供的设备总是供非所求，或者规格不合拉美国家的要求。纵使苏联提供设备的条件比西方国家更优越，但是出于政治上的考虑，个别拉美国家仍然拒绝购买苏联的设备，有些拉美国家甚至把苏联的报价当作同他国贸易时讨价还价的根据。（2）由于特殊的外交、政治和经济关系，古巴一直都是苏联在拉美的最大贸易伙伴。尽管苏联同越来越多的拉美国家扩大经济联系，但是贸易和援助金额中的绝大部分集中在阿根廷和巴西两个国家（表3-4和表3-6）。（3）苏联的贸易和援助经常带有附加条件。苏联通过与第三世界国家签订的经济协定、贸易和技术援助代表机构、文化和学科合作项目，在一些战略要地安插技术人员和代理人。此外，莫斯科的贷款往往是投向那些可供炫耀的建设项目，以便体现苏联的"第三世界盟友"精神，但是，它实际提交的物资与宣扬的援助数额存在很大的差距。如表3-6所示，1954—1970年，苏联承诺向除古巴外的拉美国家施以2.774亿美元的经济援助，但实际到位的金额仅为0.378亿美元。所以，苏联对拉美的经济渗透还是比较有限的，这也就不难解释为什么苏联在拉美对外贸易总额的比重始终徘徊在1%（表3-4）。

表3-4　对苏贸易额占拉美国家外贸总额的比重：1965—1969年

单位:%

国家	出口部分					进口部分				
	1965年	1966年	1967年	1968年	1969年	1965年	1966年	1967年	1968年	1969年
阿根廷	4.8	6.7	1.5	2.1	1.2	1.7	0.6	0.4	0.2	0.4
巴西	2.1	1.8	2.1	1.5	2.1	2.6	1.9	0.7	0.6	0.5
哥伦比亚	0.1	0.4	0.2	0.5	0.6	0.1	0.1	0.4	0.3	0.4
哥斯达黎加	0	0	0	0	2.6	0	0	0	0	0
厄瓜多尔	0	0	0.1	5.8	7.6	0	0	0	—	0.1
墨西哥	—	0.8	0.8	0.6	0.4	—	0.1	0.1	0.2	*Negl.*
苏里南	0	0	0	0	5.5	0.2	0.1	0	*Negl.*	0
乌拉圭	1.6	4.8	2.5	1.1	0.5	0.3	0.6	0.2	0.6	0.5
总数（古巴外）	1.0	1.4	0.6	0.7	0.9	0.6	0.4	0.2	0.2	0.2
古巴	47	46	52	44	36	49	56	58	61	54

资料来源：NIE 80/90-71，"the Soviet Role in Latin America"，April 29，1971，available at：http://www.foia.cia.gov/search_ options.asp.

表 3 - 5　　　　　　苏联对古巴的经济援助：1954—1970 年　　　单位：百万美元

项目内容	1954— 1965 年	1966 年	1967 年	1968 年	1969 年	1970 年	总计
发展援助	118	17	27	65	87	50	364
平衡收支	709	271	233	367	396	259	2235
糖补贴	280	138	214	150	86	150	1018
总计	1107	426	474	582	569	459	3617

资料来源：NIE 80/90 - 71，"the Soviet Role in Latin America"，29 April，1971，available at：http：//www. foia. cia. gov/search_ options. asp.

表 3 - 6　　　　苏联对拉美国家（不包括古巴）的经济援助：

1954—1970 年　　　单位：百万美元

国家	1954— 1965 年	1966 年	1967 年	1968 年	1969 年	1970 年	总计	实际到位
阿根廷	44. 3	0	0	0	0	0	44. 3	34. 3
玻利维亚	0	0	0	0	0	27. 5	27. 5	0
巴西	0	90. 0	0	0	0	0	90. 0	1. 0
智利	0	0	54. 8	0	0	0	54. 8	0
哥伦比亚	0	0	0	2. 5	0	0	2. 5	2. 5
哥斯达黎加	0	0	0	0	0	10. 0	10. 0	0
秘鲁	0	0	0	0	0	28. 3	28. 3	0
乌拉圭	0	0	0	0	20. 0	0	20. 0	0
总计	44. 3	90. 0	54. 8	2. 5	20. 0	65. 8	277. 4	36. 8

资料来源：NIE80/90 - 71，"the Soviet Role in Latin America"，29 April，1971，available at：http：//www. foia. cia. gov/search_ options. asp.

但不管怎样，苏联在 20 世纪 60 年代同拉美国家扩大了经济联系是不争的事实。在此过程中，苏联大为提升其在古巴的经济地位，并取代美国成为古巴最主要的贸易伙伴。美国占古巴贸易总额的比重由 1958 年的 70% 降至 1963 年的 0；苏联占古巴对外贸易的比重由 1959 年的 0 升至 1964 年的 39. 8%（出口）和 47. 2%（进口）；苏古贸易额也随之扶摇直上，由 1960 年的 1. 76 亿美元增至 1961 年的 5. 92 亿美元，1970 年双方贸易金额已经达到 11. 49 亿美元。[①] 同时，苏联也

---

① Robert K. Evanson，"Soviet Political Uses of Trade with Latin America"，*Journal of Interamerican Studies and World Affairs*，Vol. 27，No. 2（Summer，1985），p. 103.

得到了本国经济发展所需的大量原材料和能源。克里姆林宫在西半球经济活动的增多，必然会牵制美国的注意力，使美国在世界其他地区的争霸中受到掣肘，这也是苏联加大对拉美经济渗透的战略目标之一。

表 3－7　　　　　　　　　　共产党在拉丁美洲的文化活动

活动内容	1967 年计数	1971 年计数	1972 年技术	1967—1972 年百分比增减数
无线电广播	580：30 小时/周	707 小时/周	708：30 小时/周	22%
派驻的通讯分社	58	62	62	7%
电影节（电影周）	11	8	26	136%
当地的报纸和期刊	72	132	146	103%
西班牙语版的苏联书籍	2033000	4626000	5825600	187%
艺术展览会	32	37	103	222%
艺术表演	11	23	22	100%
体育表演	18	25	13	−28%
苏联的文化中心—协会	28	48	53	89%
所有共产党国家的文化中心—协会	69	85	93	35%
在共产党国家的拉美学生	1410	2650	3005	113%

资料来源：利昂·古雷、莫利斯·罗森堡：《苏联对拉丁美洲的渗透》，第 252 页。

再次，苏联加强了与拉美国家在文化教育宣传方面的沟通。一方面，莫斯科与拉美大多数国家（尤其是智利、秘鲁、哥伦比亚和玻利维亚）签署了文化、科学和技术合作协议。文化合作协定为拉美在苏联和东欧院校学习和受训的学生、专家提供奖学金，还把一些奖学金非正式地提供给那些没有正式签订文化协定的拉美国家。从 1956 年到 1973 年，拉美有 3995 名学生到苏联学习，2295 人访学东欧。以厄瓜多尔、智利和哥伦比亚的学员最多。此外，1965 年到 1970 年期间，约有 600 名拉美专家在苏联的学校培训。另一方面，社会主义阵营国家在拉丁美洲展开了宣传攻势。所有共产党国家对拉美的无线电广播，每周超过 700 小时，其中古巴占 270 小时，苏联占 139 小时多。与此对照，非共产党国家电台每周用西班牙语广播 223 小时，用葡萄牙语广播 93 小时。这些广播在宣扬社会主义的同时，还力求丑化美国。苏联曾公开指责美国在拉美设置军事基地，声称这是美国控制和侵犯拉美国家主权的另一种形式；在巴拿马同美国关于运河问题的争端中，苏联公开站在巴拿马一方。此外，1967 年到 1972 年间，苏联等国还通过艺术表演、体育表演、艺术展览会等文化活动，增进拉美人民对社会主义国家（主要是苏联）的了解。其中，举办电影节、发行西班牙语版的苏联书籍、举行艺术展览会这三项活动的增长幅度最大，分别为 136%、187% 和 222%。①

　　最后，为了保持精心树立的和平形象，不与美国发生直接军事冲突，莫斯科通常回避对暴力革命的公开支持，对古巴的武装斗争战略也是保持默许的态度，因此，20 世纪 60 年代苏联多采取隐蔽的方式支持拉丁美洲的共产主义革命。60 年代初期，莫斯科选择古巴充当其在加勒比地区的主要情报中心，有近 400 名苏联情报官员被派到古巴训练和支持西半球的革命组织。② 1961 年，古巴情报机构"情报总局"（Dirección General de Inteligencia，DGI）在苏联的帮助下成立。该机构分为合法中心（legal centers）、非法部门（illegal department）和民族解放部门（national liberation department）。合法中心指导古巴驻墨西哥和牙买加的外交机构；非法部门负责与古巴没有外交关系的其他拉美国家的常驻人员事务；民族解放部门是情报总局中最大的机构，主要负责鼓动和指导拉美以及世界其他地区的革命活动。该机构成立以来，约有 2500 百名拉美人在古巴设立的各中心站接受过革命训练。苏联对古巴情报总局实行严密监控，克格勃渗入其中，并从苏联人每年训练的 60 名古巴官员中积极物色特工，古巴成为苏联在西半球的情报密探。③ 这符合苏联新时期的策略，既可以避免公开卷入

---

　　① NIE80/90 - 71，"the Soviet Role in Latin America"，April 29，1971；[美] 利昂·古雷、莫利斯·罗森堡：《苏联对拉丁美洲的渗透》，第 242—252 页。

　　② New York Times，7 December 1970.

　　③ "Cuba Subversive Activities in Latin America：1959 - 1968"，February 16，1968，CK3100118560 = A，DDRS；[美] 詹姆士·西伯奇：《苏联出现在拉丁美洲》，第 33—35 页。

支持革命活动，又能将西半球的共产主义运动运筹于帷幄之中。

除了情报活动，苏联还试探性地向拉美国家提供军事援助。20世纪 50 年代末，迫于人权问题等压力，艾森豪威尔政府决定限制对拉美的军援和军售，这也为苏联创造了对拉美施以军援的机会。据统计，为了支援第三世界人民的民族解放运动，1955 年至 1972 年，苏联已向欠发达地区的非共产党国家提供了 92 亿美元的军事装备。苏联的军事援助显然有着强烈的政治动机和意识形态的意图，即希望发展中国家的军队依靠苏联提供的零件和技术指导，从而减少对美国的依赖。苏联认为拉美军队在政治上比较保守，希望通过军事援助分化他们。莫斯科将拉美空军当作突破口，因为空军资历浅且没有权势，所以更易受外部的影响。苏联试图通过给拉美空军提供现代化飞机、培训驾驶员和技术人员等途径，树立在空军队伍中的威望。但是，效果非常有限。拉美国家依然比较认可欧美的军械，绝大多数还是从美国、法国、德国和英国等老买家手中购得武器装备。[1] 直至 60 年代末，苏联在西半球的军事活动仍大多集中在加勒比地区，古巴充当了苏联对他国实行军事援助的橱窗。70 年代初这种状况才稍有些改观，秘鲁成为继古巴后唯一接受苏联军事援助的国家。[2]

二　拉美"新左派"的兴起

（一）古巴革命的激励示范作用

1959 年古巴革命的成功及其后来向社会主义的转型，不仅是古巴历史上的重大转折，更具有重要的世界意义和地区示范作用，对以后的拉美革命运动是一种精神鼓舞。

从国家的角度，古巴革命首先是民族意识和精神的象征，它向世人昭示了革命是打破社会不公、摆脱国家依附、实现自主发展的必要

---

[1]　NIE80/90 - 71, "the Soviet Role in Latin America", April 29, 1971; "Soviet Interest in Latin America", April 1, 1977, available at: http://www.foia.cia.gov/search _ options.asp, 2009 年 11 月 18 日。

[2]　Ruben Berrios and Cole Blasier, "Peru and the Soviet Union (1969 - 1989): Distant Partners", pp. 365 - 384.

手段。卡斯特罗曾说："如果不存在那么多针对我国人民的不公正，就不会有革命，我国人民由于那么多年一直深受屈辱和剥削，才卷入了一场革命，任何人都会懂得如果没有这种情况，我国就不会发生革命。"其次是革命和社会变革的旗帜。如同其他拉美国家一样，古巴曾长期处于政治和社会动荡之中，独裁势力长期把持政权，对内专制对外亲美，政局动荡不定，社会矛盾尖锐，民不聊生，经济自主发展更无从谈起。在国家危难之际，卡斯特罗带领革命青年成功挑战了传统秩序，他们不仅勇于"破"，同时也敢于"立"。建立新政权后，革命政府实施了一场彻底的政治和社会变革，这不仅打破了古巴传统的大庄园制和政治寡头势力，而且极大地促进了本民族利益的发展，实现了《蒙卡塔纲领》提出的民族民主革命任务。最后，它是崇尚伦理价值和理想的境界。卡斯特罗指出，古巴革命就是"由贫苦人进行的，为了贫苦人的社会主义民主革命。……革命是一种历史感；……是蔑视国内外和社会上占统治地位的强大力量；……革命是团结，是独立，是我们为古巴和世界正义的梦想。这种梦想是我们爱国主义、社会主义和国际主义的基础。"① 从卡斯特罗的言论中不难发现，古巴革命要解决的实质问题依旧是发展问题，是如何使国家摆脱依附状态、走上独立自主发展道路的问题。卡斯特罗上台后采取的一系列国有化和土地改革也切实实现了利益的再分配，促进了社会正义和公平，切断了美国对古巴的经济控制链条，为古巴实现经济独立铺平了道路。

在地区层面，古巴人民的革命精神激励着拉美人民的民族意识，使他们更加清醒地意识到维护民族独立、国家主权、寻求自主发展的必要性和可行性，此外，卡斯特罗领导人民潜入山区、建立根据地、开展游击战的斗争方式对此后拉美其他国家的人民革命具有示范作用，激发了拉美广大劳动者的革命积极性，促成了拉美"新左派"的诞生，将这一时期拉美地区的反美反独裁浪潮推向了高峰。

---

① Eugenio Suárez Pérez, "Fidel y el concepto de Revolución", available at: http://www.cubasocialista.cu/texto/cs0228.htm, 2009 年 11 月 20 日。

在世界范围内，1961 年 12 月 1 日，卡斯特罗宣称自己是马克思主义者，宣布古巴革命是社会主义性质的革命，古巴是社会主义国家，同时试图将古巴打造成为"共产主义革命在拉丁美洲的象征"，为国际共产主义运动注入了新活力。卡斯特罗和古巴国家性质的转变，打破了西半球意识形态铁板一块的局面，撼动了美国在拉美的霸主地位，直接改变了西半球的冷战局势，影响着美苏对抗的国际格局。在美国的"后院"出现了敌对的意识形态，美国的战略利益和经济利益遭受到严重的威胁，竞争地位遂陷入被动之中。

除了精神和士气方面的激励，古巴还为拉美革命斗士们提供了理论指导。卡斯特罗和格瓦拉取得政权后，对古巴革命的经验和教训进行总结，逐渐形成了一套理论体系。这套理论突出了三个主题：第一，美国的帝国主义是造成拉美贫穷落后的罪魁祸首；第二，为了扭转这个局面，拉美人民需要开展成功、持续的革命；第三，古巴革命是所有拉美受压迫剥削的人民的榜样。格瓦拉革命思想的精华最初呈现在《游击战》一书中，该书于 1960 年首次公开出版。[1] 书中总结了古巴革命对拉美游击运动的三大贡献：（1）人民的力量可以战胜反动军队；（2）并不一定要等待一切革命条件都成熟，起义中心可以创造这些条件；（3）在不发达的美洲，武装斗争的战场基本上应该是农村。格瓦拉分析了中下层民众的理想诉求，"几乎所有出身于农民的人，他们的理想都是要求获得自己的一块耕地和享受公平的社会待遇的权利；出身于工人的人，他们的理想是要求有工作、领取合理工资以及也享受公平的社会待遇的权利；而来自学生和教职员中的人则抱着像争取自由之类的较为抽象的理想"。因此，革命队伍要根据不同的社会群体提出相应的斗争口号，以争取这些民众的支持。[2]

1962 年 2 月 4 日，卡斯特罗在古巴第二次全国人民代表大会上发表了《第二个哈瓦那宣言》，声称："在美国垄断控制越厉害、寡头势力的剥削越残忍、工农群众的处境越无法忍受的那些国家里，政权

---

① Ernesto Guevara, *La Guerra de Guerrillas*, Havana: Ediciones Minfar, 1960.

② ［古巴］格瓦拉：《游击战》，第 4—5、33、40 页。

必然更加严酷，必然经常实施戒严令，群众的一切不满表示遭受武力镇压，民主道路完全堵塞，统治阶级的残酷本性比以往任何时候更加暴露无遗。那时，才是爆发人民革命的时机"。① 这篇宣言被看作革命的宣言，同时也是对格瓦拉游击理论的重要补充。卡斯特罗强调许多拉美国家革命是"不可避免的"，号召拉美人民进行武装斗争。

1963 年，格瓦拉发表了《游击战：一种手段》一文，这是他对有关拉美革命战略战术最全面最成熟的分析著述，正式标志着"格瓦拉主义"（又称"游击中心论"，foco）的形成。核心思想主要有以下几点：（1）在进行革命的主客观条件方面：拉美国家革命的客观条件已经成熟，主观条件是可以创造的，它就潜伏在拉美社会当中，革命的职责就是要制造革命。从美洲全局来看，拉美国家具有完整的"美洲国际"式的共同性，单一国家的革命很难或不可能取得胜利，革命的旗帜应同时飘扬于整个美洲大陆。（2）在斗争方式方面：革命无一例外地应该采取武装斗争；在不发达的美洲，农村应该是武装斗争的主战场。（3）在武装力量方面：武装斗争应从游击战开始，其领导者和参加者就是游击队本身。政党就是军队，游击队是先锋队的先锋队。（4）建立游击中心，各个游击中心之间通过袭击、破坏等方式不断打击敌人，最后发展成一支人民军队，在第一个中心的统一领导之下，各地游击队联合行动，由农村包围城市，彻底摧毁政府军，最后夺取政权。（5）革命的性质是社会主义的。② 随后，法国共产主义者雷吉斯·德布雷（Régis Debray）对格瓦拉和卡斯特罗的革命思想进行总结，著成《革命的革命？》一书。他认为，古巴革命斗争的技术、战术甚至战略原理，都为其他争取民族解放的拉美国家提

---

① ［美］拉特利夫：《拉丁美洲的卡斯特罗主义和共产主义（1959—1976）马列主义经验的几种类型》，第43—44 页。

② Che Guevara, "Guerrilla Warfare: A Method", *Cuba Socialista*, Vol. 3, No. 25 (September, 1963), pp. 1 – 17; Matt D. Childs, "An Historical Critique of the Emergence and Evolution of Ernesto Che Guevara's Foco Theory", *Journal of Latin American Studies*, Vol. 27, No. 3 (Oct., 1995), pp. 604 – 614; Michael Löwy, *The Marxism of Che Guevara: Philosophy, economics, revolutionary warfare*, Lanham: Rowman & Littlefield, 2007, pp. 86 – 98.

供了一个革命样板，是可以复制的，进一步诠释了格瓦拉的革命理论。[①] 古巴领导人的革命言论，促成了不同于传统左派的拉美"新左派"的诞生。

（二）拉美"新左派"的诞生

拉美传统左派主要指拉美各国共产党，它们已有较长的历史[②]，多数是在共产国际和布尔什维克革命的影响下建立起来的。与世界其他地区的左派一样，拉美共产党的革命战略和斗争路线受苏联的影响很大。据统计，苏联每年约向拉美共产党提供 700 万美元来支持它们的日常开销。[③] 基于 20 世纪 50 年代国际格局以及苏联国内形势的变化，赫鲁晓夫在苏共二十大的总结报告中提出了"三和"路线——"和平共处"、"和平竞赛"、"和平过渡"。针对共产党采取什么方式夺取政权，他指出十月革命的暴力方式是当时条件下的唯一选择，然而现在的国际形势已经发生了根本性转变，通向社会主义的道路将越来越多样化。在资本主义国家，无产阶级完全可以通过取得议会中稳定的多数，并且将议会从资产阶级民主的工具转变成真正代表人民意志的工具，也即走议会道路"和平过渡"到社会主义。苏共认为，包括武装起义、游击战争、内战等武装斗争形式在当时的国际环境下已经变得不可取。1954 年第 7 期的《共产党员》杂志披露了当时苏

---

① Régis Debray, *Revolution in the revolution? Armed Struggle and Political Struggle in Latin America*, translated by Bobbye Ortiz, New York：MR Press, 1967, p. 20.

② 拉美是共产主义运动起步较早的地区，1848—1849 年欧洲革命失败后，一些共产主义同盟成员和革命者流亡到巴西等地，共产主义思想的萌芽开始在拉美出现。19 世纪 70 年代至 20 世纪初，第一批社会主义党开始在墨西哥（1878 年）、古巴（1892 年）、阿根廷（1896 年）、乌拉圭（1904 年）、智利（1909 年）、巴西（1916 年）等国建立。到 30 年代末，拉美已经有 19 个共产党。1965 年 11 月 1 日，美国中央情报局向国务院、总统特别助理罗斯托等递交了一份长达 300 页的情报评估报告，对拉美 20 个国家的共产主义，主要就共产党创立发展的历史、支持力量、斗争路线及内部分歧等问题进行了深入的调查分析（"A survey of communism in Latin America", November 1, 1965, available at：http：// www. foia. cia. gov/search_ options. asp）。这 20 个国家是阿根廷、巴西、英属圭亚那、智利、哥伦比亚、哥斯达黎加、古巴、多米尼加、厄瓜多尔、萨尔瓦多、危地马拉、海地、洪都拉斯、牙买加、尼加拉瓜、巴拿马、巴拉圭、秘鲁、特立尼达和多巴哥、乌拉圭。

③ NIE80/90 – 71, "the Soviet Role in Latin America", April 29, 1971.

联对拉美形势的预估：（1）拉美现在并非一个同一的实体，国家之间存在着差异，特别是对美国的依附程度和形式都有很大的不同，所以，现在再也不是美国在拉美呼风唤雨的时代了。（2）拉美的资产阶级内部存在差异，小资产阶级和知识分子也是反美的。（3）基于以上的分析，拉美当地的共产党应该联合农民、小资产阶级、民族资产阶级，争取国际合作进行反美斗争。① 在这种情况下，绝大多数拉美国家共产党②更加坚定了一直奉行的"渐进的革命"（Creeping Revolution）方式。③

　　古巴革命以及它所主张的"游击中心"的暴力革命，与拉美传统左派共产党在以下几个方面产生了分歧：（1）对拉美形势的判断上。正统共产党认为现政府还拥有相当程度的民心，小资产阶级还没有完全敌视大资产阶级，无产阶级也没有充足的革命心理准备，因此，革命的时机并未成熟。④（2）在群众基础方面。多数拉美国家的共产党是在城市成立与发展壮大的，不重视农民的力量，反而认为古巴的"游击中心论"把拉美的农民问题看得极端化了，所以，农民在拉美共产党的战略中被"边缘化"了。⑤（3）在斗争方式上。多数拉美共

---

　　① V. Ermolaev, S. Semenov and A. Sivolobov, "Ser'eznye oshibki v knige o rabochem dvizhenii v latinskoi Amerike", No. 7（May, 1954）, p. 127. Cited in Jerry F. Hough, "The Evolving Soviet Debate on Latin America", pp. 126 – 127.

　　② 尽管古巴革命前大多数的拉美共产党采取的是"和平的议会斗争"路线，但是也有个别共产党主张武装斗争的方式，而且，这些共产党对武装斗争的态度会随着形势的变化而在"和平"与"暴力"斗争之间左右摇摆。哥伦比亚共产党（Partido Comunista de Colombia, PCC）就是最好的例证。1949 年为了抗击反动统治的残酷镇压，哥共开展了农村游击运动。1953 年罗哈斯·皮尼利亚独裁政府颁布大赦令，哥共领导的游击队大都交出了武器，与政府妥协。在 1954—1957 年期间，他们又同政府军进行了激烈的战斗交锋。活跃在梅塔省和卡克塔地区一带的游击队后来则演化成为 60 年代哥共领导的"哥伦比亚革命武装部队"。详见理查德·戈特《拉丁美洲游击战运动》，第 242—251 页。

　　③ Herbert S. Dinerstein, "Soviet Policy in Latin America", p. 80.

　　④ Ernst Halperin, "Peking and the Latin American Communists", The China Quarterly, No. 29（Jan. -Mar. , 1967）, pp. 127 – 129.

　　⑤ Harry E. Vanden, "Marxism and the Peasantry in Latin America: Marginalization or Mobilization?", pp. 74 – 90.

产党还是一如既往地坚持"和平路线",强调团结民众,逐步扩大在现政府中的影响,最后控制国家机关。这也是双方分歧的焦点所在。但是拉美共产党从来不否定暴力革命是诸多通往社会主义道路中的一种选择。[①]

古巴领导人的革命言论迎合了一批拉美年轻军官、城市贫民以及政治生活中被边缘化的农民的需求,他们要求通过武力的方式解决社会和经济问题,质疑拉美共产党的"和平路线",称拉美共产党正在丧失声望和战斗力,厌恶传统左派对莫斯科俯首帖耳、对政府的迎合、与地方权力精英的同化。除了拉美共产党自身的路线问题以外,革命后的古巴在思想和物质上对共产党的直接援助,也是促成一些共产党人主张走古巴革命的道路、开展游击战争的原因。因此,20 世纪 50 年代末 60 年代初在拉美形成了亲古巴、信奉"游击中心论"、支持武装斗争的"新左派"。不同于传统的共产党,"新左派"的主张主要呈现出以下特征:(1)游击队是运动的领导者,而非进行"伪革命"的政党;(2)武装斗争是必要的,斥责以和平的方式过渡到社会主义;(3)不论拉美国家的客观条件如何,游击活动本身就可以创造"革命条件";(4)乡村的农民运动可以为成功的革命创造有利的大环境;(5)古巴为武装斗争提供着精神支持;(6)具有强烈的政治和个人冒险精神。[②] 根据以上分析不难发现,以拉美共产党为代表的传统左派采取的是比较温和渐进的路线,而"新左派"则主张武装斗争的斗争道路,因此,有的学者以"温和左派"和"激进左派"[③] 来区分这一时期拉美的左派力量。

总之,20 世纪 50 年代末 60 年代初,美国和苏联在拉丁美洲的实力对比发生了变化。美国在西半球的传统主导地位有所下降,在客观

---

① "A Survey of Communism in Latin America", 1 November, 1965.

② John D. Martz, "Doctrine and Dilemmas of the Latin American 'New Left'", p. 188.

③ Jorge G. Castaňda, "Latin America's Left Turn", *Foreign Affairs*, 00157120 (May - June 2006), available at: http://web. ebscohost. com/ehost/detail? vid = 11&hid = 109&sid = 18cf7882 - 56a4 - 47a5 - 9e70 - 37b08879c2df% 40sessionmgr102&bdata = JmxFtcDtsYW5-znPX-poLWNuJnNpdGU9ZWhvc3QtbGl2ZQ% 3d% 3d#db = khh&AN = 20586927, 2009 年 11 月 27 日。

上刺激着拉美革命运动的出现；与之相对的是共产主义力量的急剧上升，在主观上推动着游击运动的发展。在这种情况下，拉美游击运动达到了第一个高潮。

三 拉美游击运动第一波①的发展

据美国情报部门的统计，这一时期拉美有半数以上的国家出现了不同程度的游击运动。② 其中尤以危地马拉、委内瑞拉、哥伦比亚、秘鲁、尼加拉瓜和玻利维亚等国的游击运动最为活跃。③

---

① "二战"后的拉美出现了两波游击运动。第一波出现在 20 世纪 60 年代，游击运动遍及拉美多国，游击队成员主要为激进的青年学生、年轻军官、工矿业工人和贫苦农民，指导思想为"游击中心主义"。第二波出现在 20 世纪 80 年代，尼加拉瓜革命的胜利进一步推动了这一时期拉美游击运动的高涨，主要集中在一些中美洲国家，此时的游击运动基本否定了"游击中心主义"，主张依靠群众，采取武装斗争和非武装斗争相结合的革命策略等。本书中的"拉美游击运动"意指拉美游击运动第一波。

② 关于"游击运动"的定义，学界目前还没有一个统一的界定。格瓦拉认为，"游击战是游击队领导人民的武装斗争，采取建立游击中心的方式不断扩大影响，与敌人迂回作战，最后夺取政权"，此外，他还强调游击战只是战争的初级阶段，单靠它本身不可能取得政权。（详见 Mao Tse-Tung, Che Guevara, *Guerrilla warfare*, p. 114.）英国学者理查德·戈特认为，游击战运动是"一个政治组织，通过在农村的武装斗争，来改变一个国家的政治与社会结构；至于有关政治组织起而掌握最高权力的事，可以发生在这个目标达到之前、之后或正在达到的过程中"，详见他的专著《拉丁美洲游击战运动》第 10 页。笔者并不太赞同戈特的观点，游击运动并不只局限于农村地区，除了是一个地理的问题，还是思想引导、斗争阶段的问题。比如在 20 世纪 60 年代末 70 年代初，拉美地区大规模兴起了城市游击战，在乌拉圭、巴西、阿根廷、玻利维亚、危地马拉、哥伦比亚等国都有出现。相比之下，美国学者威克姆·克劳利的观点更为客观，他认为"游击战是一种古老的战争形式……当一个国家或民族遭受到了科技武力都比自己先进的攻击时，为了避免直接的对抗，多会采用埋伏、小战斗、闪电战等作战方式，切断敌人的交通、供给线，破坏器械，消磨敌军的体力和心智，使敌军心力交瘁，最终获得胜利。这也即为游击战"。（详见 Timothy P. Wickham-Crowley, *Guerrillas and revolution in Latin America：A comparative study of insurgents and regimes since*, 1956, pp. 3 - 4。）笔者比较认同这种观点，认为游击战古已有之，它是由游击组织领导人民，采用灵活机动的作战方式，以小搏大，趋利避害的武装斗争。因此，游击战只是一种斗争形式，它可以被任何一个阶级、集团、国家所利用以达到政治、军事等目的；它并不是冷战两极冲突的表现，更不是美苏双方对抗的结果。

③ "Guerrilla and Terrorist Activity in Latin America：A Brief Review", November 18, 1964, CK3100363791, DDRS.

在告别了阿本斯短暂革新之后，危地马拉政权又退回到了亲美独裁时代。右翼军官卡斯蒂略·阿马斯一上台，就颠覆了阿本斯的改革成果，将已征收的土地全部奉还给了联合果品公司以及大地产主。需要强调的是，阿本斯的改革不但促进了物质层面的进步，更重要的是激发了整个民族在精神层面的觉醒。而阿马斯的倒行逆施显然有违于危地马拉的发展潮流，同时损害了广大农民群众的切身利益，遭到他们的强烈反对，为日后游击队的蓬勃兴起创造了条件。1957 年 7 月 22 日，阿马斯被刺杀身亡。1958 年 1 月 19 日，米格尔·伊迪格拉斯·福恩特斯（Miguel Ydigoras Fuentes）通过政治把戏当选总统。上台后，伊迪格拉斯在内政外交上表现出了极大的亲美性。时任危地马拉驻华盛顿大使卡洛斯·阿莱霍斯（Carlos Alejos）的胞弟罗伯托·阿莱霍斯（Roberto Alejos）拥有大规模的咖啡种植园，他是伊迪格拉斯总统最强劲的拥护者之一。他"受命"成为美国中情局和伊迪格拉斯总统的主要居间人，并将自己位于赫尔维希亚－雷塔卢莱乌（Helvetia de Retalhuleu）的咖啡园提供给中情局作为训练古巴流亡分子的基地。① 危地马拉俨然成了美国侵略古巴的跳板。危地马拉民众以及军界很难接受自己的祖国担当这种不道德的角色，他们"谴责伊迪格拉斯政府是造成深重的政治和经济危机的罪魁祸首"。② 1960 年 11 月 13 日，一些民族主义思想强烈且对卡斯特罗没有敌对情绪的军官在危地马拉城外的马塔莫罗斯（Matamoros）、萨卡帕（zacapa）军事基地以及巴里奥斯港（Puerto Barrios）发动了两场政变。③ 伊迪格拉斯政府在美国的支援下，镇压了此次军变。1962 年 2 月，逃亡军官容·索萨（Marco Antonio Yon Sosa）、图尔西奥斯和路易斯·特雷

---

① David Wise and Thomas B. Ross, *The Invisible Government*, New York: Random House, 1964, pp. 23 – 29.

② Timothy P. Wickham-Crowley, *Guerrillas and revolution in Latin America: A Comparative Study of Insurgents and Regimes Since*, 1956, p. 17.

③ "More Details on November 13 Revolt", February 27, 1962, MS00043, 数据库: *Digital National Security Archive* (hereafter cited as DNSA), ProQuest Information and Learning Company。

霍·埃斯基维尔（Luis Trejo Esquivel）在米纳斯山脉的伊萨马尔山区开展游击运动，并定名为"亚历杭德罗·德莱昂游击运动——十一月十三日"（Alejandro de León de la guerra de guerrillas—MR-13：Movimiento Revolucionarios 13 de Noviebre，又称"一一·一三革命运动"）。3月，帕斯·特哈达（Paz Tejada）中校组建了一支新游击队"十月二十日游击阵线"（又称"一〇·二〇游击阵线"），声称和平合法的方式已经行不通，要发动一场"全民族的斗争"。12月，"一一·一三革命运动"与危地马拉劳动党（Partido Guatemalteco del Trabajo）①，以及"四·一二革命运动"② 共同组成了一个政治军事联合组织——"反政府军"（Rebel Armed Force，FAR）。1963年3月，时任危地马拉国防部长佩拉尔塔·阿苏迪亚（Alfredo Enrique Peralta Azurdia）上校发动政变，推翻了伊迪格拉斯政府，接管政权，并宣布取消当年的大选。阿苏迪亚政变意味着自由选举的方式已经行不通，使暴力革命的道路更加明确。4月，危地马拉主要游击组织"一一·一三革命运动"、"一〇·二〇游击阵线"、"四·一二革命运动"发表联合声明，号召所有危地马拉人民，不分政治信仰，在重建祖国这个共同目标下团结起来，积极合作，开展民族民主革命。③ 此后，游击队的影响扩大到了危地马拉的东北部。④

在20世纪50年代末西半球的反美反独裁浪潮中，1958年1月23日，委内瑞拉独裁政权希门内斯被推翻，流亡美国。同年12月，民主行动党（Partido de Acción Democrática）候选人罗慕洛·贝坦库尔特（Rómulo Betancourt）当选总统。在任职初期，贝坦库尔特曾采取过一些进步的经济措施，比如发展工业、交通和文教卫生事业，推行一定程度的土地改革等。然而，这些措施实施得并不彻

---

① "危地马拉劳动党"（PGT）实为共产党性质的政党，中央情报局多在文件中直呼其为危地马拉共产党。详见 "A survey of communism in Latin America"，1 November，1965。

② "四·一二革命运动"是以学生等青年知识分子为主体的游击组织。

③ ［英］理查德·戈特：《拉丁美洲游击战运动》，第53—60页。

④ "Guerrilla Action and Other Planned Anti-government Action"，May 2, 1963，MS000138，DNSA。

底，不能从根本上解决委内瑞拉经济结构不平衡的问题，人民的反对呼声也越来越高。1959 年 8 月，在加拉加斯（Caracas）爆发了五万失业者的反政府示威举行；同时，阿拉瓜洲（Aragua）的无地农民也开展了夺地运动。在政治上，他竭力将自己打造成为民主主义者。随着美国的冷战策略调整，肯尼迪总统曾赞誉贝坦库尔特代表了美国所"钦佩的政治领袖的一切"，使贝坦库尔特成为本国和姊妹共和国所瞩望的象征。① 但是，对外宣称民主主义者的贝坦库尔特，在对待政治反对派方面却丝毫不逊色于军事独裁者。1960 年4 月，由于与贝坦库尔特在同外国公司缔结石油协定问题上存在巨大分歧，多明戈·阿尔维托·兰赫尔（Domingo Alberto Rangel）和阿梅里科·马丁（Américo Martín）主张继续推进石油国有化和土地改革，批评贝坦库尔特的政治右倾，因此，二人退出了民主行动党，并组建一个新党——"左派民主行动党"（izquierda de Partido de Acción Democrática，后改称"左派革命运动"，Movimiento de la Izquierda Revolucionaria，MIR），该党后来自称是一个马克思主义政党。贝坦库尔特政府对于这种党内分裂行为实施了严厉打击。10 月20 日，"左派革命运动"中的 6 个成员被指控反政府而被捕。民众对于政府这种非民主的做法表示抗议，纷纷走上街头示威游行。11月 28 日，贝坦库尔特调遣部队镇压他称为"旨在建立效仿于卡斯特罗政权的起义"，谴责"左派革命运动"和委内瑞拉共产党（Partido Comunista de Venezuela，PCV）组织了暴动，禁止一切非法的示威和罢工，并宣布无限期地在全国停止宪法的保证。随后，劳尔·拉莫斯·希门尼斯（Raúl Lamos Jimenez）领导了第二次分裂，导致民主行动党失去了国会的多数席位。② 政治势力的瓦解加上对民众示威者的严酷措施，使委内瑞拉的政治空气中酝酿着愈加浓烈的不安气息。当正义不能通过和平渠道伸张的时候，当城市运动受

---

① ［美］小阿瑟·施莱辛格：《一千天：约翰·肯尼迪在白宫》，三联书店 1981 年版，第 508 页。

② ［英］理查德·戈特：《拉丁美洲游击战运动》，第 140—145 页。

到严厉镇压的时候，到农村到山区进行武装斗争就成为唯一可能的前进道路。游击组织在米兰达州、梅里达州、亚拉圭州、法尔孔州等多个地方悄然崛起，有些队伍遭到政府军的破坏，另一些则化整为零加强那些在山区建立起来的较为成功稳固的基地。初期的游击运动主要由一些较小的游击组织领导，包括"奇里诺斯游击阵线"（Frente Guerrillero José Leonardo Chirinos）、"埃尔查拉尔"（El Charal）、"西蒙·玻利瓦尔"（Simón Bolívar）游击组织等，他们在法尔孔州（Falcón）、拉腊州（Lara）等农村地区开展武装斗争，这是拉美游击运动历史上为数不多的由本国共产党支持并推动的游击战。① 但是由于实力弱小、谋划不严密、缺乏统一指挥等问题，游击队遭受到了重创。② 但这并没有削弱反政府力量的斗志，反倒使被剥夺合法地位的共产党、左翼激进分子和政变未遂的军官走到了一起，1963 年 2 月，这三种势力联合组成了反政府游击队——"民族解放武装力量"（Fuerzas Aemadas de Liberacion Nacional，FALN），成为此后委内瑞拉游击运动的主力军。主干力量只有600—800 人，抢劫是他们获取大量的资金和武器的主要途径。③ 对此，贝坦库尔特立即命令搜捕所有共产党员和亲卡斯特罗的激进分子，展开了新一轮的白色恐怖。

20 世纪 30 年代以来，哥伦比亚政坛一直被自由党和保守党两大政党所把持。1945 年 7 月，自由党洛佩斯·普马雷霍（Alfonso López Pumarejo）总统因试图限制美国垄断资本，加速发展民族工业，进行土改，引起本国寡头势力和美国政府的不满而被迫辞职。1946 年 5 月，哥伦比亚举行大选，由于自由党的内部分裂，致使保守党候选人

---

① 1962 年 12 月，委内瑞拉共产党全会上正式通过了"武装斗争"的政策，它也因此成为拉美少有的支持武装斗争的共产党。详见 NIE 89 - 64，February 19，1964，*FRUS*，1964 - 1968，Vol. XXXI，available at：http：//www. state. gov/r/pa/ho/frus/johnsonlb/xxxi/36337. htm，2009 年 12 月 3 日。

② Manuel Cabieses Donoso，*Venezuela*，*okey*！Santiago de Chile：Ediciones del Litoral，1963，pp. 221 -229.

③ NIE 89 - 64，19 February，1964，*FRUS*，1964 - 1968，Vol. XXXI，available at：http：//www. state. gov/r/pa/ho/frus/johnsonlb/xxxi/36337. htm，2009 年 12 月 3 日。

马里亚诺·奥斯皮纳·佩雷斯（Luis Mariano Ospina Pérez）当选总统。保守党的胜利，使大资产阶级和地主寡头重新结盟。奥斯皮纳政府对外追随美国，对内维护既得利益集团的权益。为了保持保守党的政治统治地位，奥斯皮纳实行高压政策迫害反对派，掀开了哥伦比亚历史上最为血腥的一页——"暴力时期"（La Violencia，1946—1958 年在任）。① 对于保守党的倒行逆施，自由党左翼领袖盖坦（Jorge Eliécer Gaitán）发起了一场包含知识分子、农民、工人、中产阶级等各阶层群众参与的政治运动，即"盖坦运动"。盖坦主张建立代议制民主，建立自主国家，反对寡头统治，反对外来干涉，谴责美国垄断资本对哥伦比亚人民的剥削和对哥伦比亚内政的粗暴干涉。1948 年 4 月 9 日，盖坦在波哥大街头被暗杀，亦称"波哥大事件"（El Bogotazo）。"正如 1954 年阿本斯总统的垮台使危地马拉此后的全部历史改变了颜色一样，哥伦比亚当代史主要的事件便是 1948 年的'波哥大事件'"。② 这一事件亮起了"全国性暴动和劫掠的信号"，成为哥伦比亚大规模民众运动的导火线。③ 迫于压力，奥斯皮纳总统提前举行大选。由于自由党抵制选举，保守党候选人劳雷亚诺·戈麦斯（Laureano Gómez）在无竞争对手的情况下当选总统。戈麦斯上台后依旧奉行对外亲美、对内高压的政策，政府暴力达到了顶峰，哥伦比亚陷入了混乱、内战和地方无政府状态之中。1953 年 6 月 13 日，陆军总司令罗哈斯（Gustavo Rojas Pinilla）策动政变，推翻了戈麦斯的统治。罗哈斯执政初期，采取了一些笼络民心的措施，如政治大赦、兴建大

---

① 史学界通常把 1946 年保守党奥斯皮纳上台至 1958 年民族阵线第一届政府执政这 12 年称为哥伦比亚"暴力时期"。意指保守党政府为了阻止自由党上台，对自由党人和反政府民众所进行的迫害和镇压；与此同时，自由党人和反政府民众为了抵抗保守党政府的迫害，也采取暴力行动。据统计，整个暴力时期，哥伦比亚约有 20 万人丧生，且主要是在农村地区，暴力席卷了哥伦比亚大部分地区，几乎触动了从家庭到教会的每一个社会组织，只有大西洋沿岸和南部的纳里尼奥地区才幸免于难。详见 Norman A. Bailey, "La Violencia in Colombia", *Journal of Inter-American Studies*, Vol. 9, No. 4 (October, 1967), pp. 561–562, 567。

② [英] 理查德·戈特：《拉丁美洲游击战运动》，第 238 页。

③ Timothy P. Wickham-Crowley, "Terror and Guerrilla Warfare in Latin America, 1956 – 1970", *Comparative Studies in Society and History*, Vol. 32, No. 2 (April, 1990), pp. 210 – 212.

型公共工程等，但其军事独裁的面目很快就原形毕露。他宣布要在全国建立"新秩序"，甚至试图违宪擅自将自己的总统任期延长至1962年。这些举动再次激起民众的反对浪潮。1958年5月，自由党和保守党共同提名的耶拉斯·卡马戈（Alberto Lleras Camargo）当选总统。卡马戈上任仅6个月，古巴革命即取得了成功。这激励了哥伦比亚政治左派进行暴力革命的信念。新成立的反政府团体连同"暴力时期"的老游击队整合成三支比较大的游击组织——"民族解放军"（Ejército de Liberación Nacional，ELN）、"革命武装力量"（Fuerzas Armadas Revolucionarias de Colombia，FARC）和"人民解放军"（Ejército Popular de Liberación，EPL）。革命武装力量以分田地和夺取政权为纲领，主要在哥伦比亚的安第斯东部山区森林地带活动，该组织活跃了数十年，成为拉美规模最大、历史最长的反政府武装；人民解放军主要在哥伦比亚东北部开展游击运动。据估计，截至1962年，哥伦比亚共有大大小小的游击组织共160个，约有3000名游击队员，游击运动不断冲击着政府的统治。①

　　1948年10月27日，秘鲁军人奥德里亚（Manuel A. Odría）发动政变，夺取政权。奥德里亚上台后，在政治上实行高压政策，取消公民自由，颁布国内安全法，规定政府有权不受法院的干涉和限制，采取它认为必要的任何措施维持公共秩序。1950年，秘鲁共产党被迫转入地下。很多秘鲁人民党（American Popular Revolutionary Alliance，APRA，又称"美洲人民革命联盟"，俗称阿普拉党）领导人被捕或被流放。1956年6月，秘鲁举行大选，普拉多（Manuel Prado Ugarteche）当选总统。任职初期，普拉多实行了比较宽松的政治政策，废除国家安全法，宣布大赦，释放政治犯，恢复公民自由，秘鲁共产党、人民党被允许公开活动。但是古巴革命后，秘鲁政府政策开始右转，1960年与古巴断交，并宣布秘鲁共产党为非法。在经济上，普拉多政府主要代表金融资本家和大出口商的利益，奉行自由经济政策，鼓励吸引外资。但是在最关键的土改问题上，普拉多政府拒绝任

---

① Thomas C. Wright, *Latin America in the Era of the Cuban Revolution*, p. 79.

何作为。与其他拉美国家相比，土地问题在秘鲁显得更加突出。据统计，3%的秘鲁大地产主拥有近83%的土地。广大农民特别是印第安农民不仅缺少土地，而且缺少教育、缺少政治影响、缺少医疗条件。20世纪60年代，8岁到14岁的秘鲁印第安居民约有八成完全没有接受过教育，更谈不上他们的政治权益受到保障了；在首都利马，每两千个居民中有一个医生，而在库斯科每四万人中才有一个医生。[①] 此外，纵贯国土南北的安第斯山脉和亚马孙丛林，以及农民起义的历史传统，似乎都向世人说明秘鲁具备格瓦拉游击理论中的理想条件。在这种背景下，革命运动的爆发不可避免。秘鲁的游击运动由三个队伍共同推进。1959—1963年，乌戈·布兰科（Hugo Blanco）引导南部拉孔本雄（La Convención）地区的农民运动[②]；1962年，路易斯·德拉普恩特·乌塞达（Luis de la Puent Uceda）成立游击队——"左派革命运动"（Movimiento de la Izquierda Revolucionaria，MIR），领导秘鲁中部马丘比丘（Machu Picchu）、胡宁（Junín）、库斯科（Cuzco）和皮乌拉（Piura）等地的游击运动；同年，埃克托尔·贝哈尔（Héctor Béjar）成立了另一支游击组织"民族解放军"（Ejercito de Liberacion Nacional，ELN），在阿亚库乔（Ayacucho）、坎加略（Cancallo）、圣米格尔（San Miguel）和拉马州（La Mar Provicia）等地开展斗争。1965年9月9日，"民族解放军"和"左派革命运动"签署联合声明，建立全国协作指挥部，相互支援，共同领导民族、反帝和民主的人民革命，将秘鲁的游击运动推向了高潮。[③]

　　1937年以来，尼加拉瓜的政权一直掌控在索莫查（Somoza）家族的手中。[④] 在位期间，这个家族尽其所能地中饱私囊，占有约

---

① ［英］理查德·戈特：《拉丁美洲游击战运动》，第322—323页。

② Víctor Villanueva, *Hugo Blanco y la Rebelión campesina*, Lima：Librería-Editorial J. Mejía Baca, 1967, p. 75.

③ Rogger Mercado, *Las guerrillas del Peru：el MIR：de la prédica ideológica a la acción armada*, Lima：Fondo de Cultura Popular：Distribuidora Inca, 1967, pp. 120 – 135, 181 – 182.

④ 除1947年到1950年，其间维克多·曼努埃尔·罗曼 – 雷耶斯（Víctor Manuel Román y Reyes）当了三年总统。

20%的可耕地，控制着海陆空等交通部门，以及大部分国有企业和工业。独裁统治激发了民众心中仇恨的种子，1956年刺杀索摩查的行动就是集中表现，尽管索摩查（Anastasio Somoza Debayle）中弹医治无效而死去，但其子路易斯·索莫查·德瓦依莱（Luis Somoza Debayle）继续掌权。他的高压统治丝毫不亚于老索莫查，成千上万的反对派被拘留或被关进监狱，使尼加拉瓜原本狭小的政治空间变得更加局促，包括共产党在内的很多党派不得不转为地下活动。20世纪50年代末60年代初，在古巴革命的鼓舞下，尼加拉瓜出现了许多革命组织。1961年7月23日，在这些组织的基础上，"桑地诺民族解放阵线"（Frente Sandinista de Liberación Nacional）在洪都拉斯首都特古西加尔巴宣告成立。该组织主张推翻独裁政权，建立民族民主政府，实行自由选举，进行土改，奉行独立外交等。① 经过一年多的山区训练后，"桑地诺民族解放阵线"兵分三路分别从洪都拉斯边境地区进入尼加拉瓜，开始引领60年代尼加拉瓜的游击战运动。

　　作为20世纪60年代拉美游击运动的灵魂人物，切·格瓦拉并没有将对革命的热情停留在理论书本上，他游走世界各地寻找发动革命的地方和时机。1965年4月23日，格瓦拉离开古巴，从坦桑尼亚穿越坦噶尼喀湖，前往刚果，向刚果起义军队传授游击战术。在非洲丛林苦苦奋斗7个月后，病弱的格瓦拉沮丧地与他剩下的古巴战友离开刚果。接下来的六个月，格瓦拉低调游走于坦桑尼亚首都达累斯萨拉姆、布拉格以及东德。在这些地方试验无果，格瓦拉决定回到他熟悉的故土拉丁美洲，继续推行"游击中心论"，开展革命。经过对地形地势、经济社会情况以及地缘战略的考察，格瓦拉选择玻利维亚作为"大陆革命"的总部。1966年11月7日，格瓦拉乔装成乌拉圭商人，秘密潜入玻利维亚东南部靠近阿根廷的尼阿卡瓦苏（Ñan-cahuazú）河畔的卡尔米那（carmina）庄园，在这

---

① Manlio Tirado, *La Revolución Sandinista*, Mexico city: Editorial Nuestro Tiempo, 1985, p. 24.

里组建游击队的战营和根据地，并将游击队命名为"玻利维亚民族解放军"（Ejército de Liberación Nacional de Bolivia），格瓦拉化名为拉蒙（Ramon）指导斗争。需要注意的是，格瓦拉在玻利维亚进行游击活动的目标与这一时期拉美其他国家游击运动不尽相同，后者是要夺取政权，而格瓦拉则是要在玻利维亚建立一个稳固的"国际基地"，作为"大陆革命指挥部"，在此训练拉美各国游击队骨干力量，然后向拉美各国输出武装力量，创建新的游击中心。以此类推，形成革命链条，遍布整个拉美大陆。

在内外因素的共同作用下，20 世纪 60 年代初拉美出现了反美反独裁的游击运动浪潮，尽管游击组织尚不强大、战斗经验也显不足，但这种齐头并进的革命势头在拉美历史上实属罕见。这也极大地触动了美国的冷战神经，华盛顿官方对此迅速做出了反应。

第三节　肯尼迪政府在拉美的反游击战政策

一　对拉美游击运动的定性和预估

针对这一时期共产主义在拉丁美洲的急剧发展，美国政府立即对此做出了调查分析，并对西半球未来的走势做出预估。肯尼迪政府认为这一时期拉美出现的大规模游击运动是共产主义在西半球扩大影响的集中体现，突出表现为反美反政府的武装斗争。这些判断是建立在总统个人、政府决策部门以及关键人物这种判断的基础上的。

1961 年 1 月上台的肯尼迪总统，对拉美事务表现出了浓厚的兴趣。在白宫举行的记者招待会上，肯尼迪曾多次提及拉美的重要性，他指出："白宫有大量官员对世界不同地区的发展出谋献策，其中有一个地区我们特别感兴趣，那就是拉美。……面对拉美目前的经济困难和政治危机，……我们应该有所为……这就需要财政部、白宫、国务院、进出口银行等不同政府部门和组织间的配合与协作……我会倾注比其他对外事务更多的精力去考虑和解决拉美问题。"① 肯尼迪甚至将拉美形容成"这一时期世界上最重要的地区"。② 此话虽然有些夸张的成分，但也足以表明当时拉美在肯尼迪政府冷战战略中的突出地位和重要性。肯尼迪在位的一千天，曾三次造访拉美，并在华盛顿接待过许多拉美国家元首、劳工代表、商界人士和经济学家等，其间他总是以非常礼貌、谦逊的态度接待这些客人，并在话语间透露出美国对拉美事务的关切与惠顾之意。③ 他对拉美的关注，主要源于对拉美经济发展问题所导致的政治不稳定和社会动荡的恐惧，归根结底是对共产主义和拉美"新左派"推翻亲美政权的恐惧。肯尼迪始终保持着忧患意识和谨慎的态度观察西半球的冷战局势。在他刚上任的时候，就曾忧心忡忡地对众议院立法监督小组委员会（Legislative Oversight Subcommittee）特别顾问理查德·古德温（Richard Goodwin）说："（拉美）整个地区都会将矛头直指向我们。"④ 甚至在遇刺前的一个月，对于政府内部的乐观派所宣称的美国已经看到了西半球冷战胜利的曙光这一观点，肯尼迪表示质疑，称"拉美目前仍然是我们的最大危险"。⑤

1961 年 1 月，赫鲁晓夫发表了"推动民族解放运动"的讲话，肯尼迪总统对此给予了极大关注，要求外交顾问团对赫鲁晓夫的演讲

---

① News Conference 13, June 28, 1961, John F. Kennedy Library（JFKL）, available at: http://www.jfklibrary.org/Historical + Resources/Archives/Reference + Desk/Press + Conferences/003POF05Pressconference13_ 06281961. htm, News Conference 13, June 28, 1961, John F. Kennedy Library（JFKL）, available at: http://www.jfklibrary.org/Historical + Resources/Archives/Reference + Desk/Press + Conferences/003POF05Pressconference13_ 06281961. htm, 2009 年 12 月 10 日。

② Gordon Connell-Smith, "Latin America in the Foreign Relations of the United States", p. 48.

③ Stephen G. Rabe, *The Most Dangerous Area in the World: John F. Kennedy Confronts Communist Revolution in Latin America*, p. 17.

④ Richard N. Goodwin, *Remembering America: A Voice from the Sixties*, Boston: Little, Brown, 1988, p. 147.

⑤ "Memorandum From President Kennedy to Secretary of State Rusk", October 29, 1963, *FRUS*, 1961 – 1963, Vol. XII, p. 159.

用意做深度分析。国防部长麦克纳马拉称:"赫鲁晓夫所说的解放战争和民族起义,我宁愿将它描述成颠覆和隐蔽入侵",这是苏联发起的"第三种挑战"(The Third Challenge)。

我们必须应对所谓的"解放战争"问题。这些战争多数并不是通常意义上的战争。在这些冲突中,国际共产主义势力灵活游走于政治颠覆和准军事行动之间。他们的军事战术包括狙击、伏击和抢劫;他们的政治战术包括恐怖、敲诈勒索和暗杀。我们必须帮助受到威胁的民族和国家实施抵抗。①

国家安全事务特别助理罗斯托(Walt W. Rostow)进一步指出,苏联将会发动第三世界的游击战争来达到它的战略目的。② 美国驻巴西大使林肯·戈登(Lincoln Gordon)认为,苏联是机会主义者,在赫鲁晓夫的民族解放战争策略中,"古巴将充当反美的军事和情报基地,……并伺机征服拉丁美洲"。③ 1961 年在与苏联领导人举行了不愉快的会晤后,肯尼迪也得出了类似的结论,他强调:"发展中国家的民众起义最终会演变为共产主义革命,这也就是克里姆林宫所谓的'民族解放运动',它将取代旧有的直接挑衅和入侵的形式",成为一种新型的殖民主义。肯尼迪将这种"新殖民主义"命名为"共产主义理论",即"莫斯科不派一兵一卒,仅凭借一小撮信念坚定的共产主义分子,发掘和利用一国民众的不满和困苦,就能达到控制整个国家的目的"。④ 肯尼迪相信共产主义"赤潮"势必会侵袭拉美,这也是苏联谋求全球霸权的必经之路。

----

① Robert S. McNamara, address before the American Bar Foundation, Chicago, 17 Feburuary 1962, in U. S. Department of the Army, Office of the Chief of Information, *Special Warfare U. S. Army*, Washington, D. C., 1963, p. 12.

② Walt W. Rostow, "Guerrilla Warfare in Underdeveloped Areas", in Marcus G. Raskin and Bernard Fall, eds., *The Viet-Nam reader*: *Articles and Documents on American Foreign Policy and the Viet-Nam Crisis*, New York: Vintage House, 1965, pp. 108 – 116.

③ Lincoln Gordon, "US-Brazilian Reprise", *Journal of Interamerican Studies and World Affairs*, Vol. 32, No. 2 (Summer, 1990), p. 168.

④ *Papers of the Presidents of the United States*, *Containing the Public Messages*, *Speeches*, *and Statements of the President*, Washington: Govt. Print. Office, 1963, pp. 441 – 445.

　　美国决策者认为，在苏联全球扩张的野心面前，拉美国家显然是脆弱的，易受影响的，这主要由拉美政治文化的不稳定传统所决定。早在 19 世纪 20 年代，当拉美国家独立运动如火如荼进行的时候，美国国务卿约翰·昆西·亚当斯（John Quincy Adams，1817—1825 年在任）就用其敏锐的洞察力分析拉美的政治文化，他在日记中这样写道：

　　拉美人争取独立的精神无可厚非。但是根据我的观察，我似乎看不到他们成立自由政府的前景。他们不可能促进自由精神。他们尚不具备建立友好或自由政府的最根本的要素。独裁势力、军队和教会都坚守着他们自己的教育、生活方式和规则。……战争和互相残杀充斥着他们每个人的身心。对于从这些国家获得好处，无论是政治上的还是经济上的，我都不抱期望。与他们的交往中，我们几乎不能吸取任何进步的东西。①

　　时隔 100 多年，亚当斯对拉美政治的见解依然适用于冷战时代。1950 年，乔治·凯南对拉美国家进行了为期两个月的走访。这次拉美行令凯南印象深刻，他说"这并不是一次令人愉快的旅行"，喧嚣、吵闹、无序、混乱等词在凯南日后的记述中随处可见，"地球上似乎再也找不出像拉美这样如此困苦和无望的地区"。②"反民主、反社会、反进步、反创业、在精英群体中的反工作"，成为美国国务院官员们形容拉美政治文化最常用的词汇。③ 这种不稳定的特征恰好迎合了苏联发动"世界革命"的策略，因此使华盛顿深感忧虑。

　　基于以上的判断，华盛顿当局立即对美国驻拉美的外交官做出指示。国务卿腊斯科提醒说，赫鲁晓夫"誓言要支持民众运动，以反对

---

　　① Charles Francis Adams, ed. , *Memoirs of John Quincy Adams, Comprising Portions of His Diary from* 1795 *to* 1848, Vol. 5, Philadelphia, Pa. : J. B. Lippincott, 1874 – 1875, p. 325.

　　② "Last Months in Washington", in George F. Kennan, *Memoirs*, 1925 – 1950, pp. 476 – 484.

　　③ Lawrence E. Harrison, *Underdevelopment is a State of Mind: The Latin American Case*, Lanham, MD: Center for International Affairs, Harvard University and University Press of America, 1985, p. 165.

那些腐败的、不受民众欢迎的政府",他的演讲传达着一种特别的关注,即"拉美存在着大量违背人民利益的政府",因此,要求各位官员高度警惕所在国的政治动向。在与阿根廷外务次官奥斯卡·卡米里昂博士 (Oscar H. Camilión) 谈话中,腊斯科指出:"苏联集团正在虎视眈眈地注视着我们的一举一动,看我们是如何应对发生在'后院'的各种问题",而如果我们"表现得过于软弱或者态度不够坚决,则很可能给苏联可乘之机"。①

20 世纪 60 年代,拉美风起云涌的游击运动印证了美国政府的种种猜测。美国政府认为,冷战时期拉美的每次民众运动后面都投有苏联的阴影,而古巴只不过是苏联在拉美的代言人和共产主义扩大影响的工具。美国《国家情报评估 80/90 - 71 号文件》指出,苏联利用 50 年代拉美的民族主义和反美情绪,试图通过建立外交关系、支持颠覆亲美政权的隐蔽行动、扩大经贸联系、文化教育宣传和军事武器输出等方式支持革命、建立亲苏政权,加深在美国"后院"的渗透和扩张。② 美国政府认为苏联这么做,无非是想要达到以下诸多目标:(1) 政治上,苏联利用当地共产党、青年学生、劳工组织、文化机构等革命潜在势力达到反封、反帝、反美的长期目标;(2) 经济上,扩大苏联在拉美的市场份额,与美国竞争;(3) 军事上,通过向拉美贩卖武器、军事装备,来抢占西方在拉美的军火市场;(4) 文化上,苏联通过经济融合、文化交流赢得拉美人的信任和友好,正如列宁所说,要证明布尔什维克并不是拉美人民想象中的洪水猛兽。③

虽然肯尼迪在公众场合总是表现得信心十足,宣称美国有能力赢取在第三世界的冷战胜利,但实际上在内心深处他还是打了一个大大的问号。他曾向罗斯托坦率表示,苏联在拉美已经取得了优势地位。赫鲁晓夫带着他每年 3 亿美元的经济援助,将使古巴变为社会主义发

---

① "Memorandum of Conversation on Redrafts of Argentine Resolutions for 8th MFM", January 18, 1962, *FRUS*, 1961 - 1963, Vol. XII, pp. 292 - 294.

② NIE80/90 - 71, "the Soviet Role in Latin America", April 29, 1971.

③ "Soviet Interest in Latin America", April 1, 1977.

展的"典范"。以前肯尼迪担心 700 万古巴人民，现在他为 2 亿拉美民众的未来深表担忧。[1] 对于这一时期拉丁美洲发生的大规模游击运动，肯尼迪也有着相当清醒的认识，"当和平发展道路走不通的时候，暴力革命的发生就在所难免了"。[2] 他将引发拉美武装运动的矛头指向了古巴及其领导人卡斯特罗，坚信"古巴共产主义分子正在西半球从事游击和颠覆的训练……如果不对这一'左倾'态势进行控制，那么将会对拉美国家的贸易、外交地位产生恶劣的影响。因此，当务之急就是要铲除西半球的共产主义因素，这需要拉美各国与美国的积极合作"。[3]

"革命"一词在拉美历史上从来就不陌生，仅在 20 世纪的前半叶拉美就曾发生过百余次各式各样的起义，拉美也因此而成为全球政权更迭最频繁的地区之一。中央情报局认为，60 年代拉美发生的游击运动，不同于以往的武装斗争，而是一场影响深远的民族政治、经济和社会体制等方面的剧烈变革，也即"革命"。并对这一时期拉美革命形势的特点进行总结：（1）拉美革命的动力并不十分强劲，现政权仍然有能力保持政局稳定；（2）不同拉美国家的革命具有不同的特点，游击队面对的国情、斗争目标、斗争方式都不尽相同；（3）革命的爆发基本都是内生性的；（4）革命运动往往呈现出极强的个人主义，通常由一个极具感召力的领袖领导；（5）民族主义是所有革命的原动力；（6）革命的目标都是通过限制上层阶级的利益，来实现中产阶级或下层群众利益的最大化。[4]

美国政府将民族主义和共产主义看作冷战时期推动拉美革命形

---

[1] Walt W. Rostow, *The Diffusion of Power：An Essay in Recent History*, New York：Macmillan, 1972, p. 218.

[2] Gordon Connell-Smith, "Latin America in the Foreign Relations of the United States", p. 143.

[3] News Conference 51, March 6, 1963, available at：http：//www. jfklibrary. org/Historical + Resources/Archives/Reference + Desk/Press + Conferences/003POFO5Pressconference51_03061963. htm, 2009 年 12 月 15 日。

[4] NIE 80/90 - 68, "The Potential for Revolution in Latin America", March 28, 1968, available at：http：//www. foia. cia. gov/search_ options. asp, 2009 年 12 月 15 日。

势发展的两大动力，这两股力量对未来美国在拉美的经济、政治和安全利益构成了严重的威胁。美国政府认为，"一战"后，妨碍美国在西半球称霸的并不是欧洲国家，而是拉美本土的民族主义，美国也因此取代了欧洲成为拉美人民反帝国主义、反干涉矛头指向的靶心。古巴导弹危机促使美苏双方对自己过往的冷战策略进行反思，莫斯科采取支持第三世界的"民族解放运动"来扩大影响，这一战略在美国决策人看来带有更大的隐蔽性。华盛顿官方认为，民族主义和反美主义都是共产主义抛出的烟幕弹，它掩盖了拉美共产主义组织为了扩大自身影响的真正动机，以及拉美"新左派"的共产主义身份，"混淆了拉美民众的视听，将反帝国主义等同于反美主义。事实上，拉美并不反美，只是反帝国主义"。[1] 一方面，阿根廷、智利、厄瓜多尔、秘鲁、哥伦比亚等国政府在经济方面表现出日益强烈的民族主义情绪，实施进口替代工业化经济发展战略，推行国有化、保护民族工业，试图改变"单一产品制"等举措，对美国的产品输出和资本输出大为不利；另一方面，共产主义扩大了在拉美劳动组织、教育系统和政府部门等领域的影响，鼓动民众进行反美反独裁斗争。[2] 早在1960年，卡斯特罗宣布古巴为社会主义国家之前，美国中央情报局就有一份长达25页的报告，专门分析共产主义在古巴政府内的活动，并将其划分为对古巴军队、对农民（土地改革）、对外交的控制三个步骤和领域，一方面暗示古巴倒向社会主义阵营的可能性，另一方面借此论证共产主义在拉美其他国家政府的影响模式。[3] 应该指出的是，冷战时代的"民族主义"，使得包括拉美在内的第三世界国家交织在了东西对抗—南北冲突的复杂矛盾之中，这不仅加大了它们实现真正自主发展的难度，同时也

---

① Lars Schoultz, *National Security and United States Policy toward Latin America*, p. 131.

② NIE 70, "Conditions and Trends in Latin America affecting US Security", December 12, 1952, available at: http://www.foia.cia.gov/search_options.asp, 2009 年 12 月 17 日。

③ "Communist Influence in the Cuba Government", February 1, 1960, available at: http://www.foia.cia.gov/search_options.asp, 2009 年 12 月 17 日。

使得冷战时期的国际体系呈现出多层面的特征。

在卡斯特罗宣布古巴为社会主义国家之后，中央情报局立即对古巴未来的走势做了初步的分析和预测。美国《国家情报评估85－62号文件》指出："卡斯特罗在拉美的威胁主要来自于组织良好的颠覆运动，他们试图利用民众对激进社会改革的要求，来推翻抗拒激进改革的寡头统治者。"① 这个文件奠定了美国政府对古巴政权认识的基调，也是肯尼迪政府对古巴"扩散革命说"的较早论证。中情局认为古巴制订了严密的"输出革命"计划，称其主要从以下几个方面支持安第斯地区、中美洲（巴拿马、海地、尼加拉瓜、多米尼加）等地武装力量，鼓动其开展暴力革命：（1）在军事训练方面，1962年有来自拉美不同国家的约1000—1500人接受了古巴关于意识形态和游击战的训练，其中人数最多的国家是委内瑞拉、秘鲁、厄瓜多尔、阿根廷和玻利维亚，仅委内瑞拉一国就有约200名游击队员参与培训。短训为4个月，学员主要参加相关会议和庆典；强化训练为1年，教官主要教授破坏、间谍、心理战等课程；基本训练包括跨国游击运动、放火、武器保管以及一些基本的游击战术。（2）在武器供应方面，拉美国家的游击队武器基本靠自给，或是买或是偷，或是从邻国走私，抑或缴获政府军的武器。但这不意味着古巴没有武器输出，1962年7月，一艘装载着30支来复枪的古巴走私船被截获（具体地点在文件中涂黑）；此外，委内瑞拉共产党领袖也承认游击队曾经接受过古巴输送的迫击炮。目前还没有迹象表明古巴会大量输出武器，但这不代表它以后不会。（3）在资金援助方面，与武器一样，古巴主张游击队经济来源的"自助"原则。同时，古巴也向委内瑞拉、尼加拉瓜、厄瓜多尔、危地马拉、巴西等国游击队提供一定的资金支持。有证据表明，古巴曾向一名叫胡里奥·波托卡莱拉的（Julio Cesar Mayorga Portocarrera）尼加拉瓜叛军提供过3600美元的现金，以帮助其逃往洪都拉斯；此外厄瓜多尔游击队也从古巴得到了44000

---

① NIE 85－62，"The Situation and Prospects in Cuba"，March 21，1962，available at：http：//www. foia. cia. gov/search_ options. asp，2009年12月17日。

美元的援助。（4）在政治宣传方面，印有革命口号的大量宣传单和小册子出现在机场或邮局。秘鲁街头出现了古巴印刷的《游击战 150问》小册子，此书是由西班牙内战老兵阿尔维托·巴约（Alberto Bayo）所著，同时还有另外一个版本《游击战 100 问》，这本小册子是在综合格瓦拉与巴约思想的基础上形成的。……巴西出现了葡萄牙语版本的格瓦拉著作，……哥伦比亚出现了《游击战 150 问》的油印版本，……仅巴拿马一国政府每个月为此就要销毁近 12 吨的古巴宣传品。（5）在人事援助方面，古巴向各地的游击组织提供军事顾问、将领等人员。有证据表明，古巴人曾参与 1961 年 12 月秘鲁的拉奥罗亚（La Oroya）起义，该起义是针对美国塞罗德帕斯科矿业公司（Cerro de Pasco）的，导致该公司约四百万美元的损失。其中的一名古巴人还曾指导过印第安人武装入侵农场。……但这些证据都是二手的，所以目前还不能核实相关结论。① （6）在情报服务方面，古巴情报机构"情报总局"（Dirección General de Inteligencia，DGI）招募各地激进分子，一方面训练情报人员，负责收集拉美各国政府机构、地方形势的情报；另一方面训练游击队员或"潜伏特工"，帮助当地开展游击运动。②

　　事实上，由于古巴导弹危机后美国政府做出了不干涉古巴的承诺，而且苏联继续对古巴施以援助，这些都给卡斯特罗更大的空间"输出革命"。为此，1962 年 11 月，中情局联合美国国防部、陆海空三军以及国家安全局，对古巴的"颠覆"能力做出了进一步的分析和论证，拟定了新的评估报告——《国家情报评估 85 - 4 - 62 号文件》。文件称古巴导弹危机后，古巴加大了对拉美反政府武装的援助。此外，文件还预测了古巴未来的活动目标，包括：（1）美国的人员

---

① "Cuban Subversion in Latin America", February 18, 1963, CK3100485265 = A-CK3100485265 = D, DDRS.

② 关于古巴情报机关"情报指导总局"在武装斗争中的作用，详见两个文件："Selection and Training of Cuba Intelligence Agents Abroad", 12 October, 1964, available at："Cuba Subversive Activities in Latin America：1959 - 1968", February 16, 1968, CK3100118560 = A-CK3100118560 = B, DDRS.

和财产。对他们的破坏可以起到政治宣传的作用。……卡斯特罗未来会挑选那些公开反对美国政策或者会被激发反美情绪的地区，作为袭击美国人员财产的目标。（2）系当地经济命脉的、与美国有关的有形资产，比如美国投资或合资的煤矿、工商业等，这些资产或者是美国所属，或者表现出亲美、反卡斯特罗的特征。据此推断，委内瑞拉境内通往巴拉瓜纳半岛精炼厂（Paraguaná Peninsula）的石油管道和水管，以及此类的设备有可能成为古巴日后的袭击目标。（3）港口交通、通信设施、电话、电报、广播和电视设备，以及电力系统和变电站等都是潜在的被袭目标。（4）反共、亲美、保守政府等政治势力。目前在尼加拉瓜、危地马拉、委内瑞拉等拉美国家出现的政治动荡，都有一个共同点，就是该国政府是相对保守的，或者是反共的。仅 1962 年到 1965 年间，美国驻拉美使领馆受袭遭到的损失高达 227662 美元。[①]

　　总之，随着美苏双方冷战战略的调整，第三世界在冷战舞台上扮演着越来越重要的角色，能否在第三世界取得优势竞争地位，将直接影响着美苏双方的角逐结果。拉丁美洲作为第三世界的重要一员，同时也是美国的传统势力范围，自然成了冷战的重要战场。在这种局面下，避免在西半球出现第二个共产主义前哨阵地、恢复在西半球的优势竞争地位即为肯尼迪政府制定拉美政策的核心要务，肯尼迪政府出台的一系列拉美政策都被打上了深深的冷战烙印。华盛顿当局认为这一时期拉美出现的大规模游击运动是民族主义和共产主义共同推动的结果，严重威胁着美国在西半球的经济、安全和战略利益，使美国在传统势力范围的竞争地位陷入被动之中。因此，美国政府应该协同拉美亲美政府进行反游击战，恢复这些国家政局的稳定，防止"新左派"夺权，阻止西半球出现"多米诺骨牌"效应，避免拉美出现"第二个古巴"，从而达到抵制共产主义影响和维护美国国家安全的

---

① NIE 85 – 4 – 62，"Castro's Subversive Capabilities in Latin America"，November 9，1962；"Attacks upon US Installations in Latin America"，January-March，1968，available at：http：//www. foia. cia. gov/search_ options. asp，2009 年 12 月 23 日。

目的。

二　打击拉美游击运动的"硬手法"

（一）军事战略思想的转变

在军事战略思想上，肯尼迪政府摒弃了艾森豪威尔政府的"大规模报复战略"，开始推行"灵活反应战略"。其间，马克斯韦尔·泰勒（Maxwell D. Taylor）的军事思想对肯尼迪的影响较大。泰勒曾供职于艾森豪威尔政府，担任陆军参谋长。在职期间，他对政府执行的"大规模报复战略"提出质疑，认为这种战略对核武器和战略空军的依赖，严重束缚了美国军队的灵活性，而且不能有效地保证美国政治军事目标的实现。1956 年，他为《外交季刊》撰写了一篇题为《通过威慑谋求安全》的文章，再次对该战略进行批判，因国务院和国防部审查未被通过，这篇文章当时未予发表。当时任参议员的肯尼迪也属于"大规模报复战略"的反对方，他的一些思想与泰勒的主张不谋而合。1961 年，肯尼迪就任总统后，委泰勒以重任，先让他做总统特别军事助理，后又任命其为参谋长联席会议主席。泰勒结合当时的国际形势，从规模上将战争划分为全面核战争、有限战争和特种战争三种形式，并对它们进行界定。他认为全面核战争是交战双方不受限制地使用核武器攻击对方本土及其盟国的战争；有限战争是指交战双方对战争目标、使用的武器、交战范围和兵力部署有意识地加以限制的战争，主要是局部利益的争夺，不会危及交战双方及其盟国的生存；特种战争比有限战争规模更小，专门用来对付游击战，进行这种战争的部队需要经过体能、特种武器使用和恶劣环境适应能力等方面的专门训练。鉴于核战争的毁灭性后果，以及世界局部地区冲突的加剧，泰勒提议政府应着力提升后两种战争的作战能力。[①] 在泰勒的辅佐下，肯尼迪的军事战略思想日渐成熟。

1961 年 2 月 1 日，刚刚就职 10 天，肯尼迪就召开了国家安全委

---

① 详见［美］马克斯韦尔·泰勒《音调不定的号角》，北京编译社译，世界知识出版社 1963 年版。

员会会议，重点讨论有限战争军事力量（Limited War Task Force）的发展问题。3月28日，肯尼迪在他的第一篇国会咨文中重申了军队的反暴动职能，将游击队问题放到有限战争这个更大的范围内进行讨论。对于目前世界所遭受的威胁，肯尼迪给出了更明确、更全面的解读：

自由世界的安全不仅会被核打击所毁灭，也会受被各种各样的边缘威胁所侵蚀……这些威胁包括颠覆、渗透、恐吓、间接或隐蔽的侵略、内部革命、外交讹诈、游击战或一些有限战争。

美国当前的职责已经不仅局限于遏制共产主义，而是要积极应对共产主义的挑战。他强调：

1945年以来，非核战争、次有限战争或游击战已成为对自由世界安全的最活跃和最经常的威胁。我们驻在国外或计划在国外作战的部队能够发挥非常有益的作用，来遏制或限制那些不足以证明需要发动一场全面进攻和绝不导致一场全面核进攻的冲突。对于不能用常规力量击退的重要侵略行动，我们必须准备好以适当的武器采取任何行动。

尽管肯尼迪承认"当地民众和军队承担地区防务、反颠覆和反游击战中的主要责任"，但他依然不忘标榜美国的义务，"我们应该为他们组建强大、高度灵活的部队而尽责"。同时，他也对美国军队提出了期望：

过去我们更多的是关注全面战争的战术。现在我们必须做好准备去应对任何规模的武装侵略，同时还要肩负训练当地武装部队的任务，使他们的行动和我们的行动同样富有成效。①

5月，肯尼迪首次在外交层面上阐述反暴动的重要性，他指示即将派驻世界各地的大使们："我们生活在历史的紧要关头。强大的破坏力量正在挑战维系世界数世纪的普世价值观，……在反暴动问题

---

① "Special Message to the Congress on the Defense Budget"，March 28，1961，available at：http：//www. presidency. ucsb. edu/ws/index. php？pid＝8554&st＝&st1＝，2009年12月28日。

上，诸位一定要积极配合各区域军事长官"。① 至此，肯尼迪已经基本确立了"灵活反应"的军事战略思想，他此后的外交政策大多遵循这一原则，注重区分不同程度的威胁，灵活出击应对挑战。1962年的古巴导弹危机初步检验了"灵活反应战略"的有效性，同时更加坚定了肯尼迪推行此战略的决心。

5 月 25 日，肯尼迪向国会递交了一份特别咨文，要求国会批准增加 19 亿美元的军费开支，其中的 5.35 亿美元用于对外援助，帮助那些直接受到隐蔽入侵边缘国家，其余的数额用于美国陆军和海军的建设，以及外太空计划。为了使国会通过这一方案，肯尼迪列举了以下理由：

他们（共产主义）的侵略变得越来越隐蔽。他们没有发射导弹，也没有派出军队。但是他们的确向每个"问题地区"输送了武器、煽动者、援助、工程师和宣传品。当需要战斗的时候，这一任务通常是由其他一部分人来完成，通过游击队的晚间暴动，通过暗杀政要，通过危险分子、蓄意破坏者和叛乱者，来达到在内部控制一个独立国家的目的。②

虽然这个议案没能获得国会批准，但是美国政府增设了很多机构并推出了一些军事援助和经济援助计划，用以"提高其他国家对共产主义的免疫力"。③

（二）肯尼迪政府西半球防务政策新举措

具体到在拉丁美洲的防务政策，风起云涌的游击运动成为肯尼迪

---

① "Responsibilities of Chiefs of American Diplomatic Missions", Memorandum from the President for the Head of Executive Departments and Agencies, 27 May 1961, Federal Register, Vol. 26, No. 222, 17 November 1961, in Michael McClintock, *Instruments of statecraft*: *U. S. guerrilla warfare, counterinsurgency, and counter-terrorism*, 1940 – 1990, pp. 163 – 164.

② "Special Message to the Congress on Urgent National Needs", May 25, 1961, available at: http: //www. presidency. ucsb. edu/ws/index. php? pid = 8151&st = &st1 = , 2009 年 12 月 31 日。

③ "Statement by the President to Cabinet Officers and Agency Heads on the 1962 and 1963 Budget Outlook", October 26, 1961, available at: http: //www. presidency. ucsb. edu/ws/index. php? pid = 8407&st = budget&st1 = , 2009 年 12 月 31 日。

政府在西半球遭遇的最棘手的问题。从战争规模上，游击运动属于特种战争；从战争属性上讲，它则属于非常规战争。游击战的非常规特征主要体现在：（1）数量。游击队队员数目小，单位多；常规军数目大，很集中。（2）战场。游击战是移动的战场；常规战是阵地战。（3）领导。游击队的领导比较分散；常规部队需要统一的调度部署。（4）阵地。游击队没有战略后方；常规军有固定的阵地。①

　　因此，如何打赢西半球的特种战争和非常规战争，成为美国政府和军方最亟待解决的问题。针对游击战的非常规特征，国务卿腊斯科和国防部长麦克纳马拉都强调应该提高军队的机动灵活度，而且在规模、职能上也要做适当的调整以应对共产主义有限的挑战。麦克纳马拉提议在现有国防预算基础上，再拨1亿美元用于"增强和调整现役军队在'准军事和准有限或非常规战争'中的作用，比如提高应对游击战所需的特殊技能和外语能力"。② 腊斯科提出了国务院对于美国今后防务安全的具体构想：（1）全面战争的威慑力。要建立有效的、坚不可摧的、可靠的核报复能力，以此来威慑全面战争、挫败核讹诈。（2）有限行动。在过去的几年里，共产主义不断实施有限的侵略，为了应对这种威胁，必须提高美国军事行动的机动性、稳固性和灵活性。具体来说，机动性就是让美国的盟友和共产主义国家认识到美国可以迅速地应对世界各个地区的有限侵略；在不削减美国在北约的军事义务以及不损害美国军队的部分和整体灵活性的前提下，确保美国有充足稳固的军力有效应对大规模共产主义有限侵略；灵活性是指美国能够调遣合适的军事力量以应对各种威胁，而不使用核武器，同时提高总统授权使用核武器的标准。（3）反游击战能力。美国迫切需要提高反游击战的能力，以便处理自由世界国家的内部安全威胁，比如游击运动的威胁。在社会主义国家及其盟友的推动下，这

---

① 详见 Mao Tse-Tung, Che Guevara, *Guerrilla Warfare*, pp. 38 – 39。

② "Memorandum From Secretary of Defense McNamara to President Kennedy", January 24, 1961, *FRUS*, 1961 – 1963, Vol. Ⅷ, available at：http://www. state. gov/r/pa/ho/frus/ kennedyjf/viii/32069. htm, 2009 年 12 月 31 日。

些威胁呈明显上升态势，然而，这种趋势在未来仍有可能进一步加
强。为了增强自由世界应对此类威胁的能力，美国必须对受威胁国家
提供建议、训练和援助，以保持它们的内部安全。（4）游击战能力。
为了保卫自由世界，美国必须提高游击战术的运用能力。这就需要美
国和其他自由世界国家为特种部队配备专门的训练和装备。① 国家安
全事务特别助理麦克乔治·邦迪呼吁政府要做好非常规战争和准军事
行动的准备，"首先要做的就是把准军事部队编入美国现有的军力体
系当中；此外，为了更好地履行我们在世界其他地区的责任，还要发
展当地的准军事力量"。② 肯尼迪总统采纳了幕僚们的建议，积极敦
促政府部门间的配合，努力提升美国军队的反游击战能力，发展非常
规军事力量，应对西半球的共产主义威胁。

1. 成立"5412 特别小组"和"反暴动特别小组"

1961 年，肯尼迪政府成立了"5412 特别小组"［Special Group
(5412)］，作为监督指导隐蔽行动的专门机构。由邦迪领导，主要成
员有副国务卿乌拉尔·艾里克西斯·约翰逊（Ural Alexis Johnson）、
中情局长官和参谋长联席会议主席。实质上，"5412 特别小组"无论
在名称上，还是作用上都是艾森豪威尔政府"5412 委员会"的延续。
"猫鼬委员会"（Mongoose Committee）是它的一个分支机构，负责暗
杀古巴领导人和推翻卡斯特罗政府。③《国家安全行动备忘录第 57 号
文件》确定了"5412 特别小组"的具体职责，即要起到"策划、部
门间协调和传达特遣部队任务的作用，做到人尽其事，物尽其用"，
概括起来主要是保证准军事行动的高效能和灵活性。文件指出了"准

---

① "Letter From Secretary of State Rusk to Secretary of Defense McNamara/1/"，February 4，1961，*FRUS*，1961 – 1963，Vol. Ⅷ，available at：http：//www. state. gov/r/pa/ho/frus/kennedyjf/viii/32069. htm，2010 年 1 月 5 日。

② National Security Action Memorandum（hereafter cited as NSAM）56，"Evaluation of Paramilitary Requirements"，June 28，1961，available at：http：//www. jfklibrary. org/Asset + Tree/Asset + Viewers/Image + Asset + Viewer. htm? guid =｛33C76439 – 821A – 4196 – 8118 – 222DCAD3F4E3｝ &type = Image，2010 年 1 月 5 日。

③ John Prados，*Presidents' Secret Wars：CIA and Pentagon Covert Operations since World War II*，New York：W. Morrow，1986，pp. 108 – 113.

军事行动"的内涵：

在战术、装备、人员和训练等方面，与常规的军事行动并不存在太大区别。它可以被用来支持叛军，反对那些与美国敌对的政府。我们对反政府势力的援助可以是公开的，也可以是隐蔽的，抑或两者兼具。在规模上是不固定的，可以小到像一组游击队，亦可大到像入侵古巴那样的军事进攻。①

猪湾行动失败后，美国政府内部开始重新审视之前非常规战争和反暴动的工作方法。肯尼迪解散了作战协调委员会（Operations Coordinating Board）。② 此后，泰勒、司法部长罗伯特·肯尼迪、中情局局长杜勒斯和海军上将阿莱·伯克（Arleigh Burke）等政界和军界高官，提议成立一个新的更高级别的协调委员会，专门指挥反暴动行动。

1962 年 1 月 18 日，"反暴动特别小组"［Special Group（Counter Insurgency, SGCI）］应运而生，主要负责美国在第三世界的"反暴动"决策和行动，这也是指导美国在拉美反游击战政策最直接的责任机构，首任长官是马克斯韦尔·泰勒。美国成立该组织，是为了积极配合亲美政府阻止和抗击游击运动，团结各方力量，使可用的资源达到最佳配置，发挥最大的效能。根据《国家安全行动备忘录第 124 号文件》，"反暴动特别小组"主要具备以下职能：

（1）保证美国各政府机关形成这样一种正确的认知，即颠覆暴动（"解放战争"）是与常规战争同等重要的政治军事冲突形式。

（2）保证这种认知贯穿于美国军队和其他美国驻外机构的组织、训练、装备和指导思想之中，并要体现在美国国务院、国防部、国际

---

① NSAM 57, "Responsibility for Paramilitary Operations", June 28, 1961, available at: http://www. jfklibrary. org/Asset + Tree/Asset + Viewers/Image + Asset + Viewer. htm? guid = ｛00078419 - 93B4 - 466B - 8793 - CAE6FCD97699｝ &type = Image, 2010 年 1 月 8 日。

② 作战协调委员会是艾森豪威尔总统于 1953 年 9 月 3 日创建的，目的是协调政府各部门和机构国家安全政策的执行。详见 "Executive Order 10483-Establishing the OCB", September 2, 1953, available at: http://www. presidency. ucsb. edu/ws/index. php? pid = 60573&st = &st1 = , 2010 年 1 月 8 日。

开发署、新闻署等驻外部门所执行的政治、经济、情报和军事援助等
方面的政策之中。对于那些现在已经或将来可能面临反暴动问题的国
家，要给予特别关注。

（3）对于应对实际或潜在的暴动或间接侵略的资源是否充足，要
坚持做好评估工作，确保能够适时地调度相关资源以满足预期需要。

（4）协调各部门间的反颠覆暴动工作，及时处理部门之间妨碍计
划实施的问题。①

"反暴动特别小组"成员包括新任的中央情报局局长约翰·麦康
（John McCone）、国家安全事务总统特别助理邦迪、参谋长联席会议
主席李曼·雷姆尼泽（Lyman Louis Lemnitzer）、国防部副部长罗斯威
尔·吉尔帕特里克（Roswell Gilpatric）、乌拉尔·艾里克西斯·约翰
逊和国际开发署、新闻署的长官。② 按照规定，小组成员每周四下午
都要在与白宫相邻的行政办公楼（Executive Office Building）召开例
会，对有关"反暴动"的事宜进行磋商。

在最初的计划中，越南、老挝和泰国三个国家是"反暴动特别小
组"的重点实施对象。6 月 16 日，根据形势需要，美国"反暴动特
别小组"又出台了新的"国家内部防务计划"（Country Internal De-
fense Plans），除了第一批的三个国家，又纳入了 8 个受到共产主义运
动影响的国家，它们是缅甸、柬埔寨、喀麦隆、伊朗、哥伦比亚、厄

---

① NSAM 124, "Establishment of the Special Group（Counter-Insurgency）", January 18,
1962, available at：http：//www. jfklibrary. org/Asset + Tree/Asset + Viewers/Image + Asset +
Viewer. htm? guid = ｛040AFE93 – 5777 – 461C – A453 – 0D4904AC332E｝&type = mpd, 2010
年 1 月 9 日。

② 其中，新闻署是 1962 年 8 月才批准加入的。详见 NSAM 180, "Membership of the
Special Group（Counterinsurgency）", August 13, 1962, available at：http：//
www. jfklibrary. org/Asset + Tree/Asset + Viewers/Image + Asset + Viewer. htm? guid =
｛03892B35 – 93AC – 4816 – 86C1 – E526281F25FA｝&type = Image；NSAM 204, "Special
Group（Counter-Insurgency）", November 7, 1962, available at：http：//www. jfklibrary. org/
Asset + Tree/Asset + Viewers/Image + Asset + Viewer. htm? guid = ｛C89834B7 – 603A – 443E –
8DC5 – 351FC184B9C2｝&type = Image, 2010 年 1 月 9 日。

瓜多尔、危地马拉和委内瑞拉。① 拉美国家在美国的"反暴动"计划中占了将近一半的份额,足以见得肯尼迪政府对拉美战略地位的重视程度,同时也从侧面反映了美国决策层的观念,即共产主义已经对美国在西半球的防务安全利益构成了严重威胁。

关于是否应该过多地关注拉美的内部防务问题,美国政府内部还曾进行过讨论,出现了观点不同的争执。麦克纳马拉认为,今后美国应该将更多的目光投向西半球内部防务,增强对拉丁美洲的军事援助。因为目前不存在针对拉美的重大的公开外部侵略,威胁显然已经转移到了内部安全上面,关键在于拉美政府是否有能力抵抗共产主义支持的暴力革命。反对派官员则表示除非总统向参议员外交委员会和众议院发言人提交相关决定,否则内部安全需求不应当成为对美洲共和国军事援助计划的基准。对此,美国南方司令部总司令安德鲁·奥梅亚拉将军(Lieutenant General Andew P. O'Meara)予以反驳:"我们必须从务实的角度出发,说服我们的友人和盟友,提醒他们目前最主要的问题就是内部安全。这才是他们必须倾力解决的事情"。② 双方的争辩随着美国"协防政策"的出台而告一段落。

2. 出台"协防政策"

为了进一步规范美国政府"反暴动"的理念和行动,1962 年 8 月,肯尼迪总统批准了国家安全委员会起草的"美国协防政策"(U. S. Overseas Internal Defense Policy)文件(《国家安全行动备忘录第 182 号文件》)。按照这一新文件的规定:"美国将协同海外国家(主要是发展中国家)共同防卫它们国内所面临的颠覆暴动的威胁,这一原则将作为美国驻外使团、领事、军事长官,以及美国国内政府

① NSAM 165, "Assignment of Additional Responsibility to the Special Group (CI)", June 16, 1962, available at: http://www.jfklibrary.org/Asset + Tree/Asset + Viewers/Image + Asset + Viewer. htm? guid = {68242050 – B8C1 – 49D1 – AC1A – D1E3D22C6BE4} &type = Image, 2010 年 1 月 9 日。Also see: "Memorandum From the President's Military Representative (Taylor) to President Kennedy", July 30, 1962, *FRUS*, 1961 – 1963, Vol. Ⅷ, available at: http://www.state. gov/r/pa/ho/frus/kennedyjf/viii/33841. htm, 2010 年 1 月 9 日。

② Michael J. Francis, "Military Aid to Latin America in the U. S. Congress", pp. 402 – 403.

机关和政府教育系统奉行的基本政策方针"。① "美国协防政策"的出台标志着美国"反暴动原则"（Counterinsurgency Doctrine）的正式形成。"反暴动原则"是"为了打击已经存在的颠覆暴动，帮助比较软弱、易受攻击的政府阻止可能发生的颠覆暴动"，为此后美国历届政府绘制了抗击共产主义运动的蓝本。文件指出：

在当前及可预见的未来，共产主义指使、支持和指导的暴动，我们称之为颠覆暴动，依然是美国国家安全面临的最棘手问题。多年的颠覆和暴动经历使共产主义分子拥有了丰富的抗击打经验。我们的当务之急就是制定出行之有效的方案，来应对这一共产主义的重大挑战。……如果一个自由国家存在潜在的或是正在萌芽的"颠覆暴动"威胁，不管这个自由国家是亲西方还是中立的，一概都要剔除，以免其发展成为真实的威胁。……

对于如何看待那些非共产主义武装斗争，《国家安全行动备忘录第182号文件》申明了美国的立场：

美国并不是站在反对革命的立场上，……根据国际法，民众有权通过革命更易政府、改变经济体制和社会结构。……使用武力推翻现政府并不总是与美国利益相违背。但是，非共产主义势力领导的革命也可能起到反作用，深化了政府的腐败程度，客观上维持了民众不满和政府镇压的僵局，从而营造出一个更危险的局势。美国的利益是衡量每个潜在的、初级的和活跃的非共产主义暴动是非曲直的标准。②

由此不难发现，"美国协防政策"的出台实质上是为美国干涉别国内政增加了一个冠冕堂皇的理由——反共、反暴力革命。作为文件的起草人之一，小查理斯·米其林（Charles Maechling, Jr.,）事后把《国家安全行动备忘录第182号文件》说成是"一个过分简单的文件"。因为它下意识地将许多暴力革命划分到受马克思主义影响的革命运动行

---

① NSAM 182, "Counterinsurgency Doctrine", August 24, 1962, available at: http://www.jfklibrary.org/Asset + Tree/Asset + Viewers/Image + Asset + Viewer.htm? guid = {392A0BA7 – BFF6 – 4A60 – A0AE – 1E7C3E00A321} &type = mpd, 2010 年 1 月 11 日。

② NSAM 182, "Counterinsurgency Doctrine", August 24, 1962.

列，极少关注革命发生的国内原因以及该国政府的性质，"就好像每场国外革命运动都与军队挂钩，而非源于其国内深层次的结构问题"。①

需要注意的是，《国家安全行动备忘录第 182 号文件》还特别强调美国在实施准军事行动时，应坚持"自助"原则，即当地事务当地化，由地方军警执行，避免美国的直接参与，"美国只作为对当地政策的一种补充，……尽可能地限制对当地政府的物质支持、训练和指导"。② 这样做是为了避免影响到当地政府的举措，为美国蒙添上不必要的"干涉主义"和"殖民主义"的罪名。

肯尼迪政府"协防政策"的出台，标志着"二战"后美—拉共同防务进入一个新的时期。1951 年的美—拉《共同安全法》（The 1951 Mutual Security Act），标志着美—拉共同防务体系的正式建立，拉美也因此被纳入了美国的全球防御体系当中。此后的二十年间，美国通过加强与拉美国家的军事合作和军事援助来换取政治支持和防务安全。冷战初期，美拉共同防务的目标主要是防止共产主义的外部影响。然而事实证明，这二十年间西半球并未受到任何社会主义国家的外部侵袭，反倒是共产主义组织在拉美国家内部的迅速发展牵动着美国敏感的冷战神经。事实上，这种策略转型的苗头在第二届艾森豪威尔政府的两次拉美政策调整中就已经出现。肯尼迪上台后，完成了美拉防务安全的转型。在防务策略上，美国更加强调抵制共产主义的内部影响；在防务方式上，从以前一味强调军事这一"硬"手段变为"软硬兼施"的多层面措施，更加注重经济、社会的发展，从而保障亲美政府的政权稳定，不被共产主义支持的民众运动所推翻。

根据游击战的这些非常规特征，华盛顿对反游击运动做出了总体

① Charles Maechling, Jr., "Insurgency and Counterinsurgency: The Role of Strtegic Theory", *Parameters* 14, No. 3 （Autumn, 1984）, pp. 32 – 41. 查理斯·米其林在"二战"时期是美国的一名海军军官和参谋长联席会议顾问。在肯尼迪和约翰逊执政时期，米其林曾担任政治军事事务——内部防务长官，国家安全委员会长官（Staff Director），同时也是"反暴动特别小组"成员。目前他是一位专栏作家，也是极少数批判美国非常规战争和反暴动政策的当事人。

② NSAM 182, "Counterinsurgency Doctrine", August 24, 1962.

部署，大致分为以下几个阶段：第一阶段，准备和组织阶段。成立地方反游击战组织绥靖委员会（pacification committees）；通过给当地老百姓恩惠，比如给农民送去衣服、医药补给品、由美国慈善机构供给的食品，修筑桥梁、公路和学校，同时要核实当地居民的人口，达到"控制"他们的目的。这是建立游击封锁区的第一步。第二阶段，进攻阶段。在战场上全力以赴地清除游击组织；切断游击队的粮食供给线；强行对那些有嫌疑的人物实行监管，把他们安排到"安全"的隔离区；建立军事禁区，限制周围民众的行为，一旦在禁区内发现非政府人员，就将其视为游击队员。这是封锁游击的第二步。第三阶段，深化打击阶段。进一步孤立游击组织，同时实施心理战术，利用游击运动内部政治上的分歧、游击队领袖的权力欲望和游击队指挥部的错误等分化瓦解游击队，争取那些可能要继续进行武装斗争的游击队员，彻底摧毁游击队及其支持力量。第四阶段，重建阶段。恢复当地生活的"常态"，这一任务由已经变得"坚定而公正"（firm but fair）的政府来完成，美国在此阶段主要是提供援助。①

3. 加强特种部队的建设

为了做到战场上的知己知彼，更好地了解和掌握游击战的特性，打赢西半球的特种战争，肯尼迪研读了格瓦拉等游击领袖的著作。他认为，特种部队是反游击战的最有力武器之一。对此，时任美国国务院情报研究局（State Department's Bureau of Intelligence and Research）局长的罗杰·希尔斯曼（Roger Hilsman）表示赞同，并称："我们需要发展新的策略，我希望特种部队能够在其中发挥重大作用。"② 查

---

① The manual, a mimeographed with printed cover, is on file at the Kennedy Presidential Library. (Box 80, pof, Justice [US Aamy Report], "Counter-Insurgency Operations", 1 December 1960, cited in Michael McClintock, *Instruments of Statecraft*: *U. S. Guerrilla Warfare, Counterinsurgency, and counter-terrorism*, 1940 – 1990, p. 216；[英] 理查德·戈特：《拉丁美洲游击战运动》，第 260—261 页。

② Roger Hilsman, *To Move a Nation*: *The Politics of Foreign Policy in the Administration of John F. Kennedy*, New York, Garden City, N. Y.: Dell Publishing Co., Inc: Doubleday, 1967, p. 53.

理斯·米其林更生动地将特种部队形容成"反暴动大餐的主料"。①
在这种情况下，肯尼迪却吃惊地发现美国当时只有一支 1000 人的特
种部队。于是，他立即要求相关部门制定政策，扩充特种部队的人
数。1961 年 2 月 3 日，国家安全委员会拟定了《国家安全行动备忘
录第 2 号文件》，计划向陆军特种部队增援 3000 人，并相应地增加
1900 万美元的预算支出。文件指明特种部队日后将肩负两种使命，
一种是非常规战争中的传统进攻角色，另一种是新的反暴动任务，
"除了有限战争，它还适用于准交战状态和隐蔽暴动"。②

　　除了国际形势的需要，肯尼迪总统本人也非常热衷于特种部队的
建设。1961 年秋，肯尼迪提出要参观特种部队的摇篮布雷格堡（Fort
Bragg）。他认为，特种部队担负着特殊的使命，应该有一个标志性的
物件将其与常规部队区分开来。因此在临行前，肯尼迪告诉特种战争
中心的指挥官廉姆·亚伯勒（William P. Yarborough），让所有特种部
队队员在他检阅前一天佩戴他们特有的贝雷帽。亚伯勒建议陆军司令
部批准将绿色贝雷帽作为特种部队的正式军帽配发。肯尼迪将绿色贝
雷帽称作"卓越的象征，勇气的徽章，为自由而战的独特标识"；特
种部队也因为其"独特的着装，彩色的贝雷帽和特别的标记"树立
了一种浪漫的印象。此后，"绿色贝雷帽"就成了美国特种部队的代
名词。除了标识，肯尼迪还亲自指导特种部队的装置，甚至连士兵穿
什么样的鞋子都躬亲过问，他认为"应该丢掉那些笨拙、噪声大的军
靴，换上轻便的运动鞋"。③透过这些细微的环节，我们可以看出肯
尼迪对特种部队的重视程度，同时它也反映了美国政府军事战略思想

---

①　Michael McClintock, *Instruments of Statecraft*: *U. S. Guerrilla Warfare*, *Counterinsurgency*, *and Counter-terrorism*, 1940 – 1990, p. 179.

②　NSAM 2, "Development of Counter Guerrilla Forces", February 3, 1961, available at: http://www.jfklibrary.org/Asset + Tree/Asset + Viewers/Image + Asset + Viewer.htm? guid = {9D435253 – 7A2A – 4B26 – 8712 – 94F6AD7C15F7} &type = Image, 2010 年 1 月 15 日。

③　Eliot A. Cohen, *Commandos and Politicians*: *Elite Military Units in Modern Democracies*, Cambridge, Mass: Center for International Affairs, Harvard University, 1978, pp. 35 – 36, 40 – 41.

的转变。

　　美国陆海空三军纷纷成立特种战争中心，大力支持肯尼迪总统建设特种部队的想法。空军的行动最为积极，1961 年 4 月便组建了空军特种部队——"第一空中突击大队"（The First Air Commando Group）。次年在佛罗里达州的埃格林空军基地（Eglin Air Force Base）成立了空军特种战争中心。后来担任美国空军参谋长的柯蒂斯·李梅（Curtis Emerson LeMay）上将认为，空军特种战争中心应当"根据我们过去 20 年在'二战'、朝鲜、菲律宾和南越所积累的经验，起到训练反暴动部队和提高他们技能的作用"。位于埃格林的第一特种作业支队实战群（First Combat Application Group）被委以"发展、试验、评估新战术和反暴动所使用的装备"的任务。海军对此也表现出雄心勃勃。海军陆战队副司令约翰·马恩（John Calvin Munn）宣称："完全没有必要为了打败游击队而变成'游击队'，反游击战对于我们海军而言一点都不新鲜。……可能世界上没有另外一支武装力量能比美国的海军陆战队在反游击战方面拥有更好的装备和组织了"。① 海军陆战队中将维克多·克鲁拉客（Victor Krulak）被调任参谋长联合会议反暴动和特种行动的特别助理（Joint Chiefs' Special Assistance for Counterinsurgency and Special Activities）。1962 年，海军成立了特种部队——"海豹突击队"（SEALs）②，主要任务是在世界各地的海上及岸边执行秘密军事行动，具有摧毁敌人船只和港口设施的能力。尽管海军和空军都在积极加强特种部队的建设，但是陆军依然是美国非常规战争的主力军。由陆军军官担任特种战争行动总参谋长特别助理；由陆军司令部的将级司令官负责特种战争中心和所有特种战争训练和指令。③

---

① Speech of Lieutenant General Munn, deputy commander of the Marine Corps, *New York Times*, June 24, 1962.

② "海豹突击队"是英文中的海（Sea）空（Air）陆（Land）首字母缩写，全称为"美国海军三栖部队"。

③ Michael McClintock, *Instruments of Statecraft*: *U. S. Guerrilla Warfare*, *Counterinsurgency*, *and Counter-terrorism*, 1940 – 1990, pp. 182 – 184.

　　新成立的这些特种战争中心和美国原有的军校，认真履行着培训和发展反游击部队的任务。它们设置了新课程，并将受训的官兵投放到反游击战的实地进行考察演练，以适应新形势下反游击战的需求。据统计，截至 1962 年 7 月，这些军校共设计了 25 门新课程，包括游击战、心理战、水下爆破和语言培训等；2099 名美国士兵从这些军校毕业，1000 名军官接受了语言培训，约有 63 名高级军官被送往反游击战的一线实际锻炼。①

　　与此同时，肯尼迪总统批准了针对拉美的准军事行动方案，要求国防部和中央情报局通力合作，充分利用拉美受训军官和人员，以及援助的武器装备，开展破坏游击运动的隐蔽行动和特种战争。华盛顿加大了对亲美政府的军事援助、训练，并在情报学方面大做手笔，提高政府军搜集情报和反情报的能力，加强对游击组织的隐蔽破坏行动。② 特种部队在世界的四个训练基地，其中有一个设立在巴拿马（其他三个分别在南越、冲绳和西德），"绿色贝雷帽"充当了美国准军事行动的先锋。但是新的形势也给他们带来许多不利的因素，比如很难在群众和游击队员之间区分行动目标、极易受到攻击、长期险恶的环境作战以及不利舆论所导致的形象跌落等问题。③ 可以说，在整个反游击战的过程中都充满着前所未有的困难和挑战。因此，在反游击训练过程中就需要更加注重对特种部队队员的精神、士气、心理和政治的辅育。除此之外，武器装备也需要做相应的改进，比如利用特种水陆两栖装甲车、配备喷火器的登陆舰、装备火箭弹和机关枪的直升机、夜间照相机以及低烈度化学武器等。④

---

　　① NSAM 131, "Training Objectives for Counter Insurgency", March 13, 1962, available at: http://www. jfklibrary. org/Asset + Tree/Asset + Viewers/Image + Asset + Viewer. htm? guid = {B47D4EE8 – 5DBD – 4BF3 – B095 – 7EA5315B08D6} &type = mpd, 2010 年 1 月 18 日。

　　② Robert H. Holden, "Securing Central America against Communism: The United States and the Modernization of Surveillance in the Cold War", pp. 19 – 20.

　　③ Vijay Kumar Anand, *Insurgency and Counter-insurgency: A Study of Modern Guerilla Warfare*, pp. 195 – 197.

　　④ Charles T. R. Bohannan, "Antiguerrilla Operations", p. 20; William J. Pomeroy, *Guerrilla and Counter-guerrilla Warfare: Liberation and Suppression in the Present Period*, p. 37.

　　总之，特种部队在肯尼迪政府时期有着突飞猛进的发展。1962年7月，参谋长联席会议主席雷姆尼泽对1961年1月以来美国政府反游击战特种部队建设进行总结，"特种部队小组由一批经过严格选拔、素质过硬的士兵组成，他们受过专业的训练。至今，我们已经建成了12个不同类别、41个特别小组、共7500人规模的反暴动队伍"。① 显而易见，拉美游击战的兴起是肯尼迪政府时期美国特种部队飞速发展的重要原因之一。

　　4. 增加对拉美亲美政府的军事援助和军事训练

　　1961年2月23日，肯尼迪政府决定实施对拉美亲美政府的军事援助计划，尽可能地满足它们的军事需求来打击游击运动。该计划得到了国务院、国防部和国际开发署的支持。根据相关指示，参谋长联席会议立即向多米尼加、厄瓜多尔、哥伦比亚等国派遣军事援助顾问小组，指导当地政府和军方进行专业的反游击战。② 4天后，肯尼迪召集军部主要负责人进行商讨，对军援军训的原则性问题进行商讨。陆军参谋长德科将军（General George Henry Decker）主张军训要分"两步走"：首先，由美国对受到共产主义革命威胁国家的部分军警进行训练；其次，再由这些学成的人回国训练更多的人。肯尼迪总统发令让参谋长联席会议负责调查美国在世界范围内反游击队的具体职责，并特别强调调查要覆盖每一个拉美国家。③

　　结合游击战机动灵活的特点，肯尼迪政府援助拉美国家的军事器械类型发生了转变，援助重心由常规武器转为特种战争所需的武器。比如，通用飞机（utility plane）、直升机、拖拉机、吉普车、小型武

---

① Memorandum Lyman Louis Lemnitzer, for the Special Assistant to the President for National Security Affairs, Subject: "A Summary of U. S. Military Counterinsurgency Accomplishments since 1 January 1961", 21 July, 1962. Cited in Michael McClintock, *Instruments of Statecraft*: *U. S. Guerrilla Warfare*, *Counterinsurgency*, *and Counter-terrorism*, 1940 - 1990, p. 182.

② "Memorandum of Conference With President Kennedy", February 23, 1961, *FRUS*, 1961 - 1963, Vol. Ⅷ, available at: http://www. state. gov/r/pa/ho/frus/kennedyjf/viii/32069. htm, 2010 年 1 月 22 日。

③ "Memorandum of Conference with the President", February 27, 1961, CK3100258370, DDRS.

器、催泪瓦斯弹等武器和军械。此外，还有一些高端科技，比如"无线电定位"设备，从而使政府军能够更精确地对游击组织进行定位。[①] 肯尼迪总统摒弃了艾森豪威尔政府后期减少对拉美军事援助的政策，军援金额连年攀升，仅 1961 年一年的增长幅度就接近 40%。肯尼迪当政时期，美国约有一半的对拉美军事援助用于内部防务的支出上面。[②]

表 3 - 8 美国对拉丁美洲的军事援助：1952—1969 年

单位：百万美元

财政年度	数额	财政年度	数额
1952	0.2	1961	45.0
1953	11.2	1962	54.3
1954	34.5	1963	51.8
1955	31.8	1964	62.9
1956	23.5	1965	51.3
1957	27.1	1966	80.7
1958	45.6	1967	56.4
1959	31.5	1968	27.2
1960	32.3	1969	22.7

资料来源：John M. Baines，"U. S. Military Assistance to Latin America：An Assessment"，p. 475.

军事训练是美国政府海外军事援助和加强友好国家内部防务的重要内容。雷姆尼泽称："在过去的 18 个月，全球约有 65 个国家的 14000 名学员，参加了美国军校的培训，这大大增强了我们盟友的反暴动实力。"[③] 对拉美军队和警察的训练是美国对外军训的重中之重。

---

① "Memorandum of Conference With President Kennedy"，February 23，1961，*FRUS*，1961 - 1963，Vol. Ⅷ，available at：http：//www. state. gov/r/pa/ho/frus/kennedyjf/viii/32069. htm，2010 年 1 月 23 日；Stephen S. Kaplan，"U. S. Arms Transfers to Latin America，1945 - 1974：Rational Strategy，Bureaucratic Politics，and Executive Parameters"，p. 416.

② Michael J. Francis，"Military Aid to Latin America in the U. S. Congress"，p. 402.

③ NSAM 131，"Training Objectives for Counter Insurgency"，March 13，1962.

1961 年 9 月，肯尼迪提出了对拉美军队实施特种战争军事训练计划的构想，"我们打算邀请拉美各国的军官到美国进行一到两个月的集中训练，联邦调查局的官员将会指导他们如何控制共产主义的蔓延，我们的军队将会教授他们如何对付游击队。这些措施除了可以增强拉美军队的效能外，还可加强他们与美国的感情沟通。"① 邦迪非常赞同总统的计划，在《国家安全行动备忘录第 114 号文件》中，他重申了对"友好"政府军队、警察进行反游击战训练的重要性，并强调"拉美应该是实施这一计划的首要地区"。②

按照"协防政策"的理念，美国对拉美的军事训练大致分为两个步骤，首先，由美国教官对拉美的军警精英进行反游击战训练，其次，由训练成熟的军警回国教授当地的武装力量。③ 1963 年，肯尼迪政府重组了负责拉美防务安全的司令部，将其命名为"南方司令部"（U. S. Southern Command，SOUTHCOM），总部设在巴拿马运河区。④当时这个司令部与欧洲司令部、中东司令部和亚洲司令部，一同组成了美国的四个大陆军事司令部。南方司令部拥有一个五六百名陆、海、空军军官组成的参谋部、地下办公室、后期基地、包括核武器在

---

① NSAM 88，"Training for Latin America Armed Forces"，September 5，1961，available at：http：//www. jfklibrary. org/Asset + Tree/Asset + Viewers/Image + Asset + Viewer. htm? guid = ｛B47D4EE8 − 5DBD − 4BF3 − B095 − 7EA5315B08D6｝&type = mpd，2010 年 1 月 25 日。

② NSAM 114，"Training for Friendly Police and Armed Forces in Counter-Insurgency，Counter-Subversion，Riot Control and related matters"，November 22，1961，available at：htp：//www. jfklibrary. org/Asset + Tree/Asset + Viewers/Image + Asset + Viewer. htm? guid = ｛B47D4EE8 − 5DBD − 4BF3 − B095 − 7EA5315B08D6｝&type = mpd，2010 年 1 月 25 日。

③ "Memorandum of Conference With President Kennedy"，February 23，1961，FRUS，1961 − 1963，Vol. Ⅷ，available at：http：//www. state. gov/r/pa/ho/frus/kennedyjf/viii/32069. htm，2010 年 1 月 25 日。

④ 美国南方司令部的前身可以追溯到 1903 年被派往巴拿马的美国海军，负责保护连接大西洋和太平洋的巴拿马铁路，以及巴拿马独立共和国的防务安全。1914 年，这支海军分队被派往墨西哥北部的潘乔维亚（Pancho Villa）执行任务。取而代之的是一支海岸炮兵部队。1917 年，炮兵部队升级为美国陆军巴拿马运河总部（the Panama Canal Department of the U. S. Army）。1947 年 11 月 15 日，该机构易名为加勒比司令部（Caribbean Command），1963 年，再次更名为南方司令部，负责中南美洲的防务安全。

内的军火仓库，还包括许多训练反游击战、步兵和伞兵等学校。主要
承担指导对拉美军援军售计划、提供军事顾问团、协调美洲操演训练
等职责。①

对拉美的军事训练主要分为两个阶段，第一阶段的对象主要是拉
美军官，学习的内容包括：（1）上层军官主要学习相关的背景知识，
掌握游击运动的历史、现状和未来，以便于更加了解他们所面临问题
的本质，以及共产主义战略的宏观特征。（2）中下层军官学习具体
的反游击战战术，由美国不同的政府部门对他们进行分门教授。② 具
体内容包括反游击战的"3F"战略——寻找（Find）、打击（Fight）、
消灭（Finish），及四个基本方法——心理收买、情报搜集、转移民众
和军事打击等。③ 培训中心还为拉美军官开设了"隐蔽行动"（Clan-
destine Operations）、"共产主义和民主"、"落叶行动"（Defoliation）、
"情报利用"（The Use of Informants）、"审讯犯人和疑犯"、"控制群
众集会"、"情报摄影和复写"（Intelligence Photography and Poly-
graphs）等课程。在学期间，美国的军事教导员都用西班牙语授课，
这样做不仅有助于与拉美军官进行沟通，同时也能拉近双方的心理距
离。毕业之时，拉美军官不仅收获了丰厚的反游击战知识，更对美国
先进的制度和价值观赞赏有加，这也是当初美国政府要他们前来军训
的主要初衷，即要培植亲美的拉美军官，以便于他们从政后更好地服
务于美国政府。根据参谋长联席会议的统计，1961 年美国分别对 360
位拉美军官提供了防暴（riot control）训练，344 位反游击战训练，
160 位心理战训练和 77 位公众事务（civil affairs）训练，总花费约为

---

① Lars Schoultz, *National Security and United States Policy toward Latin America*, p. 166.

② NSAM 131, "Training Objectives for Counter Insurgency", March 13, 1962.

③ 如果对这四个基本方法进行细化，"心理收买"包括收买游击队骨干成员，或游击
队活动周围的民众；"情报搜集"包括情报来源、搜集、识别、有效利用、侦察与反侦察等
方面；"转移民众"也要对地形、民众成分等进行细分；"军事打击"的内容更为广泛，化
整为零、小单元行动、埋伏狙击等作战手法。有关反游击战战术方面的具体分析，详见 Le-
roy Thompson, *The Counter-insurgency Manual: Tactics of the Anti-guerrilla Professionals*。

65 万美元。① 1962 年, 共有近 9000 名拉美不同国家的军人接受了美国的军训, 达到了肯尼迪在位时期的峰值。其中约有 3500 名军官到巴拿马运河区的美洲学校 (School of the Americas)② 和布雷格堡的"特种战争中心"进行培训。"美洲学校"是冷战时期美国培训拉美官兵反游击战术的主要场所。1961 年 6 月, "美洲学校"迎来了第一批接受反游击战训练的拉美军官。③ 截至 1964 年底, 美洲学校共培训了 16343 名拉美军人④, 拉美各国具体受训情况详见表 3 - 9。

第二阶段军训的主要对象是拉美地方警察。除了军官, 地方警察也是拉美国家反游击战的中坚力量。司法部长罗伯特·肯尼迪清醒地认识到了这种地方势力的重要性, 曾多次向肯尼迪总统和国际开发署写信, 建议增强对地方警察在经济和准军事装备方面的援助。⑤ 与此同时, 邦迪也曾给国际开发署署长汉密尔顿 (Fowler Hamilton) 去信,

---

① Stephen G. Rabe, *The Most Dangerous Area in the World: John F. Kennedy Confronts Communist Revolution in Latin America*, pp. 130 - 131.

② "美洲学校"前身是"美国陆军加勒比海训练中心" (U. S. Army Caribbean Training Center)。1949 年 2 月, 美国政府和军方为了在拉美和加勒比地区培植自己的势力, 以"帮助拉美和加勒比各国军队实现职业化"的名义, 在巴拿马组建了"美国陆军加勒比海训练中心"。20 世纪 60 年代, 美国军方将该训练中心迁往本土的本宁堡军事基地, 并更名为"美洲学校", 隶属于美国陆军训练与条令司令部管辖。美洲学校的学员来自拉美各国的军队。随着国际形势和拉美地区形势的变化, 培训目标和内容也由冷战时期的反共、反暴动 (反游击战)、步兵战术、军事情报, 转变为后冷战时代的反毒品等特种战术, 重点是战斗技能的培训。有关"美洲学校"的详细发展历程, 详见 Lesley Gill, *The School of the Americas: Military Training and Political Violence in the Americas*。

③ "Memorandum of Conference with President Kennedy", February 23, 1961, *FRUS*, 1961 - 1963, Vol. Ⅷ, available at: http://www. state. gov/r/pa/ho/frus/kennedyjf/viii/32069. htm, 2010 年 1 月 27 日。

④ Willard F. Barber and C. Neale Ronning, *Internal Security and Military Power: Counterinsurgency and Civic Action in Latin America*, pp. 144 - 145.

⑤ NSAM 132, "Support of Local Police Forces for Internal Security and Counter-Insurgency Purposes", February 19, 1962, available at: http://www. jfklibrary. org/Asset + Tree/Asset + Viewers/Image + Asset + Viewer. htm? guid = ｛925F8470 - 3E4A - 47C8 - 988B - FB307586C87F｝ &type = Image, 2010 年 1 月 27 日。

商讨警察援助方案。①

表 3 - 9 　　　　　　拉美国家在"美洲学校"的参训人数　　　　　单位：人

国家	人数	国家	人数
阿根廷	259	危地马拉	958
玻利维亚	1124	海地	50
巴西	165	洪都拉斯	810
智利	281	墨西哥	178
哥伦比亚	1366	尼加拉瓜	2969
哥斯达黎加	1639	巴拿马	1420
古巴	291	巴拉圭	507
多米尼加共和国	233	秘鲁	805
厄瓜多尔	1478	乌拉圭	202
萨尔瓦多	258	委内瑞拉	1195

资料来源：Willard F. Barber and C. Neale Ronning, *Internal security and military power*: *counterinsurgency and civic action in Latin America*, p. 145.

1962 年 8 月，肯尼迪总统批准了《国家安全行动备忘录第 177 号文件》（NSAM 177），决定对拉美实施"警察援助计划"（Committee on Police Assistance Programs，又称"公共安全计划"，Public Safety Program），并成立了公共安全办公室（the Office of Public Safety）。这是一个跨部门的机构，隶属于国际开发署，受到"反暴动特别小组"的监管。② 事实上，早在 1954 年 12 月，就有政府官员呼吁要美国重视加强友好政府的内部安全部队的建设，并称对外国警察的援助是抵抗共产主义革命的"第一道防线"。艾森豪威尔总统接受了建议，开始酝酿计划的实施。1955 年，美国政府开始在南朝鲜、伊朗和柬埔寨执行"公共

---

① NSAM 162, "Development of U. S. and Indigenous Police, Paramilitary and Military Resources", June 19, 1962, available at: http://www.jfklibrary.org/Asset + Tree/Asset + Viewers/Image + Asset + Viewer. htm? guid = ｛89986BCD - E77F - 41C0 - BC24 - 8A01B23D4425｝ &type = mpd, 2010 年 1 月 28 日。

② NSAM 177, "Police Assistance Programs", August 7, 1962, available at: http://www.jfklibrary.org/Asset + Tree/Asset + Viewers/Image + Asset + Viewer. htm? guid = ｛55DF6531 - 18F6 - 4398 - 916D - F533A085D040｝ &type = mpd, 2010 年 1 月 28 日。

安全计划"。到 1958 年该计划已经推广至 21 个国家，到 1961 年年中，增至 27 个，其中有 10 个在拉美国家、8 个在远东地区。"公共安全计划"的主要职能是为海外警力直接提供武器、通信器材等安全设备、训练、技术支持和理论指导，此外还要帮助他们设计、改造关押暴动分子的监狱。"公共安全计划"充当了中央情报局训练、援助、指导外国政治警察的桥梁，正因为此，人们总是将"美国同'自由世界'最残暴政权牢狱、酷刑和谋杀等形象联系在一起"。①

西半球的"警察援助计划"主要为拉美的警察提供军事训练和装备，试图实现以下目标，首先是帮助"友好政府"维持国内统治秩序，更重要的是抗击共产主义革命。军训的课程主要由从美国学习归国的拉美军官教授，也有少数是由美国军官直接授课。② 内容包括警察行政、机构和运作、城乡警察间的配合、边境安全、情报设备、防暴、通信和识别；提供的警察装备主要有通信器材、汽车运输、警用武器等。③ 肯尼迪为"公共安全办公室"开辟绿色通道，专门为其设立单独的"内部安全"预算（"internal security" budgetary）流程。此外，该机构还具有应急处理机制，以免拉美国家接收共产主义集团的警察援助。1962 年 7 月，肯尼迪政府在巴拿马运河区戴维斯堡（Fort Davis）建立了美洲警察学校（Inter-American Police Academy）。在此后的两年中，美洲警察学校共培养了 725 名拉美警员。④ 据不完全统计，20 世纪 60 年代美国在拉美警察援助项目上投注了 4360 万美元，有超过三千名美国警官参加培训，从而开创了美拉关系史上军事合作

---

① Michael McClintock, *Instruments of Statecraft*：*U. S. Guerrilla Warfare*，*Counterinsurgency*，*and Counter-terrorism*，1940 – 1990，pp. 188 – 190.

② "Memorandum of Conference With President Kennedy"，February 23，1961，*FRUS*，1961 – 1963，Vol. Ⅷ，available at：http：//www. state. gov/r/pa/ho/frus/kennedyjf/viii/32069. htm，2010 年 1 月 30 日。

③ John Duncan Powell，"Military Assistance and Militarism in Latin America"，p. 390.

④ Michael McClintock, *Instruments of Statecraft*：*U. S. Guerrilla Warfare*，*Counterinsurgency*，*and Counter-terrorism*，1940 – 1990，p. 190.

最密切的时代。①

除了"请进来"的军训方式，美国政府还决定让国内的反游击专家"走出去"，派遣他们充当国外反暴力革命训练的军事顾问。"机动训练小组"（Mobile Training Team，MTT）就是协调和管理这项任务的机构。根据参谋长联席会议的报告，截至 1962 年 7 月，肯尼迪政府共向 19 个受到暴力革命威胁的国家，派遣了 79 个"机动训练小组"，其中 50 个小组奔赴东南亚，20 各小组前往拉丁美洲。这些顾问重点指导游击问题最突出的拉美国家，玻利维亚有 16 人，哥伦比亚有 16 人，厄瓜多尔有 8 人，危地马拉有 9 人，委内瑞拉有 7 人。1962 年到 1967 年，又有约六百名特种部队"机动训练小组"专家受命从巴拿马运河区古里克堡（Fort Gulick）赶往拉美国家。②

1963 年 3 月，反暴动特别小组负责人艾里克西斯·约翰逊向肯尼迪总统汇报了这一阶段的政策效果。在协防方面，美国已经成立多个工作小组，分别负责玻利维亚、厄瓜多尔、危地马拉、委内瑞拉等多个拉美国家的内部防务；在军事训练方面，美国给予 22150 名国外军官和文官相关的反游击战知识、技能的培训，其中国务院参与培训了 6176 名，国防部 12700 名，国际开发署 1594 名，中央情报局 963 名，美国新闻署 721 名，预计在未来的四个月内接收训练的人数将会增至 24000 人；在警察援助方面，美国政府已经将该计划扩大至 30 个国家，花费了至少 4400 万美元，其中有 121 名拉美警官接受训练。③

肯尼迪在位三年，国防预算连年递增。1961 年一上台便追加拨款 170 亿美元，总额达 475 亿美元，1962 年达 511 亿美元，1963 年

---

① Stephen G. Rabe, *The Most Dangerous Area in the World*：*John F. Kennedy Confronts Communist Revolution in Latin America*, pp. 131 – 132; Margaret Daly Hayes, "Security to the South: U. S. Interests in Latin America", p. 147.

② Michael McClintock, *Instruments of Statecraft*：*U. S. Guerrilla Warfare*, *Counterinsurgency*, *and Counter-terrorism*, 1940 – 1990, p. 187.

③ "Memorandum From the Chairman of the Special Group（Counter-Insurgency）（Johnson）to President Kennedy/1/", March 14, 1963, *FRUS*, 1961 – 1963, Vol. Ⅷ, available at：http://www. state. gov/r/pa/ho/frus/kennedyjf/viii/33842. htm, 2010 年 1 月 31 日。

增至 527 亿美元。肯尼迪政府顾问西奥多·索伦森（Theodore Sorensen）说："肯尼迪在三年中建立了人类有史以来最强大的军事力量，也是美国在和平时期规模最大、发展最快的军事力量"。[1] 据不完全统计，1953—1961 年，美国每年对拉美的军援预算约为 5800 万美元，1962—1965 年，这一金额就上升为每年 1.29 亿美元，其中还不包括警察援助计划和一些其他军事开支。[2] 其实，这一时期美国对拉美亲美政府的军事援助和军事训练都是具有"双重目的"的，美国的短期目标是为了提高拉美军队反游击战的能力，维护内部安定，保障安全；长期目的是为了提高拉美政府的合法性，为进一步的经济、社会改革创造前提。因此，除了以上这些"硬手法"，美国政府还辅以实施一些发展援助计划等"软措施"，"将反共、反游击战与拉美国家的'现代化'进程相挂钩"。[3]

三　瓦解拉美游击运动的"软措施"

"二战"后第三世界的民族解放运动蓬勃发展，选择什么样的经济模式和发展道路成为这些新独立国家将要面临的重大问题。肯尼迪在就任总统时对世界局势十分清楚，他认为 20 世纪 60 年代不论对于美国还是整个世界，都是"极为关键的时期。……民族独立的浪潮席卷了全球约 1/3 的人口。工业化和科技革命遍布世界各个角落。……大约 80 个发展中国家面临着建立经济社会体系、选择政治领袖、定位政治实践和塑造结构体制等一系列问题。这些抉择将对世界未来的走向产生深远的影响，关系着我们子孙的成长环境"。[4]

华盛顿官方认为，除了在政治、军事、外交等传统国际体系方面

---

① ［美］西奥多·索伦森：《肯尼迪》，复旦大学世界经济研究所译，上海译文出版社 1981 年版，第 437 页。

② Thomas C. Wright, *Latin America in the Era of the Cuban Revolution*, p. 65.

③ NSAM 131, "Training Objectives for Counter Insurgency", March 13, 1962.

④ "Special Message to the Congress on Free World Defense and Assistance Programs", April 2, 1963, available at: http://www.presidency.ucsb.edu/ws/index.php? pid = 9136&st = civic + action&st1 = , 2010 年 2 月 2 日。

与苏联博弈，美国还要拥有一套能够放之四海而皆准的发展理论和发展实践，这样才能从深层次赢得冷战的胜利。肯尼迪曾说："今天，保卫自由和扩大自由的巨大战场……是在亚洲、拉丁美洲、非洲和中东——是在日益觉醒的各国人民的国土上。他们的革命是人类历史上最伟大的革命，他们谋求结束不公正、暴政和剥削。他们不是在谋求结束，而是在寻求新的开端"。① 甚至有美国学者指出："这些国家在其发展中到底走民主道路，还是走共产主义道路或别的极权主义的道路，可能会决定我们星球上的文明进程"。②

尽管大多数拉美国家早在 19 世纪就已经获得政治独立，但是发展道路始终是拉美社会精英苦苦思索的问题。20 世纪 60 年代爆发的拉美游击运动从根本上讲也是为了探寻民族自主发展的过程。对此，美国需要调整以往过分侧重硬手法的策略，因为单凭加强军事援助和防务安全并不能从根本上遏制拉美革命运动的发展。阿根廷总统弗朗迪西曾警告美国政府："卡斯特罗并不是根本问题。铲除卡斯特罗并不能解决根本问题。需要加以打击的是产生卡斯特罗的条件。即使铲除了卡斯特罗，而这些条件仍然保持原封不动的话，新的卡斯特罗还会在整个大陆上伺机兴起"。③ 白宫国家安全事务特别助理罗斯托在北卡罗来纳州布雷格堡举行的毕业典礼上，宣称："世界局势现在极其危险，……根源都在于，国际共产主义运动以不同的方式利用欠发达地区的内在不稳定性"，美国必须与盟友们以各种方式来迎接这个挑战，除了过去有限的经济援助和军事援助，必须找到打赢战斗的新方法，这种战斗"不仅要使用武器，还要依靠掌管当地政府的人的精神和政策来打，而且要在生活在村庄里、山冈上的人们的内心世界中展开"，必须积极投身于"现代化的整个创造性进程当中"。④

---

① 〔美〕西奥多·索伦森：《肯尼迪》，第 365 页。

② 〔美〕斯帕尼尔：《第二次世界大战后美国的外交政策》，段若石译，商务印书馆 1992 年版，第 147—148 页。

③ 〔美〕小阿瑟·施莱辛格《一千天：约翰·肯尼迪在白宫》，第 101 页。

④ W. W. Rostow, "Countering Guerrilla Attack", in Franklin Mark Osanka, ed., *Modern Guerrilla Warfare*: *Fighting Communist Guerrilla Movements*, 1941 - 1961, New York: Free Press of Glencoe, 1962.

（一）经济发展援助政策的理论基础

1. 拉美革命运动发生模式分析

肯尼迪政府中的自由派和温和派官员一致认为，经济贫困和社会不公是导致拉美长期动荡的根本原因，这种解释同样适用于 20 世纪 60 年代的游击运动浪潮。一些专家提出了具体的分析模式（见图 3 - 1），阐释贫困和不公正是如何导致拉美不稳定局面的。简单来讲就是，在一味追求经济增长的发展模式下，贫富分化和贫困问题日益严重，同时伴随的是社会和经济的结构变革，新涌现的阶层发动政治动员，连同弱势群体提出了政治经济发展权益要求，也即低水平动荡（low-level instability），而如果当权的精英阶层不肯妥协，就会导致高水平动荡（high-level instability）的出现。

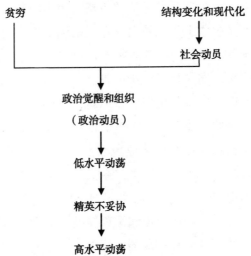

图 3 - 1　拉美革命运动发生模式

资料来源：Lars Schoultz, *National Security and United States Policy Toward Latin America*, p. 72.

首先，贫困问题在拉美长期普遍存在。如表 3 - 11 所示，20 世纪 60 年代初占人口总数 10% 的拉美最富有阶层握有全社会 46.6% 的财富，户均收入为 11142 美元，而 40% 最贫困民众仅占社会财富的 8.7%，户均收入 520 美元，还不及前者的 1/20，贫富分化严重；相比之下，美国 10% 的最富有阶层仅占社会财富的 28.6%，户均收入

为 15538 美元，40% 最贫困民众仅占社会财富的 17%，户均收入
4976 美元，几乎达到前者的 1/3，财富分配较为合理。在海地、玻利
维亚、萨尔瓦多、危地马拉和多米尼加共和国等国，营养不良的现象
随处可见。根据联合国粮农组织（Food and Agriculture Organization,
FAO）统计的数据，1961—1963 年拉美每人每天平均食物摄取量为
2363 卡路里，而上述几个国家的数值均不到 2000 卡路里，每人日均
动物脂肪的摄入量也仅为 15 克。在其他 8 个拉美国家，即使整日劳
作在田间和工厂的人群，也只是刚与拉美的平均标准持平。北美国家
的数据与此形成鲜明对比，它们的日人均食物摄取量为 3054，是上
述国家的 1.5 倍，动物脂肪的摄入量高达 66 克，是这五个国家的 4
倍有余。与营养不良相伴的还有低下的医疗卫生条件。在安第斯国家
秘鲁和厄瓜多尔，约有 10% 的新生婴儿不到一岁就夭折。除了当地
有限的医疗条件，年轻父母们缺乏相关的知识和技能也是导致婴儿高
死亡率的重要原因。这又反映了另外一个事实，即拉美民众受教育程
度普遍较低。在中美洲国家洪都拉斯和尼加拉瓜，一半的成年人不具
有阅读能力。即使在经济条件相对较好的国家，比如巴西和委内瑞
拉，成年人的文盲率也高达 35%—40%。农村的情况更为糟糕，在
哥伦比亚，64% 的农民是小农，小块土地的产出根本不足以维持生
计，甚至达不到当地的平均生活水平。另外，占总人口约 1.3% 的哥
伦比亚大地产主控制了全国 50% 的土地。在智利，占总人口 7% 的地
主拥有 80% 的土地。这些无地或少地的农民迫于生计背井离乡，来
到城市打工，但是微薄的工资收入仍然改变不了他们处于社会底层的
命运，贫困群体有增无减，只是他们的居住场所由乡村转移到了城市
的贫民窟。① 贫困并不是 60 年代拉美社会的特征，它贯穿在拉美的发
展史中，似乎是无法根治的"顽症"，病根就在于拉美的土地分配制
度始终没有被彻底地改变。据统计，60 年代初拉美约有一半的人生

---

① Stephen G. Rabe, *The Most Dangerous Area in the World: John F. Kennedy Confronts Communist Revolution in Latin America*, pp. 22 – 23.

活在农村，而占人口数量 5%—10% 的大地主占据了 70%—90% 的土
地。① 但是，仅存在贫困和不公问题并不足以引起大规模的社会动荡，
生存的欲望往往会促使大多数穷人想尽各种办法谋生，改变自己去适
应社会，而不是去改变这个社会。而声势浩大的游击运动之所以在
20 世纪 60 年代才爆发，显然与当时拉美的经济和社会状况密不
可分。

表 3－10　　世界主要地区每人每天卡路里摄取量：1961—1963 年单位：卡路里

所有发展中国家	非洲	拉美	其他发展中国家	所有发达国家	北美	欧洲	大洋洲	苏联	其他发达国家
1940	2117	2363	2116	3031	3054	3088	3173	3146	2545

资料来源：联合国粮农组织 FAO, Production Yearbook, various issues, available at: ht-
tp: //www. gsjsw. gov. cn/html/sjrksj/09_ 43_ 51_ 689. html。

表 3－11　　　　　　　1960 年拉美和美国的收入分配情况

各阶层人口比例	占国家总收入的比重（%）	家庭收入（美元）
拉美		
最富有阶层（10%）	46. 6	11142
次富有阶层的 20%	26. 1	3110
次富有阶层的 30%	35. 4	2542
最贫穷人口的 60%	18. 0	833
最贫穷人口的 40%	8. 7	520
美国		
最富有阶层（10%）	28. 6	15538
次富有阶层的 20%	26. 7	13490
次富有阶层的 30%	36. 7	11577
最贫穷阶层的 60%	34. 8	6099
最贫穷阶层的 40%	17. 0	4976

资料来源：Alejandro Portes, "Latin American Class Structures: Their Composition and
Change during the Last Decades", *Latin American Research Review*, Vol. 20, No. 3, 1985, p. 25.

---

① Tony Smith, "The Alliance for Progress: The 1960s", in Abraham F. Lowenthal, ed.,
Exporting Democracy: The United States and Latin America, p. 73.

其次，数十年的现代化进程冲击着拉美固有的生产关系和经济结构，贫富分化加大，社会矛盾突出。20世纪50年代以前，大多数拉美国家采取了以初级产品出口为主的经济发展模式。为了迎合国际市场的需求，赚取更多的外汇，政府和大地产主开始有意识地侵吞土地，将其用来种植利润丰厚的经济作物。以萨尔瓦多为例，1930年该国的甘蔗种植园面积为1万公顷，到1971年则升至2.8万公顷。①这种做法导致了两种后果，一是土地越来越集中，无地农民增加；二是粮食产量下降，食品供给紧张。"食物短缺不是因为土地的产能下降，而是因为大量土地都得不到充分利用，或者被用于经济作物的生产"。② 50年代中后期，拉美国家开始实行"进口替代工业化"，这一战略虽然有利于民族工业的发展，但也存在弊端。农业发展失衡就是其中一个突出问题。拉美的农业发展具有明显的二元化特点，政府对农业的投资主要服务于现代商品农业，公共投资数额有限，忽视了传统小农经济。因此，农业现代化的受益者也主要是大农场主和跨国公司，小农经济并没有得到多少改善。同时由于农村人口大量增加，而政府的土改进程缓慢，再加上私人农产机械化的发展，越来越多的农民失去土地，直接导致粮食产量下降，许多拉美国家从粮食出口国变为了粮食进口国。土地问题诱发了失业问题。过剩的农村劳动力被迫转移到城市，然而工业部门主要是资本密集型企业，生产的增长往往来自机器和技术上的投资，而不是雇用更多的工人，因此也无法消化如此巨大的失业群体。经济繁荣并没有改善收入分配（income distribution）格局，反倒使收入日趋集中化（income concentration），社会底层民众对工业化和现代化的前景备感失望。

此外，科技革命给拉美带来了现代通信和交通设施的改善，这有助于激发贫民权利意识的觉醒。通信技术的改进，给拉美贫民提供了一个全新的视角去审视贫困的现状与根源。老百姓通过媒体，了解到

---

① William H. Durham, *Scarcity and Survival in Central America: Ecological Origins of the Soccer War*, Stanford, California: Stanford University Press, 1979, p. 44.

② 同上书，第54页。

了外部世界，特别是发达资本主义国家民众的生活状况，他们发觉现世的贫苦并不是天定的，而是可以通过反抗来改变的，他们开始变以前消极被动的处世态度为积极主动。这种影响是潜移默化的，而且不易被发觉的。拉美经委会官员奥斯卡·阿迪米尔（Oscar Altimir）指出，"消费主义本是工业化国家的文化态度、价值观念和生活方式，通过商品贸易、消费市场、大众媒体和领导集团的观念传输，它逐渐被广大拉美人民所接受，并已成为他们向往的目标"。① 然而，令华盛顿神情紧张的远非拉美民众觉醒导致的社会后果，而是共产主义是否会通过现代通信进行说教宣传，蛊惑人心。对此，美洲事务助理国务卿埃德温·马丁（Edwin McCammon Martin）曾提醒肯尼迪："廉价的日本收音机正在拉美泛滥，特别是在农村地区，因此当数以百万计的未受过教育、无知的民众打开收音机时，会很容易被极端分子的宣传所迷惑"。②

　　最后，工业化带动了城市化和社会结构的变化，促成了新政治团体和城市中产阶级的出现，为政治动员提供了条件。政治动员是人们通过政治渠道表达革命预期的过程。现代化进程中产生了新的工会、政党、教区和合作社组织，它们自发地结合在一起，成立自救委员会（self-help committees），引导权利意识逐渐萌发的民众进行自发式的维权运动，充当着民众觉醒和反抗行动之间的桥梁。

　　20 世纪 60 年代，天主教会开始倡导新的社会教义（Social Doctrine），引领了拉美的宗教改革，宗教势力成为民众动员的主要力量之一。1961 年 5 月 15 日，天主教教宗约翰二十三世（Pope John XXIII）发表通谕《慈母与导师》（Mater et Magistra），谴责私有制和剥削，主张合理分配财富，彻底改变现行的经济秩序。两年后，他又发表了《和平通谕》（Pacem in Terris）。告诫政府："要将社会问题与经

① Lars Schoultz, *National Security and United States Policy toward Latin America*, pp. 81 - 82.

② Edwin McCammon Martin, *Kennedy and Latin America*, Lanham, Md.：University Press of America, 1994, p. 73.

济进步纳入同等重要的位置予以考虑，并要发展基本的保障。……任何无视人权或者残暴对待人民的政府，不仅是失职的，而且应当废止其颁布的法令效力"。① 约翰二十三世的这些思想撼动了一向保守的天主教会，为天主教会带来全面的更新和与世界及其他宗教关系的重新定位。作为天主教传播最广泛，也是天主教徒最为集中的拉丁美洲，自然是这场宗教革新的重点区域。在哥伦比亚城市麦德林，约翰二十三世主持了拉美主教会议。大会提出了"优先选择与穷人为伍"（preferential option for the poor）的口号，主张进行深刻的社会改革。自此，穷人成了天主教会的主体，教会站在穷人的角度来重塑它的社会理论和实践。麦德林会议奠定了解放神学的思想基础，成为解放神学诞生的标志。与传统神学相比，解放神学更加强调实践，强调思想和行动的互动，强调宗教信仰和社会现实的联系。这次宗教改革重新定义了社会实践的含义："我们不可能再生活在一个富者通过榨取使穷者越穷的社会中，国际债务是一个穷国永远不能翻身的重担。名为协助发展实质是经济侵略的工业援助；跨国公司无异于昔日帝国主义的战船，自由经济主义下人变得越来越自私与贪婪，最终丧失了人性——自己的和被欺压者的人性。我们的任务是建设一个全新的世界，一个新人类族，一个新的文化，在这地球上分享着彼此的生命。一言以蔽之：延续基督耶稣新天新地的使命。"② 这次会议成为天主教从传统、保守、反动，向开明、进步和革新转变的历史性的转折点。拉美各地纷纷成立基督教基层团体（Latin America of Christian Grass-roots Communities），成为拉美民间较大的改革势力。同时也涌现出一些杰出的奉行和实践解放神学的神学家，哥伦比亚的"游击队神父"卡米洛·托雷斯（Camilo Torrez）神父就是其中比较著名的代表，他在努力组织统一战线运动未果后，转向武装斗争道路。

---

① Lars Schoultz, *National Security and United States Policy toward Latin America*, pp. 87 - 88.

② 此文引自1991年在澳大利亚布里斯班举行的"选择与穷人为伍"国际研讨会的《共同宣言》。

除了宗教的号召力，这一时期拉美的社会结构也发生了巨大的变化，以城市非体力劳动阶层为主的中产阶级大幅增加，约占到拉美总人口的1/4。[①] 中产阶级作为一个有文化、有独立利益和要求并且有主见的阶级，信仰多元主义，崇拜民主自由，具有现代民主参与意识，是社会转型的中坚力量，他们需要获得与自己经济实力相当的政治地位，是拉美民族主义力量的主力军。尽管中产阶级和下层民众的利益出发点不同，但是改变现有经济政治结构的诉求使他们找到了契合点，因此，两个阶层联合起来，形成反政府洪流，开始酝酿低水平的社会动荡，罢工、罢课、小规模游行示威、反抗运动时有发生。面对社会团体和贫苦民众的利益诉求，如果当权派不及时出台改革措施化解民怨，拒绝政治和经济"蛋糕"的再分配，那么低水平的社会动荡就有可能衍生为更高级别、更大规模的反政府运动，届时政府将亲手点燃"高水平动荡"的引信。

对于20世纪60年代拉美的局势，美国总统特别顾问施莱辛格表示担忧，他认为拉美政治寡头似乎并没有意识到局势的严重性，他们拒绝变革，这无疑会增加共产主义利用民怨发动下层革命的可能性。[②] 美国政府已经意识到了拉丁美洲的变革是不可避免的，而美国要做的就是保证这种变革是一种美国可以操控的、服务于美国利益的改良，而非革命。为了避免处于转型期的拉美落入共产党之手，肯尼迪政府的紧迫任务就是如何使这些合法的民众诉求远离共产主义，在共产主义点燃最后一根引线之前，将拉美国家引向和平的改革之路。用财政部长迪伦的话说，就是争取将现有的反抗运动转化为"可控制的革命"（a controlled revolution）。[③]

为了建立一个经济繁荣、社会公正、反共的拉美社会，肯尼迪政

---

① 城市非劳动阶层主要指受雇于政府和工商业机构的经理、专业技术人员、办事员、教员、医务人员等。

② "Memorandum from the President's Special Assistant（Schlesinger）to President Kennedy", March 10, 1961, *FRUS*, 1961–1963, Vol. XII, p. 10.

③ Stephen G. Rabe, *The Most Dangerous Area in the World: John F. Kennedy Confronts Communist Revolution in Latin America*, p. 24.

府首先必须彻底与独裁政府划清界限，尽管他们大多持反共立场，但是在美国政要们看来，这些军事独裁统治者很可能成为下一个巴蒂斯塔，迫使万念俱灰的民众投奔共产主义的怀抱。担任国务卿顾问的阿道夫·伯利（Adolf A. Berle）劝告肯尼迪总统："美国不能再支持独裁统治者以换取短期的安全目标。……如果我们继续对那些违背民意的当权者提供无原则支持，我们将会输掉眼前的斗争"，所以，只有援助代表民主进步的势力，美国"才能突破正式外交的界限，赢得'冷战'中那些无家可归的人的支持"。施莱辛格进一步指出拉美城市中产阶级的重要性，"中产阶级试图发动一场所谓的'中产阶级革命'来推动国家的现代化建设"，如果得到充足的经济和民众支持，他们将促进工业化、经济增长以及与之相伴的民主化进程，打造出行政效率高、诚信的政府，哥斯达黎加的菲格雷斯，委内瑞拉的贝坦库尔特，阿根廷的弗朗迪西，哥伦比亚的卡马戈以及秘鲁的阿雅德拉托雷等，就是拉美城市中产阶级的代表和领袖。美国应该适当地引导拉美的中产阶级革命，帮助他们实现利益诉求，这也符合美国在拉美的长期利益。因为"如果中产阶级革命被当权者阻挠，那么他们将不可避免地制造工农大革命"，而这一后果显然是美国所不愿意看到的。①

由此可见，肯尼迪与其前任虽然在如何看待第三世界暴力革命问题的立场上一致，即都认为民族主义是导致第三世界不稳定的主要因素，但两者解决问题的方式和侧重点存在差异。与艾森豪威尔的强硬打压相比，肯尼迪更注重疏导。如果说前者是被动防守的话，那么后者则为主动进攻。肯尼迪指出："美国，一个政治革命的产物，不仅不能将民族主义让给试图夺取其领导权的反西方民族主义鼓动家和苏联代理人，而且还要加倍努力以得到民族主义领导人的尊重和友谊"。②

---

① "Letter from the Chairman of the Task Force on Latin America（Berle）to President Kennedy, Report of the President's Task Force on Latin America", July 7, 1961, *FRUS*, 1961 – 1863, Vol. Ⅻ, pp. 38 – 43.

② Melvin Gurtov, *The United States against the Third World*: *Antinationalism and Intervention*, New York: Praeger, 1974, p. 46.

　　除了在发生暴力革命的第二个步骤进行积极干预以及合理引导中产阶级的利益诉求之外，要想从根本上抑制拉美发生高水平动荡，美国政府还要从暴力革命发生的源头抓起，帮助拉美国家解决政治和经济现代化进程中出现的诸多问题。虽然在艾森豪威尔政府末期已经出现了放弃支持独裁政权的动向，但这种"亡羊补牢"式的补救措施不再可取，为了避免重蹈艾森豪威尔政府丢掉古巴的覆辙，肯尼迪政府必须在经济开发援助方面采取更加积极主动的措施，从而遏制拉美爆发高水平动荡——共产主义革命的势头。

　　2. 罗斯托"经济增长阶段论"与《1961年对外援助法案》的出台

　　随着美苏冷战对抗的加剧，美国政府对国际安全事务研究的需求不断扩大。美国大学纷纷成立国际战略研究所。随着1961年肯尼迪政府的上台，美国大学中的战略研究对美国国际安全政策的影响达到了高潮。肯尼迪起用了很多文人战略家负责国家安全事务。仅哈佛大学、麻省理工学院和兰德公司这三个地方的战略研究所，就出了一名白宫国家安全顾问及其两个副手、总统科学顾问、两个助理国防部长、一个助理国防部长帮办和两个助理国务卿等高级官员，在政府其他机要部门担当顾问的就更不计其数。[①] 这些拥有不同学科背景的学界精英为政府献计献策，对美国决策者不断出台适应局势变化的冷战政策产生了很大的影响。

　　围绕如何开展对拉美等第三世界国家和地区发展援助的议题时，社会科学家顾问团分别从经济、政治和历史等角度出谋献策，各种"现代化"理论纷纷出现。代表人物有罗斯托、林肯·戈登、马科斯·米利肯（Max F. Millikan）、白鲁恂（Lucian Pye）、丹尼尔·勒纳（Daniel Lerner）、加布里埃尔·阿尔蒙德（Gabriel Almond）、詹姆斯·科尔曼（James Coleman）、西摩·马丁·李普赛（Seymour Martin

---

Lipset）等人。① 这些现代化理论是冷战初期的产物，其基础是关于全球变迁的性质以及美国与全球变迁的关系的一系列带有根本性的假设，涉及经济组织、政治结构和社会价值体系等方面紧密关联的变化，目的就是要"创建一组放之四海而皆准的经验性的坐标体系，以描画全球变迁的总体状况"，抗衡《共产党宣言》中所描绘的通往人类理想社会的途径。② 其中，罗斯托的经济增长阶段论及其政策建议对肯尼迪政府的影响最大。

如同其他亦官亦学的思想家一样，罗斯托在其学术和从政生涯中致力于将公共政策纳入学术研究，同时尽量让其学术思想对政府制定政策产生影响。1952 年 1 月，罗斯托和米利肯联合创办了麻省理工学院国际研究中心（MIT Center for International Studies），宗旨是通过基础性社会科学研究解决美国在当前世界斗争中面临的问题，以及生产马克思主义的替代品。③

1960 年，罗斯托出版了《经济增长的阶段：非共产党宣言》一书，这是他经济思想的集大成之作，标志着"经济增长阶段论"正式形成。这本书用经济理论解释历史发展的进程，根据西方工业化国家的发展历程，详细论证了一国经济增长需要经历的五个阶段：传统社会阶段（the traditional society）、起飞的前提条件阶段（the predictions for take-off）、起飞阶段（the take-off）、走向成熟阶段（the drive to maturity）和大众消费阶段（the age of high mass-consumption）。从书

---

① 上述学者的代表作主要有：Walt Whitman Rostow, *Stages of Economic Growth：A non-Communist Manifesto*, London: Univ. Press Cambridge: University Press, 1960; Lucian Pye, *Politics, Personality, and Nation Building：Burma's Search for Identity*, New Haven: Yale University Press, 1962; Daniel Lerner, *Passing of Traditional Society：Modernizing the Middle East*, Glencoe, Ill. : Free Press, 1958; Almond and Coleman, *Politics of Developing Areas*, Princeton, N. J. , Princeton University Press, 1960。

② Stephen G. Rabe, *The Most Dangerous Area in the World：John F. Kennedy Confronts Communist Revolution in Latin America*, p. 25; ［美］雷迅马：《作为意识形态的现代化：社会科学与美国对第三世界的政策》，牛可译，中央编译出版社 2003 年版，第 5—6 页。

③ Zaheer Baber, "Modernization Thoery and the Cold War", *Journal of Contemporary Asia*, Vol. 31, Issue 1, 2001, p. 73.

的副标题"非共产党宣言"我们不难发现，罗斯托这本经济学术著作带有非常浓厚的政治色彩，凸显了它作为与共产主义意识形态对抗的实质。

该书独辟章节专门讨论了"经济增长阶段论"与马克思主义的关系。罗斯托承认马克思主义也是一种社会发展阶段理论，在分析完马克思主义的七个命题之后，他简要概括了马克思的历史进程论和经济增长阶段论的相似之处：两者都是从经济角度来看待一切社会演变问题的；都同意经济变化有社会、政治和文化后果；都认为在政治和社会过程中，和经济利益相联系的集团和阶级利益是现实存在的；都认同经济利益会引发战争的论调；都指出了未来社会发展的最高阶段；都强调在经济技术方面，都以增长过程的部门分析为基础。

而后，罗斯托着重指出了两种理论者的不同之处。首先，"两种学说之间最根本的差别在于对人类动机的看法"。他引用《共产党宣言》中的论断来表现马克思的观点，"人与人之间的关系除了赤裸裸的自私自利之外，除了冷酷无情的'现金交易'之外，资本主义再也没有留下什么别的联系"。而罗斯托认为，人的需求是多元的，人们会在向他们敞开的各种机会面前，选择一种平衡的目标，保持经济、文化、观念等价值在生活中的平衡；"社会的行为不单决定于经济因素"，人们会由于维护文化、宗教、传统信念、尊严、国际地位等，而放弃追逐经济利益。其次，正因为上述的立场，将人类的动机看作"疯狂的经济利益"的马克思，会将人与人之间的关系理解为冲突，各阶级之间没有任何妥协余地的对立，阶级斗争是历史前进的动力。罗斯托则主张，人与人之间更多的是理解和妥协，人类社会体现更多的是"溶解的力量"，因为"马克思是一个孤独的人，严重脱离他的同辈，所以他绝不能理解人类的这种溶解力量"。再次，在对未来社会的构想上，马克思认为经济达到一定程度后，人类的经济需求就会得到满足，人性善的一面将得到充分的发展，各尽所能，按需分配，人类进入了共产主义社会。罗斯托则认为这不过是一个"浪漫主义者"的天真，问题是永远存在的。他是这样评价马克思及其创建的学说："马克思属于西方这样一类人物，这一类人以不同的方式反对走向成熟阶段中所发生的社会和人类成本，寻求使社会保持更好和更合乎人道的平衡。在'疯狂的利己主义'、对被压迫者的同情和对压迫者的憎恨的推动下，同时在一定程度上受到保持'科学的'和非感情的热情的约束，马克思创建了他的震撼世人理论，这套体系充满了缺点，但在某些方面又充满合理的看法，是对社会科学的一种伟大的、正规的贡献，同时也是对公共政策的一种极为可怕的指南"。最后，罗斯托总结道："共产主义是一种病症。如果一个过渡社会不能够有效地把它内部愿意进行现代化工作的成员组织起来，这个社会就会得这种病症。"[1]

　　除了为对抗共产主义意识形态提供了理论武器，罗斯托的"经济增长阶段论"所提出的政策建议具有可行性。一方面，广大发展中国家从中可以看到经济"起飞"所需的各项条件、外援的价值、自助发展的重要性，以及未来的发展宏图；另一方面，西方工业化国家也可从中得出自身发展经验的普适性、对外经济援助在预防和治愈共产主义这种过渡阶段的"顽疾"时的良好疗效以及具体的操作流程。因此，此书对于正从理论上寻求制定对外援助政策的美国决策人而言，不失为一本适合现实需要之作。肯尼迪总统非常器重罗斯托，并任命他为总统国家安全事务副特别助理。

　　1961 年 3 月，罗斯托递交了一份名为"发展的十年"的备忘录，指出："欠发达地区有许多国家将在 20 世纪 60 年代达到或接近起飞点。……只要我们埋头苦干，阿根廷、巴西、哥伦比亚、委内瑞拉、印度、菲律宾、（中国）台湾、土耳其、希腊，或许还有埃及、巴基斯坦、伊朗和伊拉克，都有可能在 20 世纪 70 年代实现自促增长"。[2] 罗斯托还对拉丁美洲的发展进行预测，"在美国的援助下，阿根廷、巴西、哥伦比亚、墨西哥和委内瑞拉可望在 1970 年代达到'完全起

---

[1]　Walt Whitman Rostow, *Stages of Economic Growth: A Non-Communist Manifesto*, pp. 148 – 167.

[2]　Kimber Charles Pearce, *Rostow, Kennedy, and the Rhetoric of Foreign Aid*, p. 97.

飞'。……这一时期，80%的拉美人口将会'摆脱救济金'而存活"。[①]
肯尼迪总统对于罗斯托的建议表示赞许，并委托他执笔向国会递交对外
援助特别咨文。

3月22日肯尼迪总统向国会递交了《对外援助特别咨文》。咨文
开宗明义，强调了推行新对外援助政策的必要性，原因有三：

一是现行的外援计划以及理念存在诸多不足之处，这不符合60年
代我们以及欠发达世界追求的利益。比如断断续续的短期资助，盲目无
序的项目取向，僵化烦冗的运动机制，以及急功近利的政治目标等。

二是自由地区的欠发达国家目前正处于持续增长和经济动荡的不稳
定状态之中，这不仅会严重威胁到美国的国家安全，还会使美国永享繁
荣富庶的梦想化为一枕黄粱。尽管我们之前的援助计划帮助它们避免经
济动荡和崩溃，并保持它们的经济独立和自由，但是受援国经济并没有
像我们预期的那样，出现持续的增长。那种只顾短期政治目标、解决眼
前危机的援助计划，并不能使受援国保持经济的长期稳定。

三是20世纪60年代为自由工业化国家通过外援，推动欠发达国
家实现自促增长，至少是逐渐走向自立提供了前所未有的历史机遇。
60年代是"发展的十年"，许多欠发达国家处于向自促增长过渡的阶
段，在这个时期，自由、稳定、自立国家的增多会降低世界局势紧张
和不安全的风险。[②]

文中还特别提到了拉丁美洲，"人口的增长已经超过了经济增长，
这导致一些拉美国家生活水平的相对下降。……拉美所面临问题的严
重性并不亚于其他发展中地区。因此为了给拉美和其他欠发达地区带
来真正的经济繁荣，需要我们与拉美共和国以及其他自由世界的盟国
的共同持续的努力"。综合以上分析，肯尼迪认为有必要"制订一个
更合理、更有效、长期的对外援助方案"。完成这项新使命，"我们
需要一支能与其他政府开展合作、对经济发展进程有深入理解的高度

---

①　Walt W. Rostow, *The Diffusion of Power: An Essay in Recent History*, p. 647.

②　"Special Message to the Congress on the Foreign Aid", March 22, 1961, available at: http://www.presidency.ucsb.edu/ws/index.php?pid=8545&st=&st=1, 2010年2月8日。

职业化的精英队伍"。肯尼迪提出了一整套新的外援方案：统一外援管理机构；以单个受援国为单位制订长期开发援助计划并提供长期资金支持；在援助类型上，特别强调以美元偿付的贷款；鼓励受援国充分动员自身资源，实行必要的社会经济改革并制订长期经济发展计划；尽可能地鼓励其他工业化国家提高对欠发达地区的援助水平；将社会和经济开发援助与军事援助分开，建议将 1962 年的军事援助财政预算由 18 亿美元降至 16 亿美元，经济援助提升至 24 亿美元。①

美国国会对此迅速做出反应，8 月 31 日通过了《1961 年对外援助法》（The Foreign Assisstance Act of 1961）。9 月 4 日，肯尼迪签署了该法案。《1961 年对外援助法》基本是以 3 月 22 日肯尼迪递交的国会咨文为蓝本制定的，首次将美国的对外援助明确地分为军事援助和非军事援助两大部分。《1961 年对外援助法》第 501 节阐明了肯尼迪政府对外援助的目的："提高友好国家和国际组织的威慑力，如果必要的话，挫败共产主义或者共产主义支持的侵略，协调单独或集体安全的筹备工作，帮助友好国家保持内部安全和稳定，确保发展中友好国家实现社会、经济和政治的快速进步"。②

为了响应肯尼迪总统提出的"统一外援管理机构"的建议，11 月 3 日，美国国务院成立了国际开发署（Agency for International Development，USAID），它是美国历史上第一个主要负责长期经济和社会开发援助的外援机构。该机构全面接管分散在国际合作署（International Cooperation Agency）、开发贷款基金、进出口银行和农业部"粮食换和平"（Food for Peace）计划中的各项援助职能，下设撒哈拉以南非洲局、亚洲局、拉美和加勒比局、欧洲和欧亚局、中东局五个分支机构，具体负责针对单个国家长期援助计划的审核及执行工作。③

---

① "Special Message to the Congress on the Foreign Aid", March 22, 1961, available at: http://www. presidency. ucsb. edu/ws/index. php? pid = 8545&st = &st = 1, 2010 年 2 月 8 日。

② Michael McClintock, *Instruments of Statecraft: U. S. Guerrilla Warfare, Counterinsurgency, and Counter-terrorism*, 1940 - 1990, p. 165.

③ "USAID History and Organization", available at: http://www. usaid. gov/, 2010 年 2 月 9 日。

无论是《1961 年对外援助法》还是此后出台的一系列外援政策，都闪现着罗斯托"经济增长阶段论"的影子。可以说，罗斯托用了将近 10 年的时间，终于使自己的理论学说转化成为主流的公共政策，这不仅是他个人苦心经营的结果，更是拜当时日益紧张的国际和地区局势所赐。

（二）肯尼迪政府针对拉美的经济发展援助政策

1. "争取进步联盟"政策的出台

肯尼迪早在总统竞选的时候就已经开始酝酿拉美的经援计划。1960 年 8 月，负责肯尼迪竞选的外交政策和防务小组制订了改善拉美经济状况的详细计划。肯尼迪的竞选助手，时任众议院立法监督小组委员会（Legislative Oversight Subcommittee）特别顾问古德温为肯尼迪撰写了拉美问题的演讲稿，阐述民主党的拉美政策构想。文中借用了罗斯托的"经济增长阶段论"及其提出的"民主示范效应"，称"美国所取得的政治经济成就，会因国际社会的认同和分享而大放异彩"，并提出经济援助应该摆脱短期政治目标的束缚。1960 年 10 月，肯尼迪在佛罗里达州坦帕县使用了这份演讲稿。其间，他首次提到了"争取进步联盟"一词，表示如果当选，将对拉美采取全新的援助政策。他说："我们的新政策可以用一个西班牙语'alianza para progreso'——'争取进步联盟'来最好地概括。这是在自由和经济发展上有着共同利益的国家之间的联盟，通过共同努力，开发整个半球的资源，加强民主力量，扩大美洲所有人民的就业和教育机会"。[①] 这次演讲收到了极佳的宣传效果，再次唤起了西半球国家对于"现代社会"的向往及其对美国经济援助的企盼。此后，肯尼迪内阁班子开始着手设计对拉美的大规模发展援助计划。

1961 年 1 月 20 日，肯尼迪在就职典礼上，对拉美国家阐述了"争取进步联盟"的愿望：

---

① Pre-Presidential Papers, Box 913, JFKL, available at: http: //www. jfklibrary. org/Historical + Resources/Archives/Archives + and + Manuscripts/Kennedy. John + F/jfk ＿ pre-pres/, 2010 年 2 月 19 日。

致我们南面的姊妹共和国，我们提出一项特殊的保证——在争取进步的新同盟中，把我们善意的话变为善意的行动，帮助自由的人们和自由的政府摆脱贫困的枷锁。但是，这种充满希望的和平革命不可以成为敌对国家的牺牲品。我们要让所有邻国都知道，我们将和它们一起，反对在美洲任何地区的侵略和颠覆活动。让所有其他国家都知道，本半球的人民仍想做自己家园的主人。①

3月13日，就任总统不到两个月的肯尼迪就在白宫东厅举行拉美各国外交使团集会，有250名拉美外交官参会。会上，肯尼迪发表了主题演讲，"号召西半球人民加入到新生的争取进步联盟当中，这是一项规模空前、目标高尚的大型合作计划，以满足美洲人民的住房、就业、土地、健康和教育需求"。②他具体提出了"争取进步联盟"的10点初步内容，主要包括：该计划将持续10年，美国将在拉美国家"自助"的原则上提供"足额的"资金，拉美国家要制定出自己的发展规划，支持拉美一体化，稳定出口商品的市场价格，实施"粮食换和平"计划，扩大文化交流，等等。

在讲话中肯尼迪概括了实施"争取进步联盟"的目的：

我们建议完成美洲的革命，建成一个所有人希望获得适当的生活标准和所有人都能过着体面和自由生活的西半球。为了达到这一目的，政治自由必须与社会改革同时并举，因为如果在税收和土地改革等方面没有进行大刀阔斧的社会改革，……那么我们的联盟、我们的革命、我们的自由都将化为泡影。让我们再次把美洲大陆变成革命思想和斗争的巨大熔炉。③

---

① "Inaugural Address", January 20, 1961, available at: http://www.jfklibrary.org/Historical + Resources/Archives/Reference + Desk/Speeches/JFK/Inaugural + Address + January + 20 + 1961. htm, 2010 年 2 月 19 日。

② White House Diary, March 13, 1961, available at: http://www.jfklibrary.org/White + House + Diary/1961/March/13. htm, 2010 年 2 月 19 日；"New JFK Exhibit Celebrates US – Latin American Friendship", March 13, 1961, available at: http://www.jfklibrary.org/JFK + Library + and + Museum/News + and + Press/New + JFK + Exhibit + Celebrates + US + Latin + American + Friendship. htm, 2010 年 2 月 19 日。

③ Tony Smith, "The Alliance for Progress: The 1960s".

肯尼迪在阐明争取进步联盟计划后，便于 3 月 22 日向国会递交了《对外援助特别咨文》，要求对该计划予以拨款，同时派政府要员到拉美国家进行游说，一方面希望获得拉美国家对该计划的支持与合作，另一方面也在敦促拉美政府制订实现民主进步的十年发展计划。[①]

1961 年 8 月 5 日到 17 日，泛美经济与社会理事会部长级特别会议在乌拉圭的埃斯特角召开，美国财政部长迪伦率代表团参加。会议通过了《埃斯特角宪章》（the Charter of Punta del Este）和《告美洲各国人民书》两个文件[②]，对争取进步联盟的具体内容做了详细的阐述，这也标志着"争取进步联盟"计划正式启动。《埃斯特角宪章》规定了"争取进步联盟"实施后要达到的 12 个目标：（1）拉美国家在 10 年内人均国民收入增长率要达到 2.5%，这样才能保证"自促"发展和不断缩小拉美与工业化国家的差距；（2）通过更平等的国民收入分配，使经济的进步惠及所有的经济和社会群体，较快提高更贫穷人口的收入和生活水平；（3）促进经济的多元化发展，以此来降低对单一产品出口的依赖；（4）加速合理工业化发展；（5）提高农业生产率；（6）积极推进土地改革；（7）消灭成人文盲；对每一名学龄儿童都要进行 6 年的基础教育；促进教育设施的现代化；（8）改善个人卫生和公共医疗条件；（9）增加面向低收入人群的廉价房的建设；（10）保持物价稳定；（11）促进拉美经济一体化和贸易多样化；（12）加强贸易合作以稳定出口汇兑收益。[③]

"争取进步联盟"一个很明显的特征就是，美国要在拉美国家"自助"发展的基础上提供充足援助。埃斯特角会议决定在 10 年内筹

---

① "Special Message to the Congress on Foreign Aid", March 22, 1961, available at: http://www. presidency. ucsb. edu/ws/index. php? pid = 8545&st = &st1 = , 2010 年 2 月 20 日。

② 古巴代表团在表决这两项决议时弃权。《告美洲各国人民书》是《埃斯特角宪章》的简要概括。

③ Joseph Grunwald, "The Alliance for Progress", *Proceedings of the Academy of Political Science*, Vol. 27, No. 4, Economic and Political Trends in Latin America (May, 1964), pp. 80 – 81. 《埃斯特角宪章》实际上是由古德温和罗斯托起草的。宪章要达到的 12 项总体目标中有 7 项均由罗斯托提出。可以说，"争取进步联盟"政策是罗斯托"经济增长阶段论"在拉美的扩充和延伸。

集 1000 亿美元的资金以支持"争取进步联盟"计划，其中拉美国家自行承担 80%，欧洲和日本的私人资本提供 10%，美国政府保证在 10 年期间每年向拉美投放 10 亿美元。① 与此同时，拉美国家政府同意进行包括土地改革和税收改革在内的一些革新。会后，拉美许多国家宣布接受《埃斯特角宪章》；美国主要通过国际复兴和发展银行、美洲开发银行、进出口银行和 1961 年 11 月成立的国际开发署等机构来执行这一发展援助计划，"争取进步联盟"计划开始在西半球有条不紊地推行。

1962 年 3 月，肯尼迪再度向国会递交了《对外援助特别咨文》，呼吁国会要给予"争取进步联盟"计划"特别的关注和额外的资源支持"，提议："在已经承诺的 60 亿美元援助资金（1963—1966 年）的基础上，再增加 30 亿美元，其中 1 亿美元出自政府财政支出，5 亿美元为发展贷款"。另外，他还进一步论证了争取进步联盟的可行性："目前已经有 9 位杰出的经济和发展专家深入到拉美，评估这些国家的发展计划。3 个拉美国家的发展规划已经成形，其他国家的还在制定当中。许多拉美政府已经开始进行土地改革和税收改革，同时还致力于改善经济增长的基础设置，比如增加对教育、农村发展的投入等。……更重要的是，我们已经看到了拉美政府和人民态度上的变化，……我们将帮助他们实现美好的自由生活。而他们不用再以牺牲尊严为代价来获取我们的帮助"。②

为了加强贯彻争取进步联盟，肯尼迪和夫人杰奎琳多次访问拉美。他们先后出访了波多黎各、墨西哥、委内瑞拉和哥伦比亚，期间

---

① Pan American Union, *Alliance for Progerss*, *Official Documents Emanating from the Special Meeting of the Inter-American Economic and Social Council at the Ministerial Level Held at Punta del Este*, *Uruguay from August 5 to 7*, 1961, Washington, 1967, cited in Graham H. Stuart and James L. Tigner, *Latin America and the United States*, Englewood Cliffs, N. J.: Prentice-Hall, 1975, pp. 731 – 732.

② "Special Message to the Congress on Foreign Aid", March 13, 1962, available at: http://www. presidency. ucsb. edu/ws/index. php? pid = 9097&st = civic + action&st1 = , 2010 年 2 月 22 日。

肯尼迪总统还史无前例地参加了在哥斯达黎加召开的中美洲六国首脑会议。此外，肯尼迪夫妇还在白宫召开的庆典上，赞扬了"争取进步联盟"计划执行较好的国家元首，包括秘鲁、巴西、巴拿马、哥伦比亚、洪都拉斯、智利、委内瑞拉和玻利维亚等国的总统，还有波多黎各总督穆尼奥斯·马林（Muñoz Marin）。①

需要指出的是，无论是在决心和内容上，还是在施援承诺和实际援助金额方面，"争取进步联盟"在美拉关系上都具有划时代的意义。首先，每年10亿美元，10年100亿美元的豪言壮语，比起艾森豪威尔政府末期设立的社会进步信托基金首期5亿美元，可谓是个大手笔，从根本上改变了美国一味强调投资贸易、轻视经济援助的拉美政策。可以说，肯尼迪政府终于了却了"二战"后拉美人民企盼经济援助的心愿，为拉美国家深入推进进口替代工业化解决了资金短缺的燃眉之急。其次，援助计划触碰了拉美贫穷、社会矛盾和政治冲突的核心问题——土地问题，明确要求拉美政府推行土地改革，这在美国历届政府对拉美经济开发援助政策中都是前所未有的。肯尼迪政府认识到了土地问题是制约拉美现代化进程的根本桎梏，因此在"争取进步联盟"计划中明令："在及时诚信的技术援助和规范市场模式的帮助下，不公正的土地所有制结构和体系势必被更合理的财产制度所取代。届时土地将会成为劳作者经济稳定和福利改善的基础，并保障他的自由和尊严"。② 这与之前美国政府对拉美暴力革命产生的分析模式，以及后来得出的支持中产阶级改良的结论是密不可分的。虽然大地产主是美国昔日在西半球推广利益的"盟友"和既得利益集团，但是现代化使得拉美的经济和社会结构发生了很大变化，而今中产阶级是拉美经济和政治权利新贵，代表着拉美未来的发展方向，争取他们的支持符合美国的长期经济利益。在肯尼迪的就职演说中也不乏针对"敌对国家"、"反对侵略和颠覆活动"这些字眼，因此这一重大经济援助计划背后潜存着安全战略利益考虑。从这个意义上讲，"争

---

① "New JFK Exhibit Celebrates US-Latin American Friendship", March 13, 1961.

② Tony Smith, "The Alliance for Progress: The 1960s".

取进步联盟"计划具有浓厚的政治色彩，也颇具激进改革的意味。

2. 和平队在拉美

在国际开发署和争取进步联盟在向大型基础设施项目提供资金，或者派专家前去评估发展计划的地方，还有一部分履行相同使命的美国人正与当地人民并肩工作；当美国军事顾问训练外国士兵，向他们传授击败共产主义的战斗技巧的时候，美国志愿者正通过言传身教展现美国社会的软实力。这就是肯尼迪政府另外一项著名的对外援助措施——"和平队"计划。

其实，还身为参议员的肯尼迪头脑里就已经有开展海外民间援助的想法。他始终认为国与国之间理想的联系是民间的联络。在一次参议院会议上，肯尼迪论证了和平队的构想，他强调，"整个美国没有足够的金钱用以减轻不发达世界的痛苦。……但我们有足够富有知识的人民，他们知道如何帮助那些国家自我救助。所以我想提议由有才识的青年组成和平队——通过严格条件被证明十分合格的、受过良好语言训练、有出色技能、了解应该懂得的风俗习惯——他们愿意并能够以这种方式为他们的祖国服务三年——去弥补我们在这些地区并不充分的努力"①。

竞选总统期间，肯尼迪将构建和平队的想法公之于众。1960 年 11 月 2 日，在旧金山的牛宫（Cow Palace）大厅里，肯尼迪发表竞选演说，明确提出成立"和平队"的建议。他指出苏联外援队伍可以为世界共产主义事业不惜在海外度过一生，因此，"美国必须以技能、决心和仁爱来对付苏联的努力，以'和平队'的形式展现美国公民的技能、决心和仁爱"。在大选投票前夕，肯尼迪在电视上发出最后的倡议："我已经建议成立一支由青年男女组成的和平队，……把我们的食品和我们所能提供的其他救济分发给那些不幸的人们，让他们知道我们关注着他们，我相信，如果我们去做这些事情，共产主义就

---

① Gerard T. Rice, *The Bold Experiment*：*JFK's Peace Corps*, Notre Dame, Ind. ：University of Notre Dame Press, 1985, pp. 15, 25.

能被遏制，但更重要的是，自由就可以在共产主义大幕的后面成长。"[1]

大选胜利后，肯尼迪亲自就和平队的可行性及具体实施方案征询了专家的意见。他委托罗斯托和米利肯等智囊团体担负起研究和平队的责任，以便他能在 1961 年冬天付诸实施。专家们一致认为，美国能够通过向欠发达国家提供训练有素的工作人员——"和平队"，帮助它们克服经济增长的"瓶颈"，从而进一步趋近"起飞"阶段，这将有助于消除共产主义革命产生的可能性。[2]

受到了民众的鼓舞和专家的肯定，肯尼迪在就职演说中，正式发出组建和平队的呼吁。他对新一代的美国人说："不要问你们的祖国能为你们做些什么，而是要问你们能为祖国做些什么"；接着，他又对世界各地的观众和听众致言："不要问美国能为你们做什么，要问我们一起能为人类的自由做什么"。[3]

1961 年 3 月 1 日，肯尼迪总统发布第 10924 号行政命令，宣布组建和平队。该组织将设在国务院内，根据 1954 年的《共同安全法》的现存授权而建立"主要职责是配合美国、联合国及其他国际组织的对外援助计划，向海外人士提供培训和服务"。[4] 三天后，肯尼迪任命萨金特·施莱弗（Sargent Shriver）为和平队的首任长官。为了确保和平队作为长期组织固定下来，有自己的活动经费，肯尼迪在发布行政命令的同一天，就向国会提交了《和平队咨文》。就和平队的重要性、和平队员的资格待遇、计划实施途径、派往各国代表团的规模等

---

① Brent Ashabranner, *A Moment in History: The First Ten Years of the Peace Corps*, Garden City, N. Y. : Doubleday & Co. , 1971, pp. 315 – 316.

② ［美］雷迅马：《作为意识形态的现代化：社会科学与美国对第三世界政策》，第 181—182 页。

③ "Poetry and Power-The Inaugural Address of John F. Kennedy", January 20, 1961, a-vailable at: http://www. jfklibrary. org/Education + and + Public + Programs/For + Teachers/Ne-wsletter/2009/Issue + 10. Winter + 2009/, 2010 年 2 月 25 日。

④ "Executive Order 10924-Establishment and Administration of the Peace Corps in the Depart-ment of State ", March 1, 1961, available at: http://www. presidency. ucsb. edu/ws/in-dex. php? pid = 58862&st = executive + order + 10924&st1 = , 2010 年 2 月 26 日。

基本问题都做了说明。这份咨文成为此后和平队活动的规章，也是行政部门提出和平队议案的蓝本。6月1日，行政部门向国会呈交了《和平队议案》（the Peace Corps Bill）。经过三个月的听证辩论后，9月22日，美国第87届国会通过了第87—293号公共法案——《和平队法案》（the Peace Corps Act），同时国会拨付4000万美元予以支持。9月23日，肯尼迪总统签署了《和平队法》，从而使和平队获得了永久授权，此后40多年《和平队法》一直是美国和平队计划的法律依据。①

经过两个月的相关培训，第一批和平队员整装待发。8月28日，肯尼迪在接见这批即将踏上征程的"和平"使者时，宣称"全世界有数亿人民，你们将只与其中的一小部分接触。他们是如何看待我们的国家和民众，将取决于你们的表现。你们将成为青年美国人特殊组织的一员，如果你们在自由责任、增进各地人民的利益等方面给他们留下深刻的印象，让他们对你们为祖国优秀的传统深感骄傲也感同身受的话，那么这种影响将会是深远的，将远远超越你们未来数月所做的日常事务"。②

作为美国"后院"的拉丁美洲，自然是和平队需要重点"关照"的地区。卡斯特罗在美国眼皮底下建立社会主义政权、苏联对拉美的影响，以及拉美游击运动的兴起，似乎都昭示着美国正在丧失对西半球的主导地位，美国没有能力对抗苏联的挑战。施莱弗在访问拉美归国后，引用了一位委内瑞拉高级官员的话来说明美国现在的处境，"我们认为，他们（共产主义分子）正在昏睡，但是他们并不是这样。我们想吃美酒佳肴、坐凯迪拉克，但是他们对生活享受毫不在意。他们只想着到人民中间去工作。他们知道如何讲话、如何行动，而且他们讲究效率。……他们无时无刻地不在工作"。在会见完即将

---

① Julius A. Amin, *The Peace Corps in Cameroon*, Kent, Ohio: Kent State University Press, 1992, pp. 35 – 42.

② "Remarks to a Group of Peace Corps Volunteers before Their Departure for Tanganyika and Ghana", August 28, 1961, available at: http://www. presidency. ucsb. edu/ws/index. php? pid = 8291&st = peace + corps&st1 = , 2010 年 2 月 26 日。

被派往拉美参加社区发展工作的志愿者后，施莱弗告诉肯尼迪："十天前，哥伦比亚的共产党头目从墨西哥回国，随行的有 280 名哥伦比亚学生。他带着他们在苏联转了三个月"，如果美国也"要给哥伦比亚的局势留下点什么印记，我们就该派 500 名（志愿者）到那里去"。① 正因为拉丁美洲的特殊战略地位，在各大洲中，美国派往拉美的和平队志愿者人数是最多的。

被派往拉美的和平队主要职责是促进当地的社区发展（community development）。据统计，1961—1965 年，全部和平队志愿者中约有 30% 从事社区发展工作，而这其中的大多数项目都集中在拉丁美洲国家。② 担当社区发展任务的和平队员要激发当地人民的参与型理念，树立共同利益的观念，组织集体协作的活动，充分利用当地资源，调动农民的积极性，最终达到改变当地居民世界观的目的。对于美国人而言，能够显现出来的物化成果固然很重要，但是不易显现出来的精神改造更有价值。志愿者们将西方进步的成果传授给那些落后地区的人们，促发他们形成变革所需的价值观和态度，指导他们度过传统文化转型期不可逾越的动荡年代，和平队员作为一种文化上的催化剂，将加速欠发达国家的现代化进程。言下之意，就是避免正处于社会转型期的拉美国家的动荡局面，被共产主义利用，而是要帮助拉美国家安全度过转型的阵痛期。

需要指出的是，美国政府衡量是否应该派往和平队的主要标准是一国的反共形势而非经济发展状况。比如，乌拉圭属于拉美最发达国家行列，该国拥有较完善的社会福利体系，教育水平也比较高，但是，美国依然坚持向乌拉圭派遣和平队。这就说明拉丁美洲在美国反共战略中的重要性。鉴于和平队在拉丁美洲的优异表现以及西半球反共形势的需要，1963 年 4 月，肯尼迪在一次记者招待会上宣布增加

---

① ［美］雷迅马：《作为意识形态的现代化：社会科学与美国对第三世界的政策》，第 208—209、218—219 页。

② Elizabeth Cobbs Hoffman, *All You Need is Love: The Peace Corps and the Spirit of the 1960s*, Cambridge, Mass.: Harvard University Press, 1998, p. 133.

派驻拉美的和平队人数，"要将和平队目前的规模扩大至13000人，派更多的医生、教师以及来自医学院和文学院的学生到拉美去"。①

不可否认，和平队的确为第三世界的经济发展做出了贡献。尽管它自称是非政治组织，但它的活动经费来源于美国国务院，并受美国总统办公厅的直接管辖，所以至少在成立之初，它的每个成员身上都肩负着反共的政治使命。一位和平队应征者告诉《时代周刊》杂志记者，他们的训练不亚于其他冷战斗士，"我们已使一些波多黎各人相信，我们正在为下次进攻古巴而进行训练"；他们想要通过这种坚忍不拔的精神，向世人证明"他们，以及他们所代表的国家，能为迎接冷战的挑战而不畏任何艰辛。即使在欠发达的世界，美国也会毫不退缩地进行斗争"。② 和平队的产生有其深刻的历史根源，深深植根于美国"使命观"和扩张主义的文化本质；同时又是冷战新形势下美国的现实需要，60年代美苏两极对抗越来越隐蔽，目标转移到争取第三世界等广大"灰白地带"，现代化理论为和平队争取"新兴国家"的民心提供了可行性和可信度。可以说，和平队是美国传教士的普济精神和现代化理论被制度化的结果。

3. "粮食换和平"计划

肯尼迪政府开启了制度化的对外粮食援助计划——"以粮食换和平"（Food for Peace）计划，赋予生活物资战略价值。这一计划的渊源要追溯到1954年产生的《480公法》（Public Law 480）。

艾森豪威尔政府"贸易而非援助"的对外经济政策，显然与美国农产品严重过剩的实际情况不相符合。1954年美国农产品存货达58亿美元，政府存储在仓库里的小麦等农产品的数量足以供应市场一年

---

① News Conference 53, April 3, 1963, available at: http://www.jfklibrary.org/Historical + Resources/Archives/Reference + Desk/Press + Conferences/003POFO5Pressconference53_04031963.htm, 2010年3月1日。

② ［美］雷迅马：《作为意识形态的现代化：社会科学与美国对第三世界的政策》，第187、200—203、216、231页。

之需。① 同年 6 月，美国参众两院通过了《1954 年农产品贸易开发与援助法》（The Agricultural Trade Development and Assistance Act of 1954，又称《480 公法》）。该法案旨在在不损害美国拓展世界贸易的前提下，"提供一种解决粮食过剩问题的新方法"。② 9 月 9 日，艾森豪威尔总统发布第 10560 号行政命令，确定了国务院、农业部、对外援助事务管理署（Foreign Operations Administration）等政府部门执行《480 公法》时的职责权限。③

20 世纪 50 年代后期，国际局势发生了剧烈变化，第三世界国家力量的壮大、苏联支持"民族解放运动"的誓言以及加强对第三世界的影响，迫使美国政府重新审慎经济援助的重要性。在遏制"肚子共产主义"（Stomach Communism）的战略目标中，粮食援助备受政府关注。④《480 公法》作为处理国内剩余农产品的工具的职能，已经不能满足新形势下冷战对抗的要求，一种新的粮食援助理念正在华盛顿决策层中油然而生。1959 年 1 月 29 日，艾森豪威尔给国会递交了一份《有关农业的特别咨文》。文中他首次阐述了"粮食换和平"的理念构想：

我们正在朝着现实的农业计划迈进，我们必须继续扩大国内外市场，并为剩余农产品寻找出路。而这些努力的直接动机就是世界和平。粮食可以作为维护自由世界持久和平的有力工具。我们与其他粮

---

① Robert A. Pastor, *Congress and the Politics of U. S. Foreign Economic Policy*, 1929 – 1976, Berkeley: University of California Press, 1980, p. 269.

② "Statemetn by the President Upon Signing the Agricultural Trade Development and Assistance Act of 1954", July 10, 1954, available at: http://www. presidency. ucsb. edu/ws/index. php? pid = 24605&st = Trade + Development + and + Assistance + Act&st1 = , 2010 年 3 月 1 日。

③ "Executive Order 10560-Administration on the Agricultural Trade Development and Assistance Act of 1954", September 9, 1954, available at: http://www. presidency. ucsb. edu/ws/index. php? pid = 60591&st = Trade + Development + and + Assistance + Act&st1 = , 2010 年 3 月 1 日。

④ 杜鲁门政府时期起就有人认为共产主义总是在饥饿、贫穷的人群中散播，因此称共产主义为"肚子共产主义"。

食过剩国家必须尽最大努力为此做出贡献。在过去的四年中，我们对那些缺粮的友好国家出口了价值 40 亿美元的声誉粮食。未来我们仍将与其他粮食过剩国有效利用剩余粮食，共同致力于巩固友好人民的和平和幸福生活，简言之，以粮食换和平。①

1960 年 4 月，艾森豪威尔总统设立了"粮食换和平办公室"（Food for Peace Office）。此举意味着美国政府高层开始改变"以剩余品处理"为指导的粮食援助理论，开始强调粮食援助为外交战略服务的意义。但这也仅为思想观念的转变，真正确定"粮食换和平"计划的政策目标和形成整套政策体系的，还是肯尼迪总统执政时期。肯尼迪曾对其幕僚坦然地说："我个人和政府都非常担心卡斯特罗会占领整个半球。尽管我们对卡斯特罗本人采取了一些措施，但是如果让人们在共产主义和饥饿面前二选一的话，他们会选择共产主义。因此，我们必须尽快拿出对策来"。②

在竞选总统期间，1960 年 10 月 31 日，"粮食换和平委员会"（Food for Peace Committee）成立，就如何有效而广泛地使用"粮食换和平"计划为他提供政策建议。翌年 1 月，该委员会向当选总统肯尼迪提交了名为《粮食换和平计划》的研究报告。报告中的主旨议题就是"建议政府转变'粮食换和平'计划的侧重点和指导思想"，突出粮食援助的外交功用，此外还提出了实施计划的具体措施。③

肯尼迪入主白宫后，即刻采取以下措施发展和完善对外粮食援助政策。首先，设立"粮食换和平"主任职位（Director of the Food-for-Peace Program），集中管理对外粮食援助计划。1 月 24 日，肯尼迪总统发布第 10915 号行政命令，设立"粮食换和平"主任一职，负责协调和监督美国所有对外粮食援助计划，具体包括《1954 年共同安全

---

① "Special Message to the Congress on Agriculture", January 29, 1959, available at: http://www. presidency. ucsb. edu/ws/index. php? pid = 11523&st = food + for + peace&st1 =, 2010 年 3 月 2 日。

② Richard N. Goodwin, *Remembering America: A Voice from the Sixties*, p. 147.

③ "The Food for Peace Frontier", *The Science News-Letter*, Vol. 79, No. 17 (April, 29, 1961), p. 266.

法》第 402 节及各修正案和《1954 年农产品贸易开发与援助法》及各修正案所规定的各项职能，明确将剩余粮食认定为"实现外交政策目标的国有资产"。①"粮食换和平"主任同时担任总统特别助理，具有直接向总统汇报的权力；"粮食换和平办公室"作为独立机构设在白宫总统办公厅。这改变了之前《480 公法》由农业部与国务院共同管理、其他机构掺杂的运行机制，以及"粮食换和平办公室"有名无权的局面。乔治·麦戈文（George McGovern）被任命为"粮食换和平"计划第一任主任。② 其次，延长《480 公法》的期限，增加授权额度，扩大援助粮食的适用范围。《1961 年农业法》把即将在 1961 年 12 月 31 日到期的《480 公法》延长至 1964 年 12 月 31 日。国会为《480 公法》第一款和第二款分别拨款 65 亿美元和 9 亿美元，平均每年拨款都超过了前任。粮食捐赠范围由"友好国家"的政府扩至其私人贸易机构和代表这些国家行动的金融机构等。肯尼迪执政时期与 17 个国家签署了 28 个总价值为 17680 万美元的长期信贷粮食援助协定。最后，推动了由联合国大会和联合国粮农组织主管的多边粮食援助机构"世界粮食计划"（World Food Program）。

在这种背景下，肯尼迪政府出台了针对拉美地区的"粮食换和平"计划。1961 年 3 月 13 日，在拉美各国外交使团白宫集会上，肯尼迪宣布实行"争取进步联盟"计划的同时，也提出要在拉美实行另外一个援助计划——"粮食换和平"。他宣称："我们会帮助那些周期性干旱的地区建立粮食储备，为孩子们提供学校的午餐，并将提供饲料粮（feed grains）用于农业发展。这样的需求是迫切的，那些饥饿的人们等不及经济讨论或外交会议，他们完全取决于同胞们的共识"。③ 随后，肯尼迪总统即派遣由学者专家组成的"粮食换和平代

---

① "Executive Order 10915", January 24, 1961, available at: http://www.presidency. ucsb.edu/ws/index.php?pid = 58939&st = Executive + Order + 10915&st1 = , 2010 年 3 月 3 日。

② "The Food for Peace Frontier", pp. 266 – 267.

③ "Address at a White House Reception for Members of Congress and for the Diplomatic Corps of the Latin American Replubics", March 13, 1961, available at: http://www.presidency. ucsb.edu/ws/index. php? pid = 8531&st = food + for + peace&st1 = , 2010 年 3 月 3 日。

表团"（Food for Peace Mission）前往拉美进行考察，与当地政府磋商计划实施的具体细则。代表团发回了一系列调查报告和政策建议，并称一些国家已经开始付诸实践。"粮食换和平"计划顾问乔纳森·戈斯特（Jonathan Garst），同时也是美国粮食利用方面的顶尖学者，他同巴西政府就粮食过剩与营养不良问题进行会谈，初步达成一份协议。即美国将向巴西提供 100 万吨的小麦用于巴西的经济和社会发展。3 月 29 日，肯尼迪再次发表专题演讲，为拉美的"粮食换和平"计划作动员。他说："在整个西半球，有数以百万计的人民正饱受缺乏营养的困扰。借助于我们剩余的粮食和富含蛋白质的禽肉，我们就能解决这一问题"。对于赴拉美的专家小组取得的进展，肯尼迪称"这仅仅是第一步，一个实验阶段"，他称美国要达到的终极目标是"在半球范围内解决营养不良，让所有美洲人民都能够享用合理的饮食"。①

不可否认，美国政府推行"粮食换和平"计划的初衷是为了解决粮食过剩问题，稳定国内农产品的价格和农场主的短期商业利益。此外，利用粮食援助也可开拓海外市场，维护美国农业的长远利益。一是粮食援助可以改变当地人的饮食习惯，形成一种饮食依赖，由习惯食用美国农产品到进口美国农产品；二是利用所得受援国货币为美国农产品开发海外市场提供资金；三是带动当地经济发展，可以间接刺激粮食需求，从而将该国转变为新的商业贸易伙伴。与此同时，"粮食换和平"计划与这一时期肯尼迪政府出台的其他经济开发援助计划一样，都属于美国冷战遏制战略的重要组成部分，不管是援助对象还是援助地区都具有浓厚的冷战色彩。政策明令规定要援助"友好国家"，将苏联等社会主义国家排除在外，在遏制社会主义国家经济发展的同时，促进"友好政府"的社会稳定与经济发展，提高其内部的防务安全能力。此外，相对于艾森豪威尔政府的粮食援助政策，肯

---

① "Statement by the President on the Progress of the Food for Peace Programs in Latin America", March 29, 1961, available at: http://www.presidency.ucsb.edu/ws/index.php? pid = 8037&st = food + for + peace&st1 = , 2010 年 3 月 5 日。

尼迪的"粮食换和平"计划更具有地域上的针对性，强调剩余粮食利用的"有效性"，重点在危机四伏的"后院"、战火缭绕的亚洲和哀鸿遍野的非洲。这些地区和国家要么是美国的军事同盟，要么就具有重要的地缘政治地位，能够取得它们的好感和认同，对于美国赢取冷战意义重大。

4. "市民行动"计划

除了政府间的经援政策"争取进步联盟"与"粮食换和平"计划，以及由平民志愿者组成的"和平队"，肯尼迪政府还着力开发当地军队的民用职能和现代化建设作用，出台了新的反游击战措施——"市民行动"（civic action），即军队在教育、公共建设、公众医疗和农业等方面开展一些益民工程，促进当地经济的发展，目的在于改善军队形象，争取人民支持，瓦解共产主义革命赖以生存的民众基础。确切地说，"市民行动"是一项混合的开发援助计划，它既属于美国对外经济援助的组成部分，同时也是军事援助海外协防的延伸。

事实上，在艾森豪威尔当政晚期，美国政府智囊团就已经开始酝酿相关的方案。1959 年，德雷伯委员会向艾森豪威尔总统提交了一份研究报告，报告主要是为翌年的对外军事援助提供政策咨询，但在报告最后，特别提道："在我们实施对外援助计划，特别是针对欠发达地区的军事援助计划的时候，除了要加强我国及友好国家军队的常规建设，还应当充分调动人力资源和物质资源，为当地的经济做出重大贡献"。① 对于德雷伯委员会的建议，艾森豪威尔予以采纳，将其运用到对拉美的第二次政策调整中，尝试着在拉美一些地区发展军队的建设作用，资助了玻利维亚和洪都拉斯的工程营。肯尼迪上台后，积极推动这种政策构想转化为政治实践。

1961 年 12 月 18 日，肯尼迪总统批准了国家安全委员会起草的《国家安全行动备忘录第 119 号文件》，标志着"市民行动"计划正式出炉。文件表明了肯尼迪对于军队从事民政建设的个人看法：

---

① "President's Committee to Study the Military Assistance Program, 1959: Annex D", in John M. Baines, "U. S. Military Assistance to Latin America: An Assessment", p. 474.

总统意识到，在过去的一年中，我们似乎忽视了制订有关军队促进欠发达国家经济和社会发展的方案。然而，市民行动并不一定是普遍适用的，他希望我们能充分发挥军队的这一职能，不论是在危及地区，还是在遥远的受到颠覆威胁的国家。

接着，文件指出"市民行动"的具体内涵：

军队在各个层面上开展益民工程，包括训练、公共事务、农业、交通、通信、医疗、卫生和其他有利于经济发展的项目计划。

针对不同地区的安全局势，"市民行动"计划提出了不同的侧重点：

在内部颠覆势力活跃的国家，我们应当鼓励地方武装部队实行市民行动计划，因为它是建立军民联系、增强社会经济基础的一种重要方式。在受到外部侵略威胁的国家，地方军队同样要参与市民行动，这并不妨碍军队完成军事任务。在颠覆或者攻击势力比较弱小的国家，可以挑选一部分军队开展经济社会发展计划，我们要在其中起到主要作用。

此外，肯尼迪责令安全部门再制订出一个更为详尽的"市民行动"实施办法，希望这一计划能够与经济援助、军事援助、政治改革、准军事行动、警察训练、"和平队"等政策有机地结合起来，协调运行。[1] 这一政策突出了拉美军队反游击战、准军事以外的其他职能，即社会、经济领域的"现代化"建设职能。[2] 美国学者约翰·贝尼斯（John M. Baines）认为，肯尼迪政府鼓励拉美军队实施"市民行动"计划，可以降低拉美军队三种类型活动的可能性，这符合20世纪60年代美国在西半球的安全利益：第一，参与民政建设，可以鼓励军队支持政治经济改革，而不是站到反对改革的立场。如果拉美

---

① NSAM 119, "Civic Action", December 18, 1961, available at: http://www. jfklibrary. org/ Asset + Tree/Asset + Viewers/Image + Asset + Viewer. htm? guid = {0B85A9A1 - F374 - 443D - 8B2E - E9EFA1D6D2CA} &type = Image, 2010 年 3 月 7 日。

② "Draft Paper Prepared by the Police Planning Council/1/", June 22, 1962, *FRUS*, 1961 - 1963, Vol. Ⅷ, available at: http://www. state. gov/r/pa/ho/frus/kennedyjf/viii/ 33840. htm, 2010 年 3 月 7 日。

军队能够广泛地参与民政建设，那么它们的精力将会投放到加速改革进程，而不是发动政变上面。第二，参与民政建设，将会引导军队多关注内部发展，而不是外部威胁。第三，参与民政建设，会提高军队的经济和实际操作能力，为民众现代化做出更大的贡献。①

"市民行动"计划得到了美国政府和军方的大力支持。肯尼迪在位时期，美国每年约向拉美投放7700万美元的军事援助，比艾森豪威尔政府年平均增长50%，其中的52%用于拉美国家的内部防务，15%用于"市民行动"计划的支出。1963年在对拉美军援项目中，工程、医疗以及其他市民行动的财政支出同比增加了一倍有余。② 从"市民行动"计划的经费来源上，足以见得它与安全政策之间的密切关系，可以说，"市民行动"是美国对拉美军事援助一个延伸的计划和目标。为了配合政府出台的"市民行动"计划，美国陆军《1962年野战条例：行动》（the 1962 U. S. Army Field Service Regulations：Operations）中明确指出："现代冲突的意识形态性质赋予了所有战争一个重要任务，同时也是非常规战争的重要特征，即争取民心和实现民族的目标"。③

尽管"市民行动"与"和平队"的参与者、组织方式、工作流程颇有不同，但是两个计划的动机是一致的，在意识形态层面上的距离非常靠近。它们都是基于一套共同的现代化道路理念，活动目的都是通过改变那些具有可塑性的"传统"社会，引导其"变革"的方向，远离共产主义，逐渐步入美国式的发展道路，使之为美国的反共战略服务。因此，人们对现代化理论褒贬不一，在一些情况下，将它

---

① John M. Baines, "U. S. Military Assistance to Latin America：An Assessment", pp. 474 – 475.

② Stephen G. Rabe, *The Most Dangerous Area in the World：John F. Kennedy Confronts Communist Revolution in Latin America*, p. 130；John M. Baines, "U. S. Military Assistance to Latin America：An Assessment", p. 475；"Special Message to the Congress on Free World Defense and Assistance Programs", April 2, 1963.

③ U. S. Department of the Army, FM 100 – 5, Field Service Regulations：Operations (1962), p. 127, cited in Larry E. Cable, *Conflict of Myths：The Development of American Counterinsurgency Doctrine and the Vietnam War*, New York：New York University Press, 1986, p. 119.

视为增进和平的工具；但在另外一些情况下，把它看作是一种为战争而铸造的武器，一种美国用来追求自己所界定的"进步"目标的特别有力的手段。

（三）肯尼迪政府实施"软措施"的效果与本质

尽管在最开始出现过各种反对的声音，尽管共和党人预计外援计划会"破产"，尽管会被警告马歇尔计划和后续计划就如同"把钱丢到无底洞里"，尽管在实施的过程中存在巨大的困难、一些错误和消极情绪，但不可否认，肯尼迪政府的外援计划基本实现了预定目标。这一时期，美国投入了国民生产总值的 10% 用来改善国家安全，援助计划支出占这笔开支的 1/12，其中的一半用于经济发展计划，另一半用于军事和短期援助计划。1963 年 4 月 2 日，肯尼迪向国会递交了《关于自由世界防务和援助计划的特别咨文》。他宣称，忽视拉美的根本问题或者至多给予间歇性关注的时代已经一去不复返。如今，在拉美的大多数地方新建住房面积不断扩大，教育设施日益完善。路政建设，尤其是农村，正在高速增长。在美国基金的帮助下，200 万本教科书被印制出来，约解决 1 亿群体的文盲问题。在实施争取进步联盟的国家中，800 万儿童和他们的母亲受惠于美国的"粮食换和平"计划，预计明年这一数字将攀升至 1600 万。……在与巴西北大河州（Rio Grande do Norte）签订协定后，已经培训了 3000 名教师，建造了 1000 个教室、10 个职业学院、8 个师范学院和 4 个教师培训中心。一个耗资 3000 万美元的清除贫民窟的项目正在委内瑞拉开展。在社会进步信托基金的支持下，一项改造机场的计划正在哥伦比亚首都波哥大实施。1961 年以来，有 11 个拉美国家，包括阿根廷、玻利维亚、巴西、哥伦比亚、智利、哥斯达黎加、多米尼加共和国、萨尔瓦多、墨西哥、巴拿马和委内瑞拉，已经实行了税收体系的结构改革；12 个国家完善了收入税法和执法部门。委内瑞拉、多米尼加共和国和巴西的两个州实施了大规模的土地改革，提高了土地的利用率。智利、哥伦比亚、巴拿马、乌拉圭和中美洲国家开展了有限的土地改革。哥伦比亚、智利、玻利维亚、洪都拉斯、墨西哥和委内瑞拉已向美洲国家组织专家小组提交了发展计划。①

从以上事实不难发现，肯尼迪当政时期美国对拉美的援助政策已经不再是"一种理念"或仅为"一个政府的口头承诺"，而是有着实质性内容且付出成本的合作计划。然而，肯尼迪总统的另一席话又透露着这些经济开发援助计划背后暗藏的重大动机，对于美国的国家利益而言，经援计划的收益远远大于它的成本。肯尼迪在 1963 年 11 月一次记者招待会上坦言："苏联集团现在对拉美进行经济、技术援助和贸易渗透，我们已经为此丢掉了古巴，现在又有什么理由让我们停止对传统友邻的援助呢?"② 面对苏联集团迅猛的攻势，美国认为自己在西半球的传统利益和全球冷战战略受到了严重的威胁，古巴已经成为共产主义的马前卒，而产生游击运动的根本原因就在于拉美各种经济问题和贫富悬殊的社会矛盾。华盛顿官方认为，"如果没有美国的援助，自由可能不会在世界各地播撒种子。……当其他国家落入共产主义的统治下时，包括我们自己在内的一切自由都会遭到削弱。共产主义会在拉丁美洲、非洲、中东和亚洲，以不易觉察、变化多端、持续不断的颠覆努力威胁一切自由。在那些经济增长、教育、社会公正和体制稳定发展无望的国家，自由的前景仍然是危险的且易受侵蚀的。这些都是美国军事和经济援助计划试图推进的自由前线，这么做符合美国的根本利益"。③ 因此，美国应当加大对拉美的经济援助，帮助它们克服经济困难，改善社会现状，将拉美引向自己设定的现代化轨道，力证拉美国家需要的是"渐进的变革"（evolution）而不是

---

① "Special Message to the Congress on Free World Defense and Assistance Programs", April 2, 1963.

② News Conference 64, November 14, 1963, available at: http://www.jfklibrary.org/Historical + Resources/Archives/Reference + Desk/Press + Conferences/003POFO5Pressconference64_11141963.htm, 2010 年 3 月 8 日。

③ "Special Message to the Congress on Free World Defense and Assistance Programs", April 2, 1963.

"激进的革命"（revolution）①，从而达到遏制和扼杀共产主义力量发展的目的。

相对于经援计划在物质上面取得的成果，拉美人民心智上的变化显得更为重要。如何使拉美民众信服欧美现代化模式的普世性，避免共产主义的"心灵侵蚀"，才是更为长远更为根本的遏制共产主义发展的良方。华盛顿官方认为，"争取进步联盟"计划较好地完成了这一使命，"这一地区人们为建设现代社会的自省是令人振奋的。对于民众的觉醒，拉美领导人必须要担当起责任，这样才能避免志向化为沮丧、希望沦为失望。决定的改革必须实施，成文法令必须得以执行。……从美国自身的经历来看，这些过程并不容易，但是这是它们（拉美国家）必经之路"。委内瑞拉参议员阿亨米尔·普拉萨斯·加西亚（Argemil Plazas Garcia）曾给肯尼迪总统去信，表示自己的感激之情，信中说："我和家人都很开心可以不再受到贫困的骚扰，不用再过着像是被遗弃的生活。现在我们拥有了尊严和自由。……我的妻子、孩子和我谨以一位有居所过着幸福生活的哥伦比亚朋友的名义，向您致以深深的谢意"。②

需要注意的是，尽管 20 世纪 60 年代初美国政府提高了经济援助在美国对外经济政策中的地位，15 年前美国的援助只惠及了欧洲先进的国家和日本，现在它覆盖了许多发展中国家；10 年前，美国援助的大多数都属于短期的军事援助和不稳定的经济援助，现在类似这样的援助减少了一半，经济开发援助大幅度上升。③ 但是，美国依然遵循着资本主义基本法则，其追求自由贸易和投资的经济政策并未发生改变。肯尼迪曾谴责巴西的通货膨胀和资本上扬。④ 他明确告诫洪

---

① "Paper Approved by the Senior Interdepartmental Group/1/", undated, *FRUS*, 1964 – 1968, Vol. X, available at: http://www.state.gov/r/pa/ho/frus/johnsonlb/x/9101.htm, 2010 年 3 月 8 日。

② "Special Message to the Congress on Free World Defense and Assistance Programs", April 2, 1963.

③ 同上。

④ "Memorandum of Conversation with Ambassador Roberto de Oliveira Campos of Brazil", December 26, 1962, *FRUS*, 1961 – 1963, Vol. XII, pp. 486 – 487.

都拉斯总统何塞·拉蒙·莫拉莱斯（José Ramón Villeda Morales），可以进行适当的土地改革，但是必须以不损害美国果品公司的利益为前提。① 肯尼迪十分清楚美国在拉丁美洲的根本经济利益，依然是扩大自由贸易和投资，实现美国经济利益的最大化。他指出："经济和社会发展不能由政府单独来完成。还需要美国开明商人的有效参与。……私人公司与发展中国家开展合作，不仅能拓殖新的事业，同时也会为当地带去技术和管理经验，促进当地的经济发展，改善当地的投资环境，对其吸引和保持住内外投资非常重要。"肯尼迪认为美国的私人资本在国外仍有巨大的发展空间，与发展中国家订立的投资担保项目（investment guaranty program）还不充分。因此，他责令国际开发署尽快拿出一份"雄心勃勃"的计划，并敦促美国驻外大使和使团积极与欠发达国家政府谈判，争取达成投资协定。他特别提到欢迎并鼓励私人部门到拉丁美洲投资，以刺激工业增长，我们同样希望这种合作能够在其他发展中国家生根发芽。推动地区经济一体化也是"争取进步联盟"的既定目标之一，这项工作也已取得了初步进展。美国也将继续致力于推动西半球的经济一体化，增进拉美国家的贸易往来。肯尼迪大力赞扬了中美洲总统朝此方向努力的决心。此外，国际开发署已经在中美洲成立地区办公室，以此来支持地区发展银行，并积极参与当地的贸易会议。② 据统计，肯尼迪当政时期，美国在拉美的私人投资为 80 亿美元，为美国全球直接投资的1/4。同期，美拉贸易额也呈大幅增长趋势，约占美国全球贸易总额的20%。③ 从这个意义上讲，肯尼迪与其前任们在对拉美的根本经济政策上并无异样，开发援助计划的加强只是迫于西半球冷战局势恶化而实施的权宜之计。

在美国 1964 年的外援预案中，对拉美的增援幅度是最大的。肯尼

---

① Edwin McCammon Martin, *Kennedy and Latin America*, pp. 126 – 129.

② "Special Message to the Congress on Free World Defense and Assistance Programs", April 2, 1963.

③ Stephen G. Rabe, *The Most Dangerous Area in the World: John F. Kennedy Confronts Communist Revolution in Latin America*, p. 18.

迪总统提议要对该地区增加 3. 25 亿美元的援助，其中 1. 25 亿美元由国际开发署提供，2 亿美元由社会进步信托基金提供。而其他发展中地区加在一起也不过 0. 85 亿美元，刚及拉美的 1/4。① 1963 年，美国针对拉美地区的发展援助金额占美国对外援助总金额的 23%，同比增长 5%，而 1948—1960 年这一数据仅为 2%。② 美国的外援政策处处展现着美国文化的"使命感"和"救赎义务"，肯尼迪认为"作为世界上最富有和最强大的国家，美国被赋予了神圣的使命——保证全世界人民享有独立和更美好的生活。……作为'自由领军人'的美国绝对不能够退缩，否则另一个对手将会趁机追上。我们已经将 60 年代命名为'发展的十年'。那绝不仅是我们的口号，而是对我们耐力的一种考验，这将决定着我们这代美国人是否有辱于历史赋予我们的使命"。就在遇刺的 4 天前，肯尼迪总统还在迈阿密面对美洲新闻协会（Inter American Press Association）发表演说。这场演讲可以被看作是肯尼迪对其任内拉美政策的总结，同时也道出了西半球经援政策的本质：

我们在海外拥有朋友，同样也拥有敌人。共产主义试图颠覆和破坏民主发展的进程，试图将它的法则强加至这个半球的其他民族身上。……我们必须保持阻止共产主义的渗透和颠覆，去帮助那些受此威胁的国家。美洲国家必须共同援助那些需要帮助的国家，以免他们遭受外部共产主义势力的蛊惑，而不是内部变革的需要。美国对此已经做好了准备。我们必须尽一切努力防止西半球出现第二个古巴。③

应该指出的是，我们不应该孤立地看待肯尼迪政府对拉美的经济发展援助政策，应将其放至美国对拉美援助政策的历史当中。每当拉

---

① "Special Message to the Congress on Free World Defense and Assistance Programs", April 2, 1963.

② "Special Message to the Congress Transmitting Report on Foreign Assistance Programs", October 3, 1964, available at: http://www. presidency. ucsb. edu/ws/index. php? pid = 26551&st = foreign + assistance& st1 = ,2010 年 3 月 10 日。

③ "Address in Miami before the Inter-American Press Association", November 18, 1963, available at: http://www. presidency. ucsb. edu/ws/index. php? pid = 9529&st = prevent + the + establishment + of + another + cuba&st1 = , 2010 年 3 月 10 日。

美人民的民族主义高涨、泛美危机加深的时候，美国就会增加对拉美的援助，以此来缓和美拉之间的紧张关系，抚平反美情绪；而当拉美局势相对平静的时候，美国便会把注意力挪到其他更为重要的对外事务上面，维持或减少对拉美的援助。因此，拉美在美国国际关系中的地位是周期变化的，其战略作用也是起伏不定的。游击运动被华盛顿官方看作 20 世纪 60 年代威胁美国在西半球安全稳定的突出问题，拉美在美国全球冷战战略中的地位有所提升，同时，拉美国家在现代化进程中的社会经济问题也被游击运动所暴露出来，所以，美拉经济合作、拉美国家的发展问题才真正被提上议事日程，美国政府加大了对拉美政府的援助，帮其"渡过难关"，遏制共产主义的发展。因此，美国对拉美的援助也是呈周期性变化的。在肯尼迪执政时期，推动拉美地区经济发展与维护美国国家安全再度统一起来，共同服务于美国的冷战战略。1963 年 11 月 22 日，肯尼迪总统遇刺身亡。但是，他的反共理念以及出台的一系列拉美政策，并没有随着他的殒命而被遗弃。继任的约翰逊总统基本上继承了他对拉美的政策，只是结合新形势政策的侧重点有所不同。

第四章

"约翰逊主义"与拉美游击运动第一波的衰落

继危地马拉的阿本斯之后，多米尼加共和国的民族主义领袖博什再度触碰了美国敏感的冷战神经。接任肯尼迪的林登·约翰逊政府出台了"约翰逊主义"，誓言要"避免西半球出现第二个古巴"，以保护美国侨胞的生命安全和西半球防务体系安全为由，直接出兵干涉了一场本属于多米尼加不同政治派系之间的内争。在美国的"合理引导"下，多米尼加政府自然不敢越雷池半步，乖乖屈从于美国治下的西半球反共安全体系。这也反映了约翰逊在处理西半球地区事务时与肯尼迪的不同之处，即他更喜欢军事打压的短期效益。因此，在其任内，美国政府在拉美的反游击战政策呈现出"重视硬手法、轻视软措施"的特征。最终，在美国和亲美政府的合力打击下，20世纪60年代末盛极一时的拉美游击运动日薄西山。美国政府虽然实现了消灭共产主义革命的军事目标，维持了亲美政权的稳定局势，维护了美国的国家安全，赢得了这一时期与共产主义在拉美抗争的胜利，重新取得了在西半球的主动竞争地位。但是，从发展等更深的层面分析，美国在拉美反游击战政策的实施效果并不理想。美国外交史专家舒尔茨对此的评价一语中的，他认为美国"只是打跑了共产主义，却留下了穷人"。[1]

---

[1] Lars Schoultz, *National Security and United States Policy toward Latin America*, p. 309.

第一节　武装干涉多米尼加共和国

20 世纪 50 年代末，在拉美人民反独裁的浪潮中，艾森豪威尔政府实施政策调整，多米尼加大独裁者特鲁希略饮弹毙命，这个"现存最老的一人专政"就此终结。[①] 随即，多米尼加政局陷入混乱，焦点集中在该用什么样的统治者来替代特鲁希略。此时有三种势力都有可能接替政权：一是特鲁希略家族的后人；二是华金·巴拉格尔（Joaquín Balaguer），此人为特鲁希略的亲信之一，曾先后担任过教育部长、外交部长和副总统等职务；三是胡安·博什（Juan Bosch），他是多米尼加革命党（Dominican Revolutionary Party，PRD）领袖，曾因反对特鲁希略独裁政权被流放国外 20 余年，属于民族资产阶级。对于美国而言，巴拉格尔显然是最理想的接班人。因为当初艾森豪威尔政府密谋推翻特鲁希略的目的有二，一方面借助反独裁行动改善美国在西半球的形象；另一方面在特鲁希略成为第二个被推翻的巴蒂斯塔之前打消这种潜在可能性，避免在这个岛国出现共产主义政权。这样就排除了特鲁希略家族和多米尼加左派执政的可能性。在这种情况下，巴拉格尔出任总统。但是，这一新政权并不稳固，受到多方的非议，这其中有刚刚流亡回国的革命党人，还有代表保守商人的全国公民联盟（National Civic Union，UCN），以及"六·一四政治组织"（Political Group 14th of June，该党后来成为卡斯特罗主义党）等。由于惧怕政局动荡会被共产主义所利用，美国建议巴拉格尔成立一个联合政府，将反政府势力吸收进来。1962 年 1 月 1 日，巴拉格尔成立了权力分享机制——"国务委员会"（Coucil of State）。该机构由 7 人组成，除了巴拉格尔本人，还有三人来自全国公民联盟，一名是反特鲁希略的神职人员，其余两人是刺杀特鲁希略行动的共谋者。但是，这一举措并不能解决政治派系间的权力斗争。政府甚至和全国公民联盟

---

① ［美］德怀特·D. 艾森豪威尔：《艾森豪威尔回忆录：白宫岁月　缔造和平：1956—1961 年》（下册），第 603 页。

的反政府势力发生了流血冲突。1 月 18 日,一批空军军官发动政变。巴拉格尔结束了其短暂的总统生涯,流亡波多黎各。同一天,国务委员会被重组,拉斐尔·伯尼利(Rafael Bonnelly)出任主席,负责将于 1962 年年底举行的总统大选。

1962 年 12 月 20 日,代表革命党参选的博什击败了全国公民联盟候选人比利阿多·菲阿略(Viriato Fiallo),当选多米尼加共和国总统。他的当选反映了新兴资产阶级和广大中下层民众的变革要求,这次选举也被后人誉为"多米尼加历史上第一次自由选举"。对于博什的当选,华盛顿官方做出了三种预测:一是如果他不能满足人民的期望,就有被推翻的危险;二是他可能会失去对共产党的控制;三是他本人或许就是一个共产党人。① 1963 年 2 月 17 日,博什宣布就职。尽管肯尼迪政府派副总统约翰逊参加了就职典礼,但是对于这个左派政权的走向美国政府还是先持观望态度,并试图在适当时机通过温和的方式对其加以引导。上台后,博什没有违背选民赋予他的使命,在多米尼加推行了一系列政治、经济和社会改革。4 月 29 日,在结束了美国与欧洲之行回国后,博什就颁布了新宪法,随即宣布实行土地改革。刚开始,美国对此并无多大异议,毕竟这些举措符合肯尼迪政府在拉美积极推行的"争取进步联盟"计划,而且改革并没有超过损害美国利益的"度"。但后来,博什明令规定国家主权和地下资源不容侵犯,公布限制美资糖业公司利润的《最高糖价法》,并宣布废除前政府同美石油公司订立的关于建立炼油厂的合同。这种民族主义的经济改革,严重损害了美国在多米尼加的经济利益,触碰了美国所能容忍的改革底线。美国政府将其看作是一种挑衅,敏感地将其与共产主义相联系,并越来越确信博什正把政府交给共产党控制。为了帮助决策者了解实情,避免制定出过激政策,时任美国驻多米尼加共和国大使约翰·马丁(John Bartlow Martin)递交了一份报告,称事实上,卡斯特罗派或共产党人的总数非常少,建议政府帮助博什改革才

---

① John Bartlow Martin, *Overtaken by Events: The Dominican Crisis from the Fall of Trujillo to the Civil War*, Garden City, N. Y.: Doubleday and Co., 1966, p. 347.

是防止在加勒比地区出现另一个卡斯特罗政权的最好方法。肯尼迪政府以提供新贷款为利诱，勒令博什"改变政府的性质，并要开始对共产党人采取强有力的措施"。[①] 博什对此并没有过多地理会。与此同时，博什的改革在国内也遭遇到了巨大的阻力。罗马天主教会认为，博什想要过分使国家世俗化；工业家则反感博什出台的保障工人利益的举措；军方则认为自己自由的手脚被束缚了。7 月下旬，天主教会和政治右派攻击博什对共产党软弱无力，准备联合右翼军人发动政变，推翻博什政府。9 月 25 日，政变发生。马丁试图说服博什召开国会特别会议，制定严格限制共产党活动的法律，以此来挫败军变；此外，他还提出要做调解政府与军方间矛盾的仲裁者，并询问是否需要美国海军陆战队出面帮忙。博什对此一一回绝。这不仅失去了美国支持他的最后的可能性，而且为日后美国竭力阻止他复出总统埋下了积怨。政变成功，博什再度流亡国外。

　　9 月 26 日，代表保守商人利益的多纳德·雷德·卡夫拉尔（Donald Reid Cabral）组建了"三人执政集团"（Triumvirate）执掌政权。由于卡夫拉尔是通过军事政变上台的，这与"争取进步联盟"的"民主"目标相违背，所以，肯尼迪政府并不予以承认，并一度与多米尼加断交，停止了所有的军事和经济援助。卡夫拉尔上台后实行军事高压统治，废除民主宪法，宣布左翼政党为非法，并大肆逮捕共产党人。军政权的举措迎合了美国在西半球的反共立场，因此，美国的态度发生了转变。1963 年年底，约翰逊政府正式承认了卡夫拉尔政权。新上任的美洲事务助理国务卿托马斯·曼提醒政府吸取古巴革命的教训，称正是由于当初中断了对巴蒂斯塔的援助，才造就了卡斯特罗的成功。约翰逊政府随后对卡夫拉尔政府施以大量经济开发援助。1964 年 3 月至 6 月，美国政府批准发放 88.5 万美元用于援助多米尼加的教育和公共工程；国际货币基金组织提供了 2500 万美元的备用信贷，国际开发署批准了 1000 万美元的贷款，恢复对农业改革

---

① John Bartlow Martin, *Overtaken by Events: The Dominican Crisis from the Fall of Trujillo to the Civil war*, p. 504.

和生产的援助。① 然而，美国预想的稳定局面并没有出现，政治派系间的矛盾仍未消除。博什及其支持者正在积极谋划重返政坛，试图恢复博什执政时的立宪统治。而后，他们联合军队发动了"立宪主义"（constitutionalist）运动，运动很快便发展成为大规模群众起义。1965年4月25日，大约50名多米尼加军官进入总统官邸，逮捕了卡夫拉尔，该政权宣告倒台。

两支曾经并肩作战的革命势力开始分裂，最终走向内战。卡夫拉尔政权倒台后，革命党领袖何塞·拉斐尔·乌雷尼亚（Jose Rafael Molina Ureňa）宣布就任临时总统，与军方代表协商未来多米尼加的政治走势。前者建议尽早安排博什复位立宪总统，后者则主张建立一个举行选举的军政权。双方没有达成协定，谈判陷入僵局。军方向亲博什派发出最后通牒，称如果要求达不到满足，将发动攻击。乌雷尼亚对此不予理会。4月25日下午，双方开始交战。

美国对此的立场倾向于成立一个军政府，而不是"软弱应对共产主义"的博什立宪政权，希望借助军队来消灭亲博什分子，而不用派一兵一卒。但是局势发展并不如美国所愿，4月27日，革命党人击退了军方的进攻，重新占据首都的一些重要位置。多米尼加军方请求美国的援助，但负责此事的托马斯·曼予以回绝。美国驻多米尼加大使贝内特（W. Tapley Bennett, Jr.）非常担心，他怕因为美国的袖手旁观而导致博什集团上位，他立即致电华盛顿称："目前这里的问题是卡斯特罗分子与对立派之间的战斗。我不希望过分引起注意"，但如果不对多米尼加军方提供支援，"我们在不久的将来就可以借着保护美国公民或其他目的请求海军陆战队登陆"。② 贝内特的这番话恰好道出了美国政府的想法。实际上，美国正在为干涉多米尼加事务做准备，只是它觉得出动的时机未到而已。随后，贝内特又发回一份电

---

① 洪国起、王晓德：《冲突与合作——美国与拉丁美洲关系的历史考察》，第254—255页。

② Piero Gleijeses, *The Dominican crisis: The 1965 Constitutionalist Revolt and American Intervention*, Baltimore: John Hopkins University Press, 1978, p. 253.

报，声称："有效的停火协商都失败了。暴力和非法充斥着圣多明各，公民权在那里已经得不到保障。美国公民和其他外国公民的生命都危在旦夕。……军方已经宣布它再也无力保障美国人的安全，……请求海军陆战队于美国时间下午 7 点登陆"。收到这份电报后，约翰逊总统立即召集国会官员进行磋商，大家达成一致意见。4 月 28 日，约翰逊总统发布命令，"要求国防部派遣军队保护仍滞留在多米尼加的美国公民，安全撤离返回祖国"。命令一下达，海军陆战队积极行动。参谋长联席会议主席维勒（Earle Gilmore Wheeler）向总统汇报"一切就绪"。① 当天晚上 6 点半，美陆战队员开始在多米尼加登陆。然而，一个大国派兵遣将只为保护侨民的理由并不充分，为此，美国政府需要借助更多的名号和旗帜使干涉看起来合理合法。

　　寻求在美洲国家组织的框架内解决拉美国家内政问题是美国惯用的做法，这次也不例外。4 月 30 日，约翰逊总统发表了有关"目前多米尼加局势"的声明。声明分为两个部分，首先，约翰逊介绍了两天来美国出兵多米尼加的"成果"。"在我国军队的努力下，已有 200 余名美国公民和其他国家的公民从多米尼加撤离"。为了表明美国没有违背不干涉原则，约翰逊特别强调："我们采取这一步骤，仅仅是在多米尼加军警已经无法保障美国和其他国家公民安全，以及无法维持法律和秩序的情况下决定的"。接着，他开始将多米尼加的内政问题泛美化。他说，"目前正有一小撮海外流亡势力经过训练试图重新掌政"，如果他们得逞，"多米尼加的人民和领袖对法制、进步、民主、社会公正的企盼都会沦为泡影，泛美体系的原则也会惨遭破坏。泛美体系及其主要机构美洲国家组织负有庄严的责任。我们必须立即采取行动。……如同美国一样，美洲国家组织也应当派遣代表前往多米尼加，以促成停火，帮助恢复战后秩序，以及重建宪制进程和自由选举。延误时机就意味着无法保卫产生真正民主的自由。……迟缓的

---

① "Statement by the President Upon Ordering Troops into the Dominican Republic", April 28, 1965, available at: http: //www. presidency. ucsb. edu/ws/index. php? pid = 26922&st = &st1 = , 2010 年 3 月 15 日。

行动或推迟行动，将无法达成美洲国家的既定目标。西半球的眼睛现在正注视着美洲国家组织，……美国将尽全力配合美洲国家组织的工作，致力于保护西半球自由人民选择自己道路的权力，而不受其他任何地方国际阴谋的干扰"。①

5月2日，约翰逊发表电视广播讲话，宣称："到目前为止，我们的部队已经帮助世界上30个国家的3000名公民安全撤离多米尼加，……其中有1500名是我们自己的公民"。约翰逊认为只要战斗双方未停火，内战没有结束，美国就仍需加紧营救任务。因此，他要求"再派遣两个营，约二千人进驻多米尼加"。对于出兵多米尼加的原因，约翰逊强调：

共产主义领导人，其中许多在古巴受到训练，正在寻找时机加剧混乱，站稳脚跟，参与革命。他们的控制力日益增强，但只是昙花一现，很快就被一帮共产党阴谋者接管过去，并实际上也掌握在他们手中。

……

美洲国家现在不能允许，且将来也不允许在西半球建立第二个共产主义政府。这是美洲国家于1962年1月取得的共识，即"共产主义的信条与泛美体系的理念是不相容的"。

这也是我们深爱的肯尼迪总统的遗训，"我们必须尽一切努力防止西半球出现第二个古巴"。

这将成为西半球民主力量的共同行动和共同目的。②

这次讲话标志着"约翰逊主义"的正式出台。此后，在美国的压力下，5月中下旬，美洲国家组织投票赞成美国所谓维护"西半球安全"的行动，并且通过决议组建一支美洲国家组织维和部队开进多米

---

① "Statement by the President on the Situation in the Dominican Republic", April 30, 1965, available at: http://www. presidency. ucsb. edu/ws/index. php? pid = 26926&st = & st1 = ,2010年3月15日。

② "Radio and Television Report to the American People on the Situation in the Dominican Republic", May 2, 1965, available at: http://www. presidency. ucsb. edu/ws/index. php? pid = 26932&st = &st1 = , 2010年3月16日。

尼加，以保证该国"民主体制"的正常运行。实际上，美军仍然是这支维和部队的绝对主角，洪都拉斯、尼加拉瓜、哥斯达黎加和巴西派了少量军事人员充当了"大配角"，多数拉美国家并未理会此事。但这些配角对美国而言意义非凡，它们是美国干涉合法性的现身说法。

经多方努力，1965年8月，多米尼加内战双方达成停火协议，同意次年举行总统大选。为了使选举在技术层面上看是自由民主的，美国邀请了诸多国际观察团参与。1966年6月1日，多米尼加大选在国际观察员的监督下如期举行。观察团有联合国代表团、美洲人权委员会（Inter-American Commission on Human Rights）、美洲国家组织选举协助团（OAS Electoral Assistance Mission）、42位美洲国家组织选举观察团（OAS Electoral Observation Mission）代表以及70位亲博什的美国自由派人士。美国这样做本想让选举更具说服力，却有些欲盖弥彰。选举结果自然在美国的掌控之中，华金·巴拉格尔胜出，当选为总统。

20世纪60年代多米尼加政局动荡实质上是不同政治派系之间为争夺中央权力而发生的矛盾，这完全属于多米尼加的内政。即使是博什当政时期的改革也完全是为了发展民族主义经济，与共产主义并无直接联系。而美国的武装干涉无非想要达到两个目标，一是阻止民族主义强烈的博什继续执政，二是尽快恢复多米尼加的国内秩序。从根本上讲，这一切都是为美国反共的冷战战略所服务的。在拉美国家改革发展与美国反共安全的博弈面前，美国总是会优先选择后者，长期发展总要为短期安全让路。而美国所标榜的另一目标"民主"也只能成为这场美国国家安全与拉美经济发展博弈中的牺牲品。约翰逊政府拉美政策顾问托马斯·曼（Thomas Mann）认为为了保证西半球免受颠覆，必须优先考虑稳定，被冠以"曼主义"。但同时，美国还要坚守保持西半球"进步和自由"的承诺，因此，政府决策者认为，那些具有政治能力和改革思想的民选总统同军人和其他保守势力形成实际的合作关系，这种政治模式能够带来短期的政治稳定，从而使政府可以集中精力实施改革计划。在这种解释框架下，约翰逊政府表示愿意承认拉美的一些军人政府，甚至认为巴西的军政府也是"进步的"。可以看出，拉美的政治势力是代表进步还是倒退，完全由美国根据需要来定性。

在美国的"合理引导"下，博什自然不会变成另一个卡斯特罗，而是成了第二个不幸的阿本斯。干涉过后，有人认为美国赢了，因为侨胞的生命保住了，共产主义革命被遏制了；但也有人认为美国是输家，因为代表保守势力的巴拉格尔再度上台，这等于向拉美的右派发出一个信号，即他们无须满足民族主义发展改革的要求，只要保持高调的反共姿态就可以稳坐江山，甚至可以把像博什这样的民主改革家踢出局。对此，西方学者亚伯拉罕·劳温塔尔颇具讽刺地总结道："美国在1961年赶走了独裁家族。然而，1966年，它同样也阻止了民选总统的重返政坛"。① 从这个意义上讲，拉美的政治现代化在美国的"引导"下不进反退。

约翰逊政府对多米尼加共和国的武装干涉说明了三个问题。第一，美国政府混淆了"民族主义"和"共产主义"两个概念，将民族主义改革等同于共产主义革命。而这些民族主义改革家都存在以下共同之处，首先，触碰了美国在该国的经济利益，这通常是由土地改革和国有化引发的；其次，为了有效地推进改革，他们必须创造宽松的政治环境，共产党在此期间或被宣布合法，或是行动活跃；最后，改革的内容多体现中下层民众的发展需求，这在某种程度上与共产党提出的纲领不谋而合。在将民族主义与共产主义相提并论的时候，美国政府同时存在下意识和有意识行为。敏感的冷战神经使美国下意识地将这两种势力相等同，而后再故意制造二者联系的舆论，以争取和利用其他势力，最终达到实现自身利益的目标。由第一点可以推出第二点结论，即美国所主张的进步改革都是有限度的，这个"度"就是以不损害美国利益为标准。纵使"'争取进步联盟'说得怎样好

---

① Abraham F. Lowenthal, ed., *Exporting Democracy：The United States and Latin America*, p. 199.

听，美国绝不准备忍受甚至最温和地走向激进变革的行动"。① 一旦
超越了美国所能容忍的底线，美国就会千方百计地施展压力迫使其走
上"正途"，而如果这种规劝未遂的话，美国将开始酝酿有形或隐蔽
的干涉，直至其走上美国所指引的方向。"约翰逊主义"宣称美国不
能允许在西半球出现第二个共产主义政权，实际上也意味着不能允许
出现与共产主义相联系的民族主义政权。第三，与其前任相比，约翰
逊总统的外交立场更加强硬。约翰逊在位时期，国防支出直线攀升，
越南战争迅速升级，武装干涉拉美近邻，国际事端不断滋生。在这种
背景下，约翰逊在拉美的反游击战政策也呈现出明显的"重视硬手
法、轻视软措施"的特征。

第二节　加大打击拉美游击运动

一　约翰逊政府在拉美的反游击战政策

　　虽然约翰逊政府在内政上提出了不少有关社会福利和民权的法
案，最著名的就是"伟大社会"施政计划，但与此相比，他在外交
上无甚建树，基本上都是承袭了肯尼迪政府的对外政策，只是在此基
础上向前推进了一步，特别是在军事防务、反游击战等"硬手法"
方面。有人认为，由于成长的地理环境广阔，得克萨斯人都有一种追
求"巨大"的综合征，约翰逊总统似乎也拥有这份特质。在其任内，
面向国内出台了最大的福利计划，最大的教育计划，最大的国际发展
计划等，在国际上也追求着巨大的美国影响力，从而加重了国家的财
政支出负担，这也成为尼克松政府对外缓和、战略收缩的原因之一。
　　1964 年 2 月 27 日，在迈阿密举行的民主党聚会上，约翰逊发表
演讲，向党内高官展现了他的治国雄心。他说："我们要证明一个富
有同情心的民族是一个强大的民族，只有我们变得强大，才会使自由
不受威胁。只有在强大盾牌的保护下，自由与和平才能得到保障，才

---

① ［英］理查德·戈特：《拉丁美洲游击战运动》，第40页。

没有挑衅者敢于侵犯美国"。他认为,美国已经铸造出了这样的盾牌,
"在过去的 3 年中,我们的战略武器数量增长了 1 倍。……民兵导弹
计划(Minuteman missile program,美国研制的地地三级固体洲际弹道
导弹)发展为原定的 2 倍还多。……陆军新增了 5 个预备役师(com-
bat-ready divisions)。……空军新增了 5 种战术歼击机(tactical fighter
wings)。战略空运能力增加了 75%。……反暴动能力增加了 600%。"
最后,约翰逊做出承诺,表示:"一个强大的美国随时准备与任何侵
犯自由的势力做斗争"。① 正是在这种求强求大的心理作用下,约翰
逊总统违背他的竞选诺言,不断地向 9000 英里外的越南输送士兵,
决心与那里的共产主义力量战斗到底。在时隔近万英里的东南亚尚且
如此,更别说近在咫尺的"后院"拉丁美洲了。

事实证明,在约翰逊执政初期,拉美左派和游击运动最为活跃,
共产主义区域和国际动员大会频繁召开,古巴甚至誓言要在西半球制
造"两三个越南"。据 1964 年年底美国政府的情报评估,这个时期拉
美已经有半数以上的国家存在不同程度的游击运动。根据拉美游击运
动当时的状况,美国将其分为三种:一是游击运动活跃,游击组织精
良的国家,有哥伦比亚、危地马拉和委内瑞拉;二是偶发游击运动的
国家,有阿根廷、巴西、洪都拉斯、巴拿马和秘鲁;三是有迹象表明
将来可能会发生游击运动的国家,有厄瓜多尔、萨尔瓦多、玻利维亚
和多米尼加共和国。尽管情报部门认为这些"游击运动目前对现政府
尚未构成严重威胁",但是这个比例以及游击运动的发展态势足以让
约翰逊政府神经紧绷。②

1964 年 11 月,拉美共产党大会在古巴首都哈瓦那举行。与会代
表就反美帝国主义,争取民族解放、和平、民主和社会主义等问题的

---

① "Remarks at Miami Beach at a Democratic Party Dinner", February 27, 1964, available
at: http://www. presidency. ucsb. edu/ws/index. php? pid = 26086&st = counter-insurgency&
st1 = ,2010 年 3 月 17 日。

② "Guerrilla and Terrorist Activity in Latin America: A Brief Review", November 18,
1964; "Guerrilla and Terrorist Activity in Latin America Over the Past Four Months", April 8,
1965, CK3100339562, DDRS.

看法进行了广泛的交流，重点讨论了古巴的生存和发展问题，谋求团结成为会议的核心议题。大会通过了反帝宣言，声称要促进运动的发生以及革命组织的团结，使反压迫成为一项持之以恒的事业，而不是孤立间断的口头宣言；对于委内瑞拉、哥伦比亚、危地马拉、洪都拉斯、巴拉圭和海地等遭到政府残酷镇压的革命斗士，要给予支持；支持反殖民主义斗争，争取波多黎各和英属圭亚那的独立，马提尼克岛、瓜达洛普和法属圭亚那的自治，将马岛归还阿根廷，终结英国和荷兰对加勒比地区的占领；号召本大陆人民支持委内瑞拉的自由战争；增强巴拿马人民反帝斗争的凝聚力；促进拉美无产阶级团结理念的形成，紧密联系世界工会联盟和拉美所有的劳工中心。为了加强沟通，会议号召马列政党定期举行双边、多边会谈，促进解决党内分歧，保证国际共产主义运动的统一性。[1]

1966 年 1 月 15 日，一个规模更大、规格更高的国际会议——"三大洲会议"在哈瓦那召开。会上，卡斯特罗发表了慷慨激昂的演说："帝国主义处处皆是。古巴革命开辟了国际反对帝国主义的战场。……广大人民认识到了自己的责任，因为他们很清楚地知道拥有一个共同的敌人，这个敌人侵犯我们的国家和领土，四处散播帝国主义的种子。古巴的斗士将支持世界每个角落的革命运动"。[2] 他褒扬了开展武装革命的三个英雄——拉美的桑迪诺（Sandino）、非洲的卢蒙巴（Lumumba）和亚洲的阮文追（Nguyen Van Troi），公开表明了支持亚非拉地区革命的决心。

次年 6 月 26 日至 30 日，苏联总理柯西金（Aleksei Kosygin）访问古巴。尽管双方就拉美革命方式问题仍没有达成一致，但是苏联承诺继续对古巴提供经济援助和军事支持，促进古巴军队的现代化建设。[3] 8 月，第一届"拉美团结大会"（the Latin America Solidarity

---

[1] "Press Information Relating to Insurgency and Counterinsurgency: Latin America", February 5, 1965, CK3100375676 = A – CK3100375676 = C, DDRS.

[2] Jorge I. Domínguez, "Insurgency in Latin America and the Common Defense", p. 811.

[3] "Background of Soviet Premier Aleksey Kosygin's visit to Havana and Content of Discussions between Kosygin and Cuban Premier Fidel Castro", October 17, 1967, CK3100118531, DDRS.

Conference）在哈瓦那举行。会上，古巴再次申明了其奉行的外交政策以及与游击队并肩作战的决心。尽管卡斯特罗并不赞成亲苏共产党的"保守"立场，但也并没有恶言相加，而是非常委婉地道出了自己的革命立场，他说"在一些国家暴力革命可能并非一个急迫的任务，但迟早还是要开展的。……古巴坚持认为武装斗争是实现民族解放的唯一路径"，他暗示古巴已经为此做好了充足的准备。格瓦拉也做了大会发言，他誓言为了不让美帝国主义得逞，必须坚持游击策略，建立革命政权，在拉美制造"两三个越南"。①

美国政府对古巴这一系列激进言辞高度关注，立即组织安全专家对古巴的政策走向做评估分析。两个月后，中央情报局的报告出炉。报告指出，卡斯特罗外交政策的根本目的是要取得反帝斗争的胜利，提高古巴的经济实力以及对外独立地位，在共产主义世界发展并领导"第三种力量"（Third Force）。为此，古巴试图通过继续推动拉美游击运动、支持美国国内的激进组织、援助北越人民，并在国际组织中诋毁美国的形象等方式来达到这些目的。尽管美国联合许多拉美国家对古巴政府施压，但是卡斯特罗决意继续支持并扩大其在拉美的暴力革命。古巴领导人相信在拉美可以制造出多个"小越南"。卡斯特罗认为60年代兴起的美国黑人民权运动为古巴提供了可乘之机，报告还透露古巴会在道义和物质上资助黑人激进领导，加剧美国的国内矛盾。②

同时，罗斯托召集了中情局、国务院以及国防部的官员，详细研究了玻利维亚、危地马拉、委内瑞拉、哥伦比亚、多米尼加共和国、厄瓜多尔以及秘鲁等游击运动比较活跃的拉美国家的局势，商讨美国下一步的对策。

① "Cuban Subversive Activities in Latin America：1959 – 1968"，Febuary 16，1968；Gary Prevost，"Cuba and Nicaragua：A Special Relationship?"，*Latin American Perspectives*，Vol. 17，No. 3，The Sandinista Legacy：The Construction of Democracy，（Summer，1990），p. 121.

② "Assessment of Current Objectives of Castro's Foreign Policy"，October 9，1967，CK3100073953，DDRS.

表 4 - 1　　　　　　　　　　1966 年拉美各国游击运动状况

拉美国家	活跃游击队员的数量（人）	古巴参与的有力证据
玻利维亚	60—100	人员指挥、训练、武器
危地马拉	300	经墨西哥运输武器
委内瑞拉	400	武器、训练、古巴军事人员在渗透过程中被抓捕，古巴承认参与行动
哥伦比亚	800	在古巴训练
多米尼加共和国	休眠状态	训练、资金支持
厄瓜多尔	休眠状态	在古巴训练
秘鲁	休眠状态	在古巴训练

资料来源：CK3100066603，DDRS.

由表 4 - 1 可以看出，当时游击队力量最强大的是哥伦比亚，约有 800 名游击队员，但是美国政府却将玻利维亚摆在了第一位。之所以这么做，是因为华盛顿官员认为玻利维亚的局势最不容乐观，"比起游击运动的规模和有效性，玻利维亚政府显得十分脆弱，军力也不强大，无力应对游击挑战"。他们坚信格瓦拉就置身在其中。对此，美国政府已经派遣了"17 人机动小组"（the 17-man Mobile Training Team）奔赴玻利维亚，指导那里的反游击战训练。罗斯托认为委内瑞拉游击队是古巴的重点援助对象，因为这个拉美少有的由共产党支持的游击运动出现分裂，共产党开始在和平夺权和武装斗争之间犹豫。对此，当地政府新增了 9 个突击队（Ranger Battalion）用于反游击战，而这 9 支队伍均由美国提供训练和武装。①

针对卡斯特罗的咄咄逼人，以及游击运动的燎原之势，约翰逊政府大幅提高对拉美国家的军援和军售，着重加强拉美亲美政府的军事防务能力。

约翰逊政府进一步明确了美国在"协防"中的作用：（1）帮助易受攻击的国家不受共产主义革命的威胁；（2）防患于未然，帮助相关国家消除潜在的暴动因素；（3）帮助这些国家建立有效的情报

————————

① CK3100066603，DDRS.

和本土安全机构；（4）通过军事和非军事的方式帮助发生暴力革命
的国家取得胜利；（5）建立受援国对美国的信心和忠诚；（6）要使
美国直接军事干涉的因素降低到最小的限度，并且最大可能地运用当
地的力量识别、遏制和打败暴力革命。扩充了"协防政策"实施的
范围，不仅仅局限在军事领域，而是将军队、警察、经济发展、青年
（youth）、劳动、教育、领导集团、政治机构、信息和心理等全部纳
入其中。①

1964 年 2 月 13 日，约翰逊总统签署了名为"美国海外协防训练
政策和目标"的《国家安全行动第 283 号文件》（NSAM 283），正式
取代了肯尼迪政府时期的《国家安全委员会第 131 号文件——反暴动
的训练目标》。该文件阐述了新时期下美国海外协防训练政策及目标，
进一步明确了相关责任部门的职权，对属于"普通目录"级别②的联
邦文职官员提出了更为具体、更高层次的要求。针对新时期的反暴动
形势，GS—9 级官员需要掌握如下内容。第一，学习相关背景知识。
要全面了解暴力革命的历史，特别是与美国利益相关的暴力革命，具
体包括颠覆暴动发生的政治、经济、社会和心理背景，利用这些要素

① "Memorandum from the Deputy Assistant Secretary of State for Politico-Military Affairs (Kitchen) to the Counselor and Chairman of the Policy Planning Council (Rostow) /1/", March 12, 1964, *FRUS*, 1964 – 1968, Vol. X, available at: http: //www. state. gov/r/pa/ho/frus/johnsonlb/x/9016. htm, 2010 年 3 月 19 日。

② 根据美国人事管理总署（OPM：U. S. Official of Personnel Management）政策规则，联邦官员分为三个级别，由低到高依次为：普通目录（GS）、高级行政目录（SES）/行政级别（SL）、行政目录（ES）。其中，普通目录又分为 15 级，从新雇用的职员到中层管理者均属于这个级别。美国联邦文职官员级别与美国军衔的大致对照为：高级行政目录（SES）/行政级别（SL）相当于上将（O—10）、中将（O—9）、少将（O—8）、准将（O—7）；15 级普通目录（GS—15）；14 级普通目录（GS—14）相当于上校（O—6）；13 级普通目录（GS—13）相当于中校（O—5）；12 级普通目录（GS—12）；11 级普通目录（GS—11）相当于少校（O—4）；10 级普通目录（GS—10）相当于上尉（O—3）；9 级普通目录（GS—9）；8 级普通目录（GS—8）相当于中尉（O—2）；7 级普通目录（GS—9）相当于少尉（O—1）；6 级普通目录（GS—6）；5 级普通目录（GS—5）相当于 9/8/7 级士官（E—9/E—8/E—7）；4 级普通目录（GS—4）到 1 级普通目录（GS—1）相当于 6/5/4 级士官（E—6/E—5/E—4），3/2/1 级士兵（E—3/E—2/E—1）。

阻止、遏制或打败武装力量，以及相关的经济发展问题。第二，把握"威胁"的内涵。对共产主义意识形态、组织结构、目标，及其对欠发达地区实施的战略和手法有基本的了解。尤其要关注有关发展中存在的各种问题，以及共产主义是如何利用这些问题煽动革命的。第三，掌握美国的政策、战略和计划。对美国的海外协防政策、所运用的战略、可利用的协防资源和计划以及执行这些计划的策略和方法都要有基本的认识。第四，深入理解政府策略，主要指发现、打击、战胜暴动的政府机关总部、专制机构和军事部门所运用的策略和方式。而对于级别相对较高的 GS—14 级官员，要求则更高，不仅停留在上述的了解和理解的水平上，还要有判断和辨别能力，从宏观的角度参与到反暴动政策的制定和执行当中。具体有：（1）形势评估能力。要求能够鉴定出影响欠发达地区内部安全的主要因素，辨识出暴动和颠覆的迹象。（2）计划制订能力。熟识政府机关总部、专制机构和军事部门的资源和能力，并能够协调部门间的合作。（3）计划执行能力。除了要对机关总部及附属部门的执行方略和计划有透彻的了解，还要协调与东道国政府以及第三方国家之间的工作。此外，被反暴动特别小组选中的重要官员，还需要接受国家部门间研讨班（National Interdepartmental Seminar）的特别培训。内容包括美国外交政策部门间工作的问题和计划、政策和计划执行中的发展和协调、国家工作队（Country Team）的理念和行动，以及海外协防的结构等。尽管有这些新的要求，但是反暴动特别小组作为海外协防、反游击战训练的总调度职能依然不变。①

　　两个月后，4 月 22 日，约翰逊总统批准了《国家安全委员会第297 号文件》，出台了新的对拉美军事援助计划，大幅增加对拉美的军援和军训，申明对拉美的军事援助要实现以下目标：（1）对受援国的军事援助要与社会经济发展相结合；（2）对受援国的形势和潜

---

　　① NSAM 283, "U. S. Overseas Internal Defense Training Policy and Objectives", February 13, 1964, Lyndon Baines Johnson Library（LBJL）, available at：http://www. lbjlib. utexas. edu/johnson/archives. hom/nsams/nsam283. asp, 2010 年 3 月 21 日。

在作用做详细的预估之后，再决定是否延续军援；（3）精英部队的建立有利于联合国的维和任务；（4）要继续加强受援国的"市民行动"和内部防务；（5）要对军队和警察的职能关系细化明分；（6）强化现代民主社会中军队的作用；（7）只有当情况真正需要的时候，才可以实施复杂的、大宗的军售计划。① 为了配合上述计划，约翰逊政府分别于 1965 年 10 月在佐治亚州成立了本宁堡（Fort Benning）军事训练中心，同年 12 月又在得克萨斯州成立了布利斯堡（Fort Bliss）军事训练中心。除了在机构方面新增建制，美国陆军又拨派了 11700 名军训教官奔赴各军训中心。②

除此之外，约翰逊政府发展了上届政府的特种战争计划，在南方司令部内部创立了"特种行动部队"（Special Action Force, SAF），负责配合南方司令部总司令执行在拉美的冷战计划。位于巴拿马运河区古里克堡（Fort Gulick）的"第八特种行动部队"和"第一特种部队"构成了执行拉美任务的特种行动部队的核心力量。仅 1965 年一年，美国就派出了 99 支机动训练小组和技术援助分队，对 17 个拉美国家的军队进行指导和训练。这些机动小组身兼诸多任务，除了反暴动、训练指导和援助之外，还包括心理战、市民行动、作战情报、通讯、小单元战术训练等。③ 据统计，从 1962 年到 60 年代末，拉美国家共派遣了 2 万多名军官接受美国的军事训练。特种部队在拉美的活动非常活跃。仅 1965 年一年，美国特种部队就在拉美执行了 52 次反暴动的特殊任务，包括把伞兵部队降落到游击区。1966 年和 1967 年这些部队曾经支援危地马拉陆军，并且在游击队手里遭受过几次失败。1967 年，在玻利维亚圣克鲁斯城外建立了特种部队训练营地，其任务就是训练一营玻利维亚"突击队"，并监视玻利维亚的反游击

---

① NSAM 297, "Latin America Military Aid", April 22, 1964, available at: http://www.lbjlib.utexas.edu/johnson/archives.hom/nsams/nsam297.asp, 2010 年 3 月 21 日。

② "Weekly Report for the President", October 5, 1965, CK3100405733 = A – CK3100405733 = H, DDRS.

③ "Weekly Report for the President", September 28, 1965, CK3100405670 = A – CK3100405670 = G, DDRS.

战活动。在委内瑞拉也有两支特种部队在作战。1967 年年底，特种部队还曾出现在尼加拉瓜境内。①

约翰逊政府虽然更加注重从军事的角度加强拉丁美洲的防务安全，但并没有忽视此前的经济开发援助计划。1964 年 3 月，约翰逊总统向国会递交了《对外援助特别咨文》。咨文开篇便强调外援的重要性，"如果我们畏缩，共产主义就会繁盛。如果我们违背了当初的承诺，共产主义就会扩大它的野心"。② 同月 16 日，在"争取进步联盟"三周年纪念会上，约翰逊发表演说，称"31 年前的这个月，富兰克林·罗斯福宣告实施睦邻政策。三年前约翰·肯尼迪号召在美洲共和国中建立争取进步联盟。今天，我的国家将秉承这些理念，继续履行承诺，推动西半球伙伴向前走"。为此，美国政府成立了"争取进步联盟美洲委员会"（Inter-American Committee on the Alliance for Progress）专项负责该计划执行，卡洛斯·桑塔马里亚（Carlos Sanz de Santamaría）任负责人。③ 5 月 11 日晚，约翰逊在白宫会见了参加争取进步联盟的拉美国家大使。总结了他继任半年以来争取进步联盟所取得的成就："美国在此期间对拉美的援助资金总额为 4.3 亿美元。……帮助新建了 52000 所房屋和 7000 所教室，印制了 150 余万的课本。对农民发放了 25000 笔贷款。在公共医疗方面，救助了 400 万人，粮食换和平计划覆盖了 1000 万美洲同胞。修了 500 英里公路。培训了约 10000 名教师和 1000 名公务员。建立了 200 余所信用合作社（credit unions），……300 处水利工程惠及 1000 万人。"④ 约翰逊许诺未来的数个月，这些成果将会翻一番。

---

① ［英］理查德·戈特:《拉丁美洲游击战运动》，第 512 页。

② "Special Message to the Congress on Foreign Aid", March 19, 1964, available at: http://www.presidency.ucsb.edu/ws/index.php? pid = 26118&st = & st1 = ,2010 年 3 月 22 日。

③ "Remarks on the Third Anniversary of the Alliance for Progress", March 16, 1964, available at: http://www.presidency.ucsb.edu/ws/index.php? pid = 26111&st = alliance + for + progress&st1 = , 2010 年 3 月 22 日。

④ "Remarks to the Ambassadors of Nations Participating in the Alliance for Progress", May 11, 1964, available at: http://www.presidency.ucsb.edu/ws/index.php? pid = 26244&st = alliance + for + progress& st1 = ,2010 年 3 月 23 日。

"和平队计划"在约翰逊当政时期达到了发展的高峰。1964 年 1 月，刚刚接任总统的约翰逊，给参议院议长卡尔·海登（Carl Hayden）和众议院发言人约翰·麦科马克（John W. McCormark）写了封亲笔信，商谈和平队的预案。约翰逊首先回顾了肯尼迪任内和平队所取得的成绩，"现共有 7000 名美国公民在世界 46 个国家的 2400 个城市和乡村服务，这是对刚刚逝去的美国第 35 任总统的一种活着的祭奠"。1964 年和平队的预算为 9600 万美元，预计到 9 月服务队员将达到 10500 人，约翰逊提议 1965 年再增拨 1900 万美元用于和平队的日常支出。截止到 1969 年 1 月，美国政府向海外派遣和平队志愿者的总人数已经达到了 12000 人，覆盖了 59 个国家，其中服务拉美的有 4700 人，非洲有 3800 人，其余的则分布在近东和亚洲。①

同时，约翰逊政府继续推动拉美军队实施"市民行动"计划。1966 年给国会提交的《对外援助特别咨文》中，约翰逊指出"要加强经济援助和军事援助之间的有效协作，……要特别关注市民行动计划。军队通过修建学校和公路，提供教育和卫生服务，可以在他们的社会中起到更具建设性的角色，与民众建立更良好的关系"。② 1968 年 8 月，中央情报局撰写了一份情报备忘录，对这一时期"拉美军队市民行动"进行总结。首先，在通信和交通领域，这也是中情局认为拉美军队贡献最显著的方面。尽管气候非常恶劣，地理环境很险恶，但是拉美军队"依然能够出色地完成安第斯高地和亚马孙丛林的道路修整"。虽然拉美公路系统的原始面貌已经得到了初步的改善，但总体仍不容乐观。由于缺乏四通八达的公路体系和铁路交通，于是航空

① "Message to the Congress Transmitting Annual Report of the Peace Corps", January 7, 1969, available at: http://www.presidency.ucsb.edu/ws/index.php? pid = 29311&st = peace + corps&st1 = , 2010 年 3 月 23 日; "Remarks at the Signing of the Bill Extending the Peace Corps Act", August 24, 1965, available at: http://www.presidency.ucsb.edu/ws/index.php? pid = 27180&st = peace + corps&st1 = latin + america, 2010 年 3 月 23 日。

② "Special Message to the Congress on the Foreign Aid Program", February 1, 1966, available at: http://www.presidency.ucsb.edu/ws/index.php? pid = 27804&st = civic + action &st1 = , 2010 年 3 月 23 日。

承担了大部分运输，空军的民用价值便显现出来。巴西空军就是一个很好的典范，经常往相对隔离的偏远地区输送信件、医疗用品以及其他生活用品。仅1964年一年，它就承载了8万名民众和2500吨的非军用货物。此外，就连以前被称为"贵族军队"的拉美海军，近几年也开始履行民用职责。巴西、秘鲁和尼加拉瓜的海军舰艇为那些交通不发达的海边小镇提供常规医疗设备，智利和萨尔瓦多常为离岸的孤岛带去医疗队。其次，在教育领域，除了帮助修盖校舍，军队还充当了清扫文盲的角色。在智利，每年都要抽取新招募的士兵的10%履行扫盲的职责。在玻利维亚、秘鲁和危地马拉，仍然存在大量不识字的印第安人，军队不仅要教他们读书和写字，更重要的是要培养他们的民族认同感和自信心。最后，在医疗领域，一些拉美国家的军队医务所免费向民众开放，此外还有前面提到的给偏远地区输送药品和医疗器材等。总之，"市民行动"收效良好，"已经成了拉美政府施政的一个重要组成部分。提高了军队的形象，许多偏远农村通过该计划第一次享受到了中央政府的惠泽。以前农民中的文盲和与世隔绝的印第安人开始认同自己的国家。刺激了民众的政治觉醒。……市民行动也促使军队告别了维护统治集团既得利益的传统角色，使其变为发展的积极拥护者"。[1]

应该指出的是，肯尼迪和约翰逊政府的拉美政策都是一脉相承的，本质上并无差别。这种"软硬兼施"的反游击战政策很好地体现了美国"一手抓箭，一手抓橄榄枝"的"双重使命"。"硬手法"是为了取得反游击战的军事胜利，"软措施"则是对消除共产主义革命根源从长计议。美国政府实施这些政策的根本目的是保护美国在拉美的经济利益、安全利益和战略利益，消除共产主义在拉美的影响，防止拉美亲美政权旁落共产主义之手，短期内是为了实现美国在拉丁美洲的冷战胜利，长期则是为了保持美国在西半球的主导地位。仅有的区别就是在"软""硬"方面孰多孰少的关系。由于约翰逊总统把过多的外事精力

① "Intelligence Memorandum-Military Civic Action in Latin America", 12 August, 1968, CK3100070162 = A – CK3100070162 = B, DDRS.

投放在了越南战争上面,急于寻求眼前的胜利成果,所以在对付拉美的革命形势方面,他更加倚重军事援助和军事打击,对经济发展援助计划的长期收益显得颇没耐心。随着美国在越南泥潭中越陷越深,约翰逊政府大力增加对越南当局的经济援助,不得不削减针对其他地区的经援金额。1965年美国国际开发署向亚非拉等第三世界国家经援总额仅为8.55亿美元,这么做是为了"确保美国政府的财政收支平衡";同时,美国在"争取进步联盟"等针对拉美的发展援助计划上面的投入也越来越少,1967年只有6.24亿美元,其中"争取进步联盟"占5.43亿美元。① 到了尼克松执政时期,美国开始实行全面收缩的冷战战略,正式抛弃了"争取进步联盟"。在美国这种"软枪硬炮"的夹击下,60年代盛极一时的拉美游击运动日薄西山。

二 拉美游击运动的衰落

1967年3月15日,"玻利维亚民族解放军"两名游击队员走漏了风声,基地和组织均被玻利维亚政府侦破。随后,政府军开始在基地附近巡逻。3月23日,游击队与巡逻队进行了遭遇战,游击队初战告捷,但格瓦拉的行迹已昭然天下。4月,在美国绿色贝雷帽特种部队和中央情报局训练、指导和装备下,玻利维亚政府成立了"第二突击队"(the 2d Ranger Battalion),对游击队进行剿杀。4月29日,政府军抓获了德布雷等游击队领导。6月23日,罗斯托致电约翰逊总统,声称:"尽管近期玻利维亚政府军取得一些战果,但仍暴露出一些问题,如严重缺乏命令协调、军官领导权威、军队训练和作战理念等",请求政府"立即增加美国军事和资金援助,并确保玻利维亚方面能尽快收到美方的援

① "Special Message to the Congress Transmitting Report on Foreign Assistance Programs", October 3, 1964, available at: http://www.presidency.ucsb.edu/ws/index.php? pid=26551&st=foreign+assistance&st1=, 2010年3月25日;"Special Message to the Congress on the Latin American Summit Meeting", March 13, 1967, available at: http://www.presidency.ucsb.edu/ws/index.php?pid=28129&st=alliance+for+progress&st1=, 2010年3月25日;"Special Message to the Congress on Foreign Aid", February 9, 1967, available at: http://www.presidency.ucsb.edu/ws/index.php?pid=28494&st=alliance+for+progress&st1=, 2010年3月25日。

助"。与此同时,"国务院、国防部、中央情报局将密切跟踪局势发展,国防部正加紧训练、武装增派部队"。罗斯托还透露阿根廷和巴西也在关注玻利维亚的局势,鉴于阿根廷与玻利维亚的传统军事友好关系,阿根廷将为玻利维亚政府提供军事支持。8 月 31 日,由华金(Joaquin)率领的游击第二分队遭到政府军的伏击,全军倾覆;9 月 26 日,游击队再遭伏击,仅剩下 17 人。10 月 8 日下午 1 时,格瓦拉率领剩余的 16 名游击队员潜入尤罗山谷(Quebrada del Yuro),但被当地村民告发,遭到 2000 名政府军的围剿,这 2000 人中有 800 人曾受过美国的丛林战训练。当天下午 3 点 30 分,格瓦拉因腿伤以及哮喘病发作而被捕,被捕时他"伤势很重,生命垂危"。政府军将格瓦拉押送至附近的拉伊格拉村(La Higuera)。次日凌晨 6 点 15 分,玻利维亚军官霍亚金·森特诺(Joaquín Zenteno)和美国中情局官员菲利克斯·罗德里格斯(Félix Rodríguez)乘直升机到达,以便确认被俘者的真实身份。在确定了被俘者为格瓦拉之后,他们对格瓦拉进行审讯。但格瓦拉拒绝回答任何问题,审讯一无所获。玻利维亚总统巴里恩托斯立即邀集陆军将领和美国中情局官员,举行紧急会议,商议如何处置格瓦拉。结论是不能让格瓦拉活着受审,否则他定会在法庭上借机鼓吹革命,于是,下令立即处决格瓦拉。玻利维亚陆军司令阿尔弗雷德·欧凡多·坎迪亚(Alfredo Ovando Candía)奉命传达旨意。10 月 9 日,玻利维亚当地时间下午 1 点 30 分,在被俘 22 小时之后,格瓦拉被玻利维亚突击队秘密枪决。10 月 13 日,罗斯托给约翰逊总统发报,确认了格瓦拉的死亡。①

　　格瓦拉的逝去,对玻利维亚的政局、拉美共产主义运动、古巴的革命政策以及西半球的冷战局势都产生了重大的影响。

　　首先,格瓦拉的罹难宣告了 20 世纪 60 年代玻利维亚游击运动的失

---

① 美国政府于 2007 年新近解密了两批档案:披露了格瓦拉被俘以及被杀害的详细过程,澄清了诸如处决格瓦拉的决定、时间、地点、格瓦拉就义过程等很多细节问题。详见 *The Death of Che Guevara: Declassified*, National Security Archive, available at: http://www.gwu.edu/~nsarchiv/NSAEBB/NSAEBB5/index.html,2010 年 3 月 26 日; *Che Guevara's Hair Auctioned off*, National Security Archive, available at: http://www.gwu.edu/~nsarchiv/NSAEBB/NSAEBB232/index.htm,2010 年 3 月 26 日。

败，玻利维亚政局暂时恢复平静。在这之前，玻利维亚军队属于西半球较弱的政府军，在美国的帮助下，玻利维亚军队最终击败了格瓦拉游击组织，这"大大增加了这支军队的自信心和战斗力"；但同时也激发了军队的政治野心，那些直接参与反游击战的一些军官会以"共和国的救赎者"自居，向政府"邀功领赏"，为玻利维亚今后的政局动荡埋下隐患。一向孱弱的玻利维亚军队都能将"游击战巨人"格瓦拉打倒，这无疑会振奋其他拉美政府反游击战的决心和信心。①

其次，格瓦拉的去世对拉美左派产生了不同的影响。一方面，严重削弱了主张武装斗争的拉美"新左派"的力量，打击了其他拉美国家游击运动的士气。在美国以及亲美政府日益强烈的反游击战攻势下，20世纪60年代的拉美游击运动日渐衰微。这一时期，其他几个拉美国家的游击运动也因领袖的频频遇难而遭受重挫。委内瑞拉的游击队主要领导人何塞·萨埃尔（José Saal）在其父任省长的省内被杀害；危地马拉游击队的关键人物路易斯·图尔西奥斯（Luis Turcios）在一次车祸中丧命；哥伦比亚"民族解放军"的灵魂人物卡米洛·托雷斯（Carmillo Torrés）在战斗中牺牲；秘鲁"民族解放军"领袖埃克托尔·贝哈尔被政府军捕获囚禁，"左派革命运动"的领导人路易斯·德拉普恩特在遭遇战中牺牲。② 根据中央情报局的调查，20世纪60年代末70年代初拉美农村游击队人数总共不超过一千人，力量非常弱小，虽然有些国家（乌拉圭、阿根廷、巴西、危地马拉等）的游击活动中心转移到了城市，但短期内并不会对政府构成威胁。③ 结合拉美当时的社会、宗教、文化状况，美国政府认为拉美未来的革命领导可能会在天主教牧师、知识分子、现存的政党中产生，而不会出自政治左派，特别是信奉卡斯特罗主义的极端左派。④ 另一方面，主张"和平路线"的传统左派共产

---

① "Guevara's Death-The Meaning for Latin America", October 12, 1967, CK3100339570, DDRS.

② ［英］理查德·戈特：《拉丁美洲游击战运动》，第434页。

③ "Weekly Summary-The Latin American Guerrilla Today", January 22, 1971, available at: http://www.foia.cia.gov/search_ options.asp, 2010年3月27日。

④ NIE 80/90-68, "The Potential for Revolution in Latin America", March 28, 1968.

党，借机批评了古巴的冒险主义行动，指出"玻利维亚游击队疏离农民的致命错误"，重申"任何形势的革命都必须是本土自发的"，而非外部植入式的，因为"只有当地的政党才最了解革命成熟的条件和时机"。①

最后，格瓦拉的牺牲促使卡斯特罗调整古巴的"大陆革命"政策。1967 年 10 月 15 日，古巴当局证实了格瓦拉罹难的消息，并将 10 月 15 日定为"游击队员日"。10 月 18 日，在格瓦拉离世的第十天，古巴群众在哈瓦那革命广场公开悼念格瓦拉。卡斯特罗在广场上发表了长篇悼词，高度评价了格瓦拉的一生，称他是"一个无与伦比的战士"、"一个无与伦比的领导人"。② 与此同时，古巴开始转向审慎支持游击运动的革命"新政策"。卡斯特罗虽然在公开场合仍然颂扬革命理想，痛斥美帝国主义、中央情报局及"绿色贝雷帽"的卑劣行径，然而格瓦拉的殉难、拉美游击运动普遍受挫，再加上苏联给古巴施加的压力③等因素，都要求他必须重新审视拉美的形势和古巴的革命立场。诚然，古巴自身的经济困难也是卡斯特罗转变革命政策的一个关键因素，这使卡斯特罗更加关注古巴的内部问题，对他国的游击运动力不从心。古巴的革命政策调整主要体现在以下几个方面：（1）对"革命"重新定义：革命不仅仅指游击运动，它也包含反美帝国主义、进行国内改革的一切活动。从这个概念可以看出，卡斯特罗不再强调推翻政权的激进暴力方式，同时也模糊了政权的性质。（2）注重不同国家的特性，有选择、分时机地支持游击运动。卡斯特罗承认了古巴的独特性，强调古巴对革

---

① "Guevara's Death-The Meaning for Latin America", October 12, 1967.

② "Castro Delivers eulogy on Che Guevara", 19 October, 1967, in *The Death of Che Guevara: Declassified*, National Security Archive, available at: http://www.gwu.edu/~nsarchiv/NSAEBB/NSAEBB5/index.html, 2010 年 3 月 27 日。

③ 20 世纪 60 年代末 70 年代初美苏关系开始趋于缓和，美国希望苏联减少革命言论，苏联用经济援助对古巴施加压力，让其减少在拉美与美国的对抗，收敛暴力活动。详见 "Intelligence Memorandum-Assessment of the Internal Security Threat in Latin America", October 13, 1969, available at: http://www.cia.gov/cia/siteindex.html#Pubs, 2010 年 3 月 27 日。

命的精神激励而非"榜样"作用,尽量减少直接参与革命运动中,援助革命最有可能成功的国家,争取以最小的风险换取最大的成功。① (3)更加注重城市在游击运动中的地位。1968 年 4 月,卡斯特罗在回顾古巴革命的经验时,认为之前的革命斗争低估了城市组织所起到的作用,而城市才是阶级矛盾最尖锐的地方。正是由于古巴革命重心开始导向城市,20 世纪 70 年代拉美城市游击运动开始兴起。古巴的革命"新政策",既是拉美游击运动衰落的表现,同时也是促成游击运动衰落的原因。古巴援助的减少,进一步加剧了拉美游击队的困境,最终促使拉美游击运动在 20 世纪 60 年代末日暮途穷。相对于此前的盲目乐观,卡斯特罗的革命"新政策"更加灵活、有针对性,这也使古巴的外交政策少了一些理想主义烙印,多了几分现实主义色彩。②

第三节 对肯尼迪—约翰逊政府在拉美反游击战政策的评价

拉美游击运动的衰落是否就意味着美国在拉美反共反游击战政策取得了成功呢?对此,我们需要从两个层面审视美国政策实施的效果。

从表面上看,美国直接或间接地援助拉美政府取得了反游击战的军事胜利,尤其是抓捕并处死了拉美游击队的精神领袖格瓦拉,使 60 年代的拉美游击运动遭受重创,可以说,美国政府实现了"硬手法"——打压游击运动发展这一短期目标,维持了亲美政权的稳定局势,维护了美国的国家安全,取得了与共产主义在拉美抗争的短暂胜利,重新恢复了在西半球的主导地位。

---

① "Joint Assessment-Cuba Subversive in Latin America", September 1, 1971, available at: http://www.foia.cia.gov/search_ options.asp, 2010 年 3 月 28 日。

② [美]拉特利夫:《拉丁美洲的卡斯特罗主义和共产主义(1959—1976)马列主义经验的几种类型》,第 50—54 页。

但从深层次分析，肯尼迪—约翰逊反游击战政策的实施效果并不理想。

首先，美国的干涉在客观上刺激了 20 世纪 60 年代中期拉美游击运动的发展，并使其带有愈加强烈的共产主义色彩。事实上，在卡斯特罗取得政权的最初几年里，古巴对拉美革命的支持是有限的，而且不带有强烈的反美反资情绪。1961 年，格瓦拉甚至还参加了"争取进步联盟"的成立会议，态度非常温和。① 肯尼迪也曾试图拉拢古巴，让其远离苏联和社会主义国家的影响。② 但是，出于对卡斯特罗领导的古巴革命的恐惧和厌恶，美国政府最终选择与古巴交恶，通过贸易禁运、断绝外交、刺杀行动、美洲国家组织等孤立古巴，这反倒激发了古巴支持游击队的决心和力度。③ 在此后一系列的洲际和国际会议上，卡斯特罗非常敏锐地利用这种"积极作用"，他认为美国的直接出兵或者间接干涉反而会增长拉美人民的反美情绪，人民最终会意识到他们的真正敌人是美国政府，而不仅仅是当地的寡头政权，对此游击队要好好地把握，利用这种情绪进行斗争。④ 从某种程度上这恰恰印证了这句话，"如果美国不干涉的话，他们至少有希望推翻他们的腐败政府。而当美国牵连在内时，他们便不得不向莫斯科、北京或向随便什么地方求助了"。⑤ 这一点是美国政府始料未及的，它将自己的"假想敌"变成了现实中真正的敌人。

其次，从游击运动发生的根源来看，美国并没有实现经济发展援助计划所许下的经济现代化和政治民主化承诺。尽管"争取进步联盟"在某些方面取得了一些成就，根据国际开发署 1969 年 3 月的一份报告，20 世纪 60 年代拉美在卫生保健方面的进步是巨大的，传染

---

① ［英］理查德·戈特：《拉丁美洲游击战运动》，第 33—34 页。

② *Kennedy Sought Dialogue with Cuba*, National Security Archive, available at: http://www.gwu.edu/~nsarchiv/NSAEBB/NSAEBB103/index.htm, 2010 年 3 月 29 日。

③ Louis A. Pérez Jr., "Fear and Loathing of Fidel Castro: Sources of US Policy toward Cuba", pp. 227 – 254.

④ "Assessment of Current Objectives of Castro's Foreign Policy", 9 October, 1967.

⑤ ［英］理查德·戈特：《拉丁美洲游击战运动》，第 122 页。

病死亡率大幅下降；占城市人口 69% 的 4300 万居民的供水问题已基本解决或改善；小学的学龄儿童升学率约增加 50% 等。但是，"争取进步联盟"计划仍然存在诸多问题。第一，许多预期目标均未实现。60 年代拉美国家人均收入年增长率仅为 1.8%，没有达到 2.5% 的预期指标。其中有个别国家依靠本国特殊的经济资源达到了 2.5% 的目标，比如墨西哥的旅游、委内瑞拉的石油和智利的铜。不难发现，这些国家拉动经济增长的依旧是传统的出口行业，可见它们的经济结构仍不完善。在教育方面，争取进步联盟计划预定在 6 年内让所有孩子受教育的目标也远远没有达到，等等。① 第二，投入不足。虽然"争取进步联盟"被誉为拉丁美洲的"马歇尔计划"，但是 60 年代美国对拉美国家的经援投入远远不及对欧洲国家的。据统计，1961—1968 年，美国每年约向欧洲盟国提供 20 亿美元的经济援助，其中大多数为发展贷款；然而，华盛顿通过"争取进步联盟"计划每年的经援金额仅为 11 亿美元，是前者的一半，这些援助大部分是帮助拉美国家偿还外债的，所以如果将这部分刨除不计，那么用于经济开发的援助资金仅剩 6.38 亿美元。② 第三，拉美政治发展不进反退，政治现代化进程滞后。这一时期，拉美共发生了 6 次军事政变，至 60 年代末，不少宪制政体退回到了军事独裁统治。美国在其中起到了不容忽视的作用。肯尼迪总统的一番话道出了其中缘由，他说："拉美的政治发展有三种趋势：一是民主政权，二是独裁政权，三是卡斯特罗式的政权。我们应该将第一种作为目标，但是我们绝不会排除与第二种政权合作，除非我们能避免第三种情况的出现"。③ 第四，一系列社会改革有名无实，人民仍旧穷困潦倒。以土改为例，大部分拉美国家的政府为了安抚民众，宣布实行土改，但是并没有实际行动；有的国家虽然实行了土改，但是并没有也不可能触动大地产制，因为很多统治者

① John N. Plank, "The Alliance for Progess: Problems and Prospects", *Daedalus*, Vol. 91, No. 4, American Foreign Policy: Freedoms and Restraints (Fall, 1962), pp. 81 – 82.

② Thomas C. Wright, *Latin America in the Era of the Cuban Revolution*, p. 67.

③ Tony Smith, "The Alliance for Progress: The 1960s".

本身就是大地产主。事实上，美国以及拉美国家不同政治势力针对土地改革都各怀心机。极端左派打出土改口号以求农民对武装革命的支持；在野的改革派将土地再分配看作摧毁大地产主和寡头集团的工具和实现社会公正经济发展的途径；保守的执政党将土地改革视为避免革命、缓和局势的方法；美国则视其为抵制古巴影响的有效手法。此外，拉美国内依靠大地产致富的农业联合企业（agribusiness）也是阻碍土改实施的重要势力。他们认为大规模机械化的生产方式有利于提高产出效率，相反如果将土地化整为零，则会直接损害他们的既得利益。最终，土地改革成为上述各方角力的牺牲品，"争取进步联盟"的核心目标也是其最具实质性的内容落空。

美国对拉美经济援助政策失败的原因是多重的，这其中有拉美自身的原因，如人口增长过快，抵消了经济增长的努力；地区经济基础太薄弱等客观因素，但主观原因更为重要。一是拉美政府没有认真对待"争取进步联盟"，致使该计划的执行力度不够。经济发展进程中权利和经济利益再分配的诉求没有实现，"独裁者们对于民主改革毫无兴趣，寡头们不肯给贫困民众分一杯羹，富人们不愿积极主动减少他们在国民收入中所占的份额；地主们更不会推动打破现有土地所有制的立法进程"。[①] 因此，拉美的经济和政治现代化阻力重重，改革举步维艰。于是，"争取进步联盟"就遭遇了这样一种尴尬局面：一方面，想维持现状的人反对"争取进步联盟"，因为他们感到它做得太多了；另一方面，那些希望真正变革的人却嫌"争取进步联盟"走得太慢。结果，它失去了拉丁美洲对它的许多支持。二是美国政府实施经济开发援助计划的动机悖论是导致该政策失效的根本原因。即美国试图利用经济援助政策来解决政治困境，也就是推行这一经济援助计划的出发点是强烈的政治、战略动机，并非是经济发展问题，事实上，美国没有也无暇关注拉美经济社会的结构性问题，这种内在性矛盾注定了它不可能从根本上实现所承诺的经济目标的失败宿命。虽然卡斯特罗在 60 年代末期开始

---

① Thomas C. Wright, *Latin America in the Era of the Cuban Revolution*, p. 68.

调整之前激进的革命政策，但是古巴仍旧保持支持革命的基本姿态，因为他看到了拉美国家经济改革的失败，结构性问题没有解决，经济和政治权利没有实现再分配等现象，所以他坚信："敌人们认为他们战胜了格瓦拉的意志，消灭了他的游击战思想，磨灭了其武装革命斗争的理念"，但是，"因为这个大陆产生革命的条件并未被根除，所以，人民的革命意志会马上从这次打击中恢复过来"，革命之路还很漫长，"敌人们也仅仅取得了战争中一场战役的胜利，……格瓦拉倒下了，但还有千千万万的人民将接过武器继续斗争"。[①] 这些都为拉美游击运动第二波的兴起埋下了伏笔。

最后，从 20 世纪 60 年代末拉美游击运动衰落的原因来看，美国的作用虽然不可小视，但也绝非是决定性的，相比较而言，拉美共产主义运动内部复杂的矛盾以及游击领袖对形势判断的盲目乐观才是游击运动衰落的致命伤。第一，在国家层面上，游击队对革命形势的错误估计、内部分裂以及国内共产党对游击战的冷漠态度，都制约了游击运动的进一步发展。缺乏人民支持是游击队失败的根本原因。游击队领导人特别是卡斯特罗和格瓦拉过于强调拉美国家的共性，忽视古巴革命的特殊性和他国国情；夸大估计客观条件，轻视最为关键的主观条件的创造，没能营造出"双重权力"（dual power）的政治格局，最终酿成革命不得"民心"的悲剧。[②] 秘鲁政府和玻利维亚政府在游击运动进行中均颁布土改法令，委内瑞拉执政党则通过吸收农民参政的方式缓和矛盾，哥伦比亚官方挑起农民内讧转移矛盾等，这些国家的情况都不能与 50 年代的古巴相提并论。有关革命斗争方式的争辩普遍存在于游击队内部，以及"传统左派"拉美共产党与"新左派"

---

① "Guevara's Death-The Meaning for Latin America", October 12, 1967; "Castro Delivers eulogy on Che Guevara", 19 October 1967, in *The Death of Che Guevara: Declassified*, National Security Archive, available at: http://www.gwu.edu/~nsarchiv/NSAEBB/NSAEBB5/index.html, 2010 年 3 月 31 日。

② 事实上，在格瓦拉晚期的革命生涯中，他已经意识到了古巴革命的特殊性，并承认古巴并非拉美革命的"榜样"。详见 Ernesto "Che" Guevara, "Cuba, excepción histórica vanguardia en la lucha anti-colonislista", *Verde Olivo*, April 9, 1961, p. 22。

游击队之间①，共产党人的"袖手旁观"致使游击队孤立无援。第
二，在地区层面上，古巴与拉美共产党之间的矛盾也是导致游击运动
衰落的重要原因。古巴领导人曾多次指责拉美共产党对革命斗争的冷
漠，游击队领袖德布雷抨击"拉美正统共产党是'民族解放斗争'
中的政治无能派"②；而拉美共产党则向来对卡斯特罗冒险激进的革
命方式采取抵制和鄙视的态度，他们认为进行武装斗争的条件并未成
熟。③ 特别是格瓦拉的牺牲，更加坚定了拉美共产党人的保守立场。
两者之间的矛盾更加激化了原本就存在于这些国家革命运动内部的政
治分歧，不仅无助于反政府力量的壮大，反倒给政府分化政治左派提
供了可乘之机。第三，在国际层面上，美国对拉美亲美政府的全力支
持是打败游击队的关键因素，与此相比，苏联对游击运动的"低姿
态"、中苏关系破裂以及苏联—古巴之间的矛盾都极大地瓦解了社会
主义阵营的团结，对拉美游击队的援助更显得相形见绌。④ 苏联从始
至终都未有过积极支持拉美游击运动的明确表态。⑤ 莫斯科回避对游
击运动的公开支持，一方面是为了保持其精心树立的使人放心的规矩
形象，另一方面也是出于对"美国因素"的考虑，苏联很清楚"一
个大国不可能轻易放弃它的传统势力范围"，所以苏—拉关系的扩张
是有限度的。⑥ 中苏分裂加剧了拉美共产主义运动内部矛盾的复杂性，

---

① 有关拉美国家共产党与游击队之间的矛盾分歧，详见"A survey of communism in
Latin America"，1 November，1965。

② John D. Martz，"Doctrine and Dilemmas of the Latin American 'New Left'"，p. 182.

③ "Left-wing Communism—An Infantile Disorder"，in V. I. Lenin，*Collected Works*，
Vol. 31，Moscow：Progress Publishers，1966，p. 94.

④ 据统计，在军事训练方面，这一时期美国"美洲学校"为拉美政府培养了 33137
名反游击战人员，而古巴仅对约 3000 名游击战士进行培训，前者是后者的 10 倍有余。在军
事援助方面，以游击运动最活跃的国家委内瑞拉为例，仅 1964—1965 年两年，美国对委内
瑞拉政府的军援就高达近 700 万美元，而委内瑞拉游击队接收的外援只有 63 万美元，差距
之大可见一斑。详见 Timothy P. Wickham-Crowley，*Guerrillas and Revolution in Latin America：A
Comparative Study of Insurgents and Regimes since* 1956，pp. 70，77，86 – 88。

⑤ NIE80/90 – 71，"the Soviet Role in Latin America"，April 29，1971.

⑥ Jaime Suchlicki，"Soviet Policy in Latin America：Implications for the United States"，
pp. 26 – 30.

很多年轻的共产党员脱离了党，投身到了游击战当中，相反，一些原游击队领导或队员则转向了"和平斗争"，严重削弱了共产主义运动的整体实力。① 此外，苏联—古巴之间的矛盾不利于拉美游击队争取国际援助。矛盾的焦点还是围绕着拉美革命斗争的道路问题。苏联坚持在拉美推行"和平路线"，批评古巴的"革命冒险主义"；而古巴则有自己的战略考虑，卡斯特罗的外交政策除了要实现反对美帝国主义、发展古巴经济的目标之外，还有一个更为重要的目的——在共产主义世界里发展并领导"第三种力量"（third force），建立革命的"第三世界中心"（third world center）②，支持游击战就是达到这一目的的途径，同时也能减少对苏联的依赖。因此，错综复杂的国内政治、矛盾纠结的地区态势和不成比例的国际援助，早已为 20 世纪 60 年代拉美游击运动的衰败埋下伏笔。在美国和拉美亲美政府齐心协力反游击的同时，社会主义阵营内部和游击队内部却是围绕革命方式的争论而分崩离析。最终，在内部矛盾和外部干涉的共同作用下，拉美游击运动于 60 年代末走上了穷途末路，正所谓"兴也冷战，衰也冷战"。

综上所述，美国 20 世纪 60 年代对拉美反共反游击战政策，虽然实现了打击游击运动的短期军事目标，但却没能根除发生暴力革命的深层原因，就这一点而言，之前的军事胜利也只是阶段性的。需要指出的是，从"反游击战"政策中获益最大的并不是美国自身，因为它间接或直接的干涉，反倒加强了拉美民众的反美情绪，从而导致尼克松上台后对拉美"低姿态"政策的出炉；而美国在拉美的利益代

---

① "Paper Prepared by the Joint Chiefs of Staff", undated, *FRUS*, 1964 – 1968, Vol. Ⅹ, available at: http: //www. state. gov/r/pa/ho/frus/johnsonlb/x/9015. htm, 2010 年 4 月 2 日; William R. Garner, "The Sino-Soviet Ideological Struggle in Latin America", *Journal of Inter-American Studies*, Vol. 10, No. 2（Apr. , 1968）, pp. 244 – 255.

② "第一种力量"和革命的"第一世界中心"分别指苏联及其势力范围东欧、地中海和中东；"第二种力量"和革命的"第二世界中心"指中国以及所在的亚洲。参见文件"Fidel Castro's Intelligence toward Latin America", March 12, 1968, available at: http: //www. foia. cia. gov/search_ options. asp, 2010 年 4 月 2 日; "Assessment of Current Objectives of Castro's Foreign Policy", October 9, 1967。

理人——那些亲美的拉美政府才是美国"反游击战"政策的最大受益方，他们从美国政府手中获得了大量的军事和经济援助，中饱私囊的同时，也推行了有限度的改革，增加了政府的合法性，成功镇压游击运动也巩固了自己的统治。①

---

① Thomas M. Leonard, "Search for Security: The United States and Central America in the Twentieth Century", p. 490.

结　语

一　"门罗主义"——美国对拉美政策的核心利益

"门罗宣言"自提出之日起，就成为美国制定拉美政策的指导方针，逐渐地根深蒂固于美国的政治理念中。此后美国的西半球政策都无一例外地被打上了它的烙印，只是在不同的国际、地区和国内形势下，美国政策的表现形式会略有差异。

19世纪，美国处于积蓄势力的阶段，这一时期它在西半球地区事务上大多表现得比较低调，没能与西班牙等旧宗主国"分庭抗礼"，"美洲是美洲人的美洲"这句话一直停留于理论状态未付诸实践，直至赢得了美西战争的胜利，美国才正式迈出了帝国主义海外扩张的步伐。老牌殖民国家退出西半球之后，英国成为这一时期美国在拉丁美洲的主要竞争对手，竞争领域也由领土转变为经济。进入到20世纪，美国国力羽翼渐丰，西奥多·罗斯福总统借势提出了"罗斯福推论"，赤裸裸地宣扬了美国独霸拉美的企图，进一步发展了"门罗主义"，昭然将"美洲是美洲人的美洲"变为"美洲是美国人的美洲"。在这种思想的感召下，西奥多·罗斯福政府挥舞"大棒"，担当起维护西半球安全与稳定的职责。这种穷兵黩武、无视他国独立国格的"保护性干涉"必然会招致拉美国家的反美情绪，美拉矛盾严重激化。随后继任的美国总统开始尝试着修复美拉关系的划痕，"睦邻政策"的提出使这种努力达到了高峰，美拉关系达到了前所未有的高度。"二战"的爆发使美国和拉美国家结成了反法西斯联盟，美国以经济援助承诺换取南方姊妹国的政治军事支持。随后美苏冷战拉开帷幕，反共逐渐成为美国制定拉美政策的主导方针。在美国的威逼利诱下，西半球国家结成了反共联盟。然而，与在西半球军事防务安全方面毫不松懈的态度相比，美国对待拉美国家的经济发展问题则显得漫不经心。杜鲁门和艾森豪威尔政府背弃"二战"时期美国对拉美的经援承诺，导致泛美体系多次出现危机。后来由于西半球冷战局势的需要，经济开发援助才被逐渐提上美国的议事日程。在此背景下，肯尼迪政府的"争取进步联盟"、"和平队"等"软实力"政策应运而生。为了保持西半球局势的稳定，美国政府软硬兼施打击拉美的游击运动，避免出现共产主义政权。然而，如同在越南战场穷兵黩武一样，约翰逊政府突出强调军事打击等"硬手法"在冷战中立竿见影的作用，丢掉了其前任的亲善姿态，重操"大棒"粗暴干涉拉美国家的内政，而发展和改革计划最终只能充当美国在西半球反共的炮灰。

万变不离其宗，谋求在西半球的霸主地位始终都是美国制定拉美政策的根本动机。无论是直接军事干涉打击，还是建立地区联盟体系，抑或是经济开发援助，无非只是手法上的变化和软硬程度孰多孰少的关系，这些表象的背后都折射出这样一种外交理念："无论其他国家持有什么样的意识形态或动机，美国都不允许它们侵占西半球的领土及其施加的任何影响"。[1] 因此，美国的拉美政策带有明显的"排他性"，只是不同时段美国的排挤目标有所不同。19世纪20年代，也即拉美国家独立运动时期，"神圣同盟"曾予以干涉，美国将矛头指向了老牌殖民国家，这也是"门罗主义"出台的原因；西班牙、葡萄牙等宗主国退出西半球政治舞台后，英国在拉丁美洲庞大的经济影响力又使美国感到坐立不安，因此，与英国抢占西半球广袤的市场成为这一时期美国拉美政策的重心；而后，法西斯主义崛起，并试图攻破美国在西半球编织的防护网；第二次世界大战在客观上帮助美国扫清了追逐霸权道路上的两个障碍——英国和法西斯势力，然而，刚刚稳固的霸主地位再次遭到共产主义的挑战。美国学者拉斯·舒尔茨的论断一针见血，他认为冷战时期"美国决策者并不是想向拉

---

① Lars Schoultz, *National Security and United States Policy toward Latin America*, p. 225.

美索取什么，而是不想让苏联拥有拉美"。① 因此，如果单从外交的角度来书写美拉关系史，那么可将其等同于一部美国抗击非美洲势力的挑战与应战史。

可以说，"自19世纪早期以来，稳定和安全就一直是美国在拉丁美洲的主要利益"。② 当美国真正确立在西半球的霸权之后，这种利益诉求就更为强烈，如何尽可能地保持拉丁美洲的稳定就成了美国拉美政策的重要关切。因为只有"后院"局势稳定，美国才能维护自身在拉美的既得经济利益，才不至于在国际事务上分身乏术。从某种意义上讲，经济安全同样也属于国家安全的范畴，所以从广义上讲，美国在拉美追求的根本利益是国家安全。

具体到冷战时期，美国政府认为，苏联的全球战略就是"要在非共产主义世界制造动荡"，然后乱中取胜，扶植亲苏的代理人政权，从而为苏联的利益服务。③ 因此，保持拉美等第三世界国家和地区的安全与稳定是美国冷战政策的重点，也是冷战时期美国对发展中地区政策的短期目标，实施军援军训、构筑防务安全体系成为实现这一目标的有效策略。与此相比，发展和改革一直都是美国政府的外交口号。美国政府虽然认识到了发展问题才是第三世界革命发生的根源所在，也将其定为美国对第三世界政策的长期目标。但是，在真正实施的过程中，美国常常会因一些突发事件和地区局势改变，选择能够立竿见影确保美国既得利益的政策，从而将经援发展这一目标由台前转向幕后，这也体现了美国外交的功利性。20世纪60年代美国在拉美的反游击战政策集中体现了这种决策转变轨迹。如果对美拉关系史做一回顾，我们可以发现，发展问题历来都是美国解决安全问题的政治

---

① Lars Schoultz, *National Security and United States Policy toward Latin America*, p. 310.

② Amos A. Jordan and William J. Taylor, Jr., *American National Security: Policy and Process*, Baltimore: The Johns Hopkins University Press, 1989, p. 436.

③ Yonah Alexander and Richard Kucinski, "The International Terrorist Network", in Geogres Fauriol, ed., *Latin American Insurgencies*, Washington, DC: The Georgetown University Center for Strategic & International Studies and the National Defense University: For sale by U. S. G. P. O., 1985, p. 59.

资本，当美国在国际事务上需要南方邻居的时候，经济援助就被搬出来，作为换取拉美国家支持的条件；而当安全问题暂时解决的时候，美国就把"胡萝卜"重新收回，用简单粗暴的方式对待西半球地区事务，直到下一个问题需要解决的时候才再拿出来。

从美国的现实政策来看，在西半球维护美国国家安全与促进拉美经济发展似乎是一个悖论，厚此而薄彼。事实上，对于美国而言，保持在西半球的主导地位，维持西半球的局势稳定，真正的挑战不是西班牙、葡萄牙等旧殖民帝国的领土占领，也不是英国等老牌资本主义国家的经济角逐，同样并非苏联等共产主义力量的影响，而正是美国拉美政策的着眼点和拉美国家内部的利益整合。如果将美国同上述几个劲敌的对抗形容成短暂的战斗（battle），那么同贫穷、不合理经济结构的抗争则可以看作长期的战争（war），倘若拉美国家的深层经济发展问题，结构性调整得不到解决，其自身就带有不稳定的隐患，即使没有下一个苏联出现，没有共产主义等外部势力来"搅局"，拉美国家依旧会陷入新的民众运动和暴力革命之中，美国在西半球的安全利益仍然没有保障。因此，从理论上而言，美国国家安全与拉美经济发展在美国的拉美政策中是并行不悖的。然而，在现实中，由于拉美的既得利益集团往往与美国有着千丝万缕的联系，所以，美国想要斩断这种经济链条，切实推进拉美的经济改革实非易事，这是美国屡次对拉美改革方案失败的根源，同时也是造成安全与发展相悖的原因之一。第二个原因是美国政策出发点和拉美实际问题有偏差。冷战时期，美国在拉美的主要利益是反共安全，而拉美国家的根本问题是发展。阿本斯改革、古巴革命以及20世纪60年代兴起的拉美游击运动等"拉美问题"，归根结底都是发展问题，但是美国却将其视为安全问题来对待，推出一系列安全防务政策来解决发展问题，这种立场偏差注定了美国政策在深层次上的"无效性"，不能解决根本问题。

二 东西对抗—南北矛盾交织的焦点——第三世界与冷战

游击运动是20世纪60年代美国在西半球遭遇的共产主义的主要威胁，它的兴衰反映了这一时期西半球冷战格局的动态变化，以及美苏战略的攻守转化。50 年代末，美国在西半球的绝对主导地位受到拉美民族主义的挑战，拉美人民的反美情绪高涨，共产主义利用泛美体系的松动，迅速扩大自己在西半球的影响，冲击此前该地区的实力格局，掀起了反美帝求改革的游击运动。此时，美国在西半球的绝对优势开始丧失，逐渐滑向竞争的守势，苏联升为攻势。然而正当游击运动发展势头良好之时，社会主义阵营内部关于斗争道路的矛盾逐渐浮出水面，并日渐激烈，再加上苏联由战略扩张转变为战略收缩，这些因素都极大地削弱了游击队的士气和战斗力。与此同时，美国与拉美亲美政府实施了全方位的反游击战政策，试图强攻扑灭后院共产主义的星星之火。共产主义逐渐退为守势，美国进为攻势。60 年代末，游击队的燎原之势终被扑灭，拉美局势趋于平稳，美国赢得了在西半球与共产主义的对抗，重新恢复了在西半球的绝对主导地位。由此可见，冷战双方此消彼长的竞争是主导 60 年代拉美游击运动沉浮的关键。因此，从国际体系的角度讲，透过 20 世纪 60 年代拉美游击运动的发展轨迹，我们可以看到西半球地区势力格局体系被打破，继而又恢复这样一个动态的过程。

虽然拉美游击运动成为冷战双方激烈角逐的牺牲品，但是拉美地区在美国全球冷战的战略地位有所提高。冷战初期拉美局势一直相对稳定，所以美国放松了在这一地区的警惕，战略重心一直在欧洲和远东地区，直至卡斯特罗领导的古巴革命成功及其后来"扩张革命"的种种尝试，才使美国恍然意识到了共产主义正在挤压自己的传统战略空间，因此，美国开始在政治、军事、经济等各方面与亲美政府开展合作积极打击游击运动。纵观美拉关系史可以发现，美国对拉美忽视的代价就是一次又一次的泛美体系危机，继而美国才通过各种方式对南方的姊妹国进行补偿，在这个过程中拉美在美国外交战略中的地位有所提升，然后美拉关系就会进入下一个平稳期。不可否认，拉美国家凭借这一时期战略地位的提升，的确从美国的经援中获得了一些实实在在的好处，比如水利、交通等公共工程的兴建，以及教育、医疗设施的改善等，这些在客观上有助于本国经济增长，同时也符合美国制定反游击战政策"软措施"的初衷。但是，随着地区局势逐渐恢复稳定，美国又会将注意力转移到其他国家和地区产生的影响美国全球冷战格局的事务上，渐渐忽视了南方邻居，久而久之，美拉关系会再度恶化，继而美国再次对拉美政策做出调整。……因此，随着拉美局势的平稳与动荡，美拉关系就会不断地积蓄矛盾继而又得到修复，周而复始。

事实上，在不触及美国在拉美的核心经济和安全利益的时候，华盛顿当局出台的拉美政策通常是一种消极的"应激式"反应，如前所述，只是不同时期挑战的对象有所不同罢了。在美拉关系循环往复的调整中，拉美国家的感受是复杂的，这可以从它们对门罗主义的认知上体现出来，"一方面，它们由于门罗主义对防止可能的重新征服和后来的欧洲帝国主义列强的侵略提供保障而感到放心，它们由于门罗主义表明它们对美国的重要性而感到高兴。另一方面，它们又时常害怕——特别是在二十世纪初期——门罗主义也许会被用来当作美国对西半球建立霸权的一个借口"。① 这种"离上帝太远，离美国太近"的矛盾心理同样可以在美拉的经济关系中寻到踪影。拉美的经济发展离不开美国，同时拉美的民族主义者又呼吁经济的独立性，试图摆脱美国的控制，这本身体现了美拉关系之中冲突与合作的根本特点。

与此同时，这一时期拉美游击运动的曲折发展可以折射出第三世界国家在争取民族解放道路上的艰辛。从本质上讲，这一时期的拉美游击运动是一场有识之士试图摆脱美国控制、争取民族独立发展的斗争，动力是民族主义。它的兴衰不仅能够反映东—西方意识形态的遏制与反遏制，更能表现南—北双方在发展上的控制与反控制。因此，冷战这一特殊的时代背景使得广大第三世界国家的民族解放斗争有意无意地承载了两种使命——东西对抗和南北冲突，成长在这种矛盾交织的环境中，它们的生存空间势必很小，也就更容易被外部环境所左右。而东西对抗又是冷战中的主要矛盾，所以解决民族发展问题的南北冲突只能退居次位，甚至会被利用成为冷战双方争霸的工具。因

---

① ［美］美国全国计划协会研究报告：《影响彼此经济关系的美国和拉丁美洲政策》，第8页。

此，在冷战这种特殊的历史背景下，在大国政治当道的时代中，第三世界很难实现真正的自主发展。

三　冷战中的"温战"

游击战古已有之，它是由游击组织领导人民，采用灵活机动的作战方式，以小搏大，趋利避害的武装斗争。因此，游击战只是一种斗争形式，它有可能被任何一个阶级、集团或国家所利用，以谋求政治、军事、战略等利益。据此，我们可以从两个维度来考察美国与游击运动之间的关系以及对待它们的政策。

从纵的维度，美国人在历史上不乏运用游击战术，并得益于此。独立战争时期，"一分钟人"在北美享有盛誉，它是指反抗英军、追求自治的民兵游击队，他们出为兵入为民，四处袭击英军，使其不知所措，防不胜防。值得一提的是，1775年这些游击战士在华盛顿的统一指挥下打响了莱克星顿和康科德战役。最终，与北美正规部队联合起来打败了训练有素、装备精练的英国军队。"二战"爆发后，富有游击经验的美军还积极支持纳粹占领区的法国和意大利的自由战士，并派军事顾问帮助中国、印度支那和菲律宾等地训练抗日游击队。1960年美国部署陆基战略弹道导弹时，还把美军武库中威力最大的武器命名为"一分钟人"，以此来纪念这支游击队伍的英勇战绩。

从横的维度，冷战时期美国在世界各地特别是第三世界，也曾有多次支持反政府武装力量的举动。比如20世纪70年代支持反政府武装推翻菲律宾总统斐南迪·马科斯政府，支持朗诺发动政变推翻柬埔寨西哈努克的统治。80年代，里根就任美国总统，在第三世界发起了把苏联"推回去"的战略攻势，大力支持各种反政府势力，协助他们推翻当地的亲苏政权。仅在"后院"就有两起，一是援助尼加拉瓜反政府武装（Contras）推翻左派革命政党桑地诺民族解放阵线的统治等，二是直接出兵格林纳达推翻亲苏左翼政权。不仅如此，美国还支援极端宗教势力，向阿富汗伊斯兰圣战组织提供金钱和武器，并称之为"阿富汗自由战士"，以颠覆那里的亲苏政权。这也是阿富汗战争爆发的重要原因之一。在这种情况下，美苏的角色会相应地对调，苏联反而会支持当地政府的反游击战举措。

美苏两国不同程度地支持当地政府的反游击战行动或者反政府的武装运动，其动机不是出于对该国政府政治体制民主或专制的考虑，也不一定在于对实际利益和地缘政治的追逐，最主要的出发点还是对自身国家利益的考虑。在冷战这一特殊的历史时期，两国更多的是从意识形态，从当地政府是否有利于自己利益的推广考虑，是亲苏的还是亲美的，从而决定去支持游击战或是援助政府的反游击战。所以，美国对不同国家的游击队基本采取两种态度：一方面，如果该国政府是亲美政权，美国对该政府实行经济援助和军事援助，以此来打压国内的反政府革命势力，即"以反革命的暴力反对革命的暴力"，避免国家动荡，防止左翼革命力量夺权，达到抵制共产主义影响和维护国家安全的目的；另一方面，如果该国政府是反美的，或者具有"左"的思想、独立自主倾向强，对美国不顺从，那么，美国会扶植游击队的发展，使其充当美国反对现政府、扶植代理政府的武装工具。具体到 20 世纪 60 年代的拉美，由于当时的拉美政府多为亲美派，而游击队代表的是共产主义力量，因此，美国理所当然地选择支持当地政府进行反游击战，这是基于特定时期、特定地区和特定政府而形成的，但其具备特殊性的同时也具有一定的代表性，符合美国遏制共产主义的全球冷战大战略。

根据以上分析，针对美苏双方参与程度和对抗方式的不同，可以将冷战时期的美苏较量分为三种状态。其一是典型意义上的"冷战"，主要指美苏集团仅通过外交竞争、文化宣传、军备竞赛等方式、不诉诸任何武力手段进行的争夺。其二是"热战"，即指美苏集团通过局部代理人，且双方都直接参与的交战状态，比如朝鲜战争和越南战争。其三是"温战"，意指美苏集团通过局部代理人进行的战争，但是双方并没有以交战国的身份参与，其对战争各方的支持是间接和隐蔽的。第二种和第三种军事对抗基本都是源于一个国家的内战，区别就在于前者由于美苏的直接介入而演变成为国际性局部战争，双方发生了正面的冲突；而后者则因为美苏集团一直处于"幕后"的角色并未走到"台前"而保持着内战的性质，并没有使冲突国际化，美苏打的是一场隐蔽战争。20世纪60年代的拉美游击运动就是冷战时期美苏"温战"的典型代表。游击运动的兴起虽有古巴革命的精神鼓舞成分，但是拉美国家内部发展的矛盾才是主要原因，因此，政府军同游击队的战斗实质上是一场内战。一旦这种内战被意识形态色彩所沾染，则其必然会搅进冷战的旋涡中不能自已，美国资助亲美政府，共产主义援助游击队伍，但双方均没有派兵冲锋陷阵，而是暗中较量。笔者认为，"温战"是冷战时期美苏两大阵营军事冲突的常态，尤其存在于第三世界。事实上，美苏两国为了争夺第三世界都为此付出了不少代价，消耗国力的同时，也背负着"新殖民主义"和帝国主义的"罪名"，甚至有些得不偿失。

如今，其中的一个大国已经瓦解，而另一个大国似乎是好了伤疤忘了疼，忘却了在朝鲜的冰雪中、越南的丛林中、加勒比的海滩上所经历的种种痛楚，抛开了种种强权政治和霸权行径过后当地人民的反美情绪，依旧凭借自身的强大实力穷兵黩武，打着反恐的旗号，在世界各地大肆进行单边或多边主义军事干涉，而反恐战争也有越反越恐的趋势。军事打击对于反恐而言是必要的，但是更为关键的还是要治本。不公平、不合理、不公正的国际秩序和霸权体制才是恐怖主义产生的根源，只有大力改善有关国家的民生问题，促进它们经济发展和政治稳定的长治久安，才是解决动荡问题的根本所在。对此，英国冷战史专家文安立在《全球冷战：对第三世界的干涉与我们时代的形成》一书中的结论颇具警示作用，他认为冷战留给后人的一个重要教训就是，"单方面的军事干涉对谁都没有好处，而开放边界、文化交流以及公平的经济来往则对大家都有好处……在一个意识形态多样化的世界中，就像交流把我们联系在一起一样，阻止更大规模冲突的唯一方式就是在加强交流的同时，承认多样性，需要的时候以多边的方式来处理灾难性事件"。① 其实这种多极化思想早在尼克松政府时期就已经被提出来，暴力革命发生的根源也早为美国政府所深知，"一

---

① Odd Arne Westad, *The Global Cold War: Third World Interventions and the Making of Our Times*, pp. 406 – 407.

手拿箭，一手拿橄榄枝"的政治逻辑早为美国先民所应用，但是往往在具体的政策实施过程中，一旦触碰到现实利益问题，白宫决策人就会将"软措施"抛掷九霄之外，继而追求立竿见影的"硬手法"。因此，公平合理公正的国际政治新秩序想要被创造出来，多极化要想成为世界的主流观念，还需要美国等世界大国承担起相应的大国责任，多给予发展中国家经济发展援助，而不是简单的武装干涉，努力构建一个安全与发展并济的国际局面。

参考文献

一 中文专著

复旦拉丁美洲研究室编:《拉美一些政党和组织对"游击中心论"的批判》。

洪国起、王晓德:《冲突与合作——美国与拉丁美洲关系的历史考察》,山西高校联合出版社 1994 年版。

洪育沂主编:《拉美国际关系史纲》,外语教学与研究出版社 1996 年版。

黄绍湘:《美国通史简编》,人民出版社 1979 年版。

李春辉、苏振兴、徐世澄主编:《拉丁美洲史稿》(下卷),商务印书馆 2001 年版。

刘陵、洪育沂主编:《国际关系史简编——半个世纪世界风云》,世界知识出版社 1986 年版。

刘绪贻主编:《美国通史(第 5 卷)——富兰克林·D. 罗斯福时代 1929—1945》,人民出版社 2002 年版。

刘绪贻主编:《美国通史(第 6 卷)——战后美国史 1945—2000》,人民出版社 2002 年版。

徐世澄主编:《美国和拉丁美洲关系史》,社会科学文献出版社 1995 年版。

杨生茂、林静芬主编:《美国史论文选》,天津人民出版社 1984 年版。

余志森主编:《美国通史(第 4 卷)——崛起和扩张的年代 1898—1929》,人民出版社 2002 年版。

二　中文译著

[苏] A. C. 阿尼金等编：《外交史》第五卷（下），大连外国语学院俄语系翻译组译，三联书店 1983 年版。

[美] 达莱克：《罗斯福与美国对外政策》（上册），伊伟等译，商务印书馆 1984 年版。

[美] 戴维·霍罗威茨：《美国冷战时期的外交政策——从雅尔塔到越南》，上海市"五·七"干校六连翻译组译，上海人民出版社 1974 年版。

[英] 克托·布尔默 – 托马斯：《独立以来拉丁美洲的经济发展》，张凡、吴洪英、韩琦译，中国经济出版社 1995 年版。

[美] 拉特利夫：《拉丁美洲的卡斯特罗主义和共产主义（1959—1976）马列主义经验的几种类型》，王槐挺译，商务印书馆 1979 年版。

[英] 莱斯利·贝瑟尔主编：《剑桥拉丁美洲史》第六卷下，中国社会科学院拉丁美洲研究所组译，当代世界出版社 2001 年版。

[英] 莱斯利·贝瑟尔主编：《剑桥拉丁美洲史》第七卷，中国社会科学院拉丁美洲研究所组译，经济管理出版社 1996 年版。

[美] 雷迅马：《作为意识形态的现代化：社会科学与美国对第三世界的政策》，牛可译，中央编译出版社 2003 年版。

[美] 马克斯威尔·D. 泰勒：《音调不定的号角》，北京编译社译，世界知识出版社 1963 年版。

[美] 利昂·古雷、莫利斯·罗森堡：《苏联对拉丁美洲的渗透》，上海译文出版社 1979 年版。

美国全国计划协会研究报告：《影响彼此经济关系的美国和拉丁美洲政策》，郭协译，世界知识出版社 1962 年版。

[美] 沙伊贝等：《近百年美国经济史》，彭松建译，中国社会科学出版社 1983 年版。

[美] 斯帕尼尔：《第二次世界大战后美国的外交政策》，段若石译，商务印书馆 1992 年版。

〔美〕托马斯·帕特森：《美国外交政策》（下册），李庆余译，中国社会科学出版社1989年版。

〔美〕威廉·麦克尼尔：《美国、英国和俄国：它们的合作和冲突》，叶佐译，上海译文出版社1979年版。

〔美〕西奥多·索伦森：《肯尼迪》，复旦大学世界经济研究所译，上海译文出版社1981年版。

〔美〕新墨西哥大学泛美事务学院：《第二次世界大战后拉丁美洲的政治发展》，北京编译社译，世界知识出版社1961年版。

〔美〕詹姆士·西伯奇：《苏联出现在拉丁美洲》，辛华季译，三联书店1976年版。

三　中文论文

戴超武：《肯尼迪—约翰逊时期的外交与第三世界》，《美国研究》2006年第2期。

顾志宏：《苏联向拉丁美洲扩张渗透的手法》，《俄罗斯中亚东欧研究》1982年第5期。

郭拥军：《泛美危机与争取进步联盟的形成》，《拉丁美洲研究》2003年第2期。

郭拥军：《试论冷战时期美国对拉美的经济援助》，《拉丁美洲研究》2002年第3期。

何时：《苏联—拉丁美洲经济关系剖析》，《俄罗斯中亚东欧研究》1985年第3期。

江时学：《拉美左派的变迁：从卡斯特罗到查韦斯》，《人民论坛》2007年第5期。

刘国柱：《从"第四点计划"到和平队——美国对发展中国家援助理论与实践的转变》，《史学月刊》2005年第8期。

刘国柱：《和平队和肯尼迪政府的冷战战略》，《南开学报》（哲学社会科学版）2001年第5期。

刘纪新：《拉美左派的现状与发展趋势》，《拉丁美洲研究》2004年第5期。

梁志：《经济增长论与美国对外援助》，《美国研究》2009 年第 1 期。

任淑艳：《战后拉美国家对美国强权政治的冲击》，《拉丁美洲研究》1994 年第 3 期。

王伟：《肯尼迪政府初期的美国对古巴政策探微》，《西南大学学报》（社会科学版）2007 年第 4 期。

王晓德：《试论战后美国对拉美政策的几个特征》，《历史教学》1992 年第 5 期。

徐世澄：《拉丁美洲左派》，《拉丁美洲研究》2004 年第 5 期。

袁东振、张全义：《美国中央情报局对拉美国家事务的干预》，《拉丁美洲研究》2001 年第 4 期。

张红路：《肯尼迪的"争取进步联盟"》，《拉丁美洲研究》1987 年第 2 期。

四　英文档案文献

（一）美国政府解密文件和公开文件

1. 网络数据库

（1）Digital National Security Archive，ProQuest Information and Learning Company.（DNSA 被誉为"除美国政府之外，当代国家安全解密信息的最大收集库"，是 ProQuest 公司开发的数据库。其特点是将文件分类收集，现已有 22 个专题的完整收藏，其中关于"美国军事使用外层空间"这一主题的文件 700 余份，约 15000 页。）

（2）Declassified Documents Reference System，Farmington Hills，Mich.：Gale Group，2003.（DDRS 是美国 Gale 公司开发的数据库，其中的解密外交文件来自白宫、中央情报局、联邦调查局、国务院等处，共计约 75000 份文件，465000 页。）

2. 美国政府出版物

（1）《美国对外关系文件》（Foreign Relations of the United States）
FRUS, 1948, Vol. IX, The Western Hemisphere, Government Printing Office, 1972.

FRUS, 1950, Vol. I , National Security Affairs; Foreign Economic Policy, Government Printing Office, 1977.

FRUS, 1950, Vol. II, The United Nations; The Western Hemisphere, Government Printing Office, 1976.

FRUS, 1951, Vol. II, The United Nations; The Western Hemisphere, Government Printing Office, 1979.

*FRU*S, 1952 – 1954, Vol. I , General: Economic and Political Matters, Government Printing Office, 1983.

FRUS, 1952 – 1954. Vol. II , National Security Affairs, Government Printing Office, 1984.

FRUS, 1952 – 1954, Vol. IV, The American Republics, Government Printing Office, 1983.

FRUS, 1955 – 1957, Vol. VI, The American Republics, Multilateral; Mexico; Caribbean, Government Printing Office, 1987.

FRUS, 1955 – 1957, Vol. XI X , National Security Policy, Government Printing Office, 1990.

FRUS, 1958 – 1960, Vol. III, National Security Policy, Government Printing Office, 1996.

FRUS, 1958 – 1960, Vol. V, American Repubilcs, Government Printing Office, 1991.

FRUS, 1961 – 1963, Vol. XII, American Republics, Government Printing Office, 1996.

（2）U. S. Senate Committee on Foreign Relations, *Hearings on the Mutual Security Acts*, 1959, Washington: Government Printing Office, 1959; U. S. Senate Committee on Foreign Relations, *Hearings on the Mutual Security Acts*, 1960, Washington: Government Printing Office, 1960.

（3）《美国国务院公报》, *The Department of State bulletin*, Vol. 28 – 31, 43.

3. 美国政府官方网站提供的档案

（1）《美国对外关系文件》（Foreign Relations of the United States）

FRUS, 1961 – 1963, Vol. Ⅷ, National Security Policy, Government Printing Office, 1996.

（http：//www. state. gov/r/pa/ho/frus/kennedyjf/viii/index. htm）

FRUS, 1964 – 1968, Vol. Ⅹ, National Security Policy, Government Printing Office, 2004.

（http：//www. state. gov/r/pa/ho/frus/johnsonlb/x/index. htm）

FRUS, 1964 – 1968, Vol. ⅩⅩⅪ, Central and South America; Mexico, Government Printing Office, 2004.

（http：//www. state. gov/r/pa/ho/frus/johnsonlb/xxxi/index. htm）

（2）美国总统图书馆

杜鲁门图书馆, http://www. trumanlibrary. org/photos/av-photo. htm.

艾森豪威尔图书馆, http：//www. eisenhower. archives. gov/.

Ann Whitman File, Dwight D. Eisenhower Papers, Dwight D. Eisenhower Library, Abilene, Kansas.

U. S President's Committee on International Information Activities (Sprague Committee). Dwight D. Eisenhower Library, Abilene, Kansas.

White House Office of the Special Assistant for National Security Affairs. Dwight D. Eisenhower Library, Abilene, Kansas.

White House Office of the Staff Secretary. Dwight D. Eisenhower Library, Abilene, Kansas.

White House Official Files. Dwight D. Eisenhower Library, Abilene, Kansas.

肯尼迪图书馆, http：//www. jfklibrary. org/.

约翰逊图书馆, http：//www. lbjlib. utexas. edu/.

（3）《美国总统公开文件集》

Public Papers of the Presidents of the United States, United States Government Printing Office, available at：http：//www. presidency. ucsb. edu/ws/. 提供从 1789 年到 2005 年，美国历届总统的国情咨文、预算报告、就职演说、新闻发布等公开文件的全文本。

（4）中央情报局

（a）情报研究中心，http：//www. cia. gov/cia/siteindex. html # Pubs。

（b）国家情报评估委员会，http：//www. dni. gov/nic/NIC _ home. html。

4. 美国独立研究机构网站提供的解密文件

（1）美国科学家联盟（FAS）是一个建立于 1945 年的非营利组织，其创始人都是美国曼哈顿工程的成员。FAS 是倡导终止世界范围内的军备竞赛并避免核战争爆发的知名组织，其职责之一就是将美国政府的各类政府机密文件整理上网，以起到监督政府、警示世人的作用。在美国科学家联盟的网站上（http：//fas. org/spp/civil/russia/pol_ docs. htm），几乎可以找到美国历届政府全部解密的总统指令文件。

（2）乔治·华盛顿大学国家安全档案，http：//www. gwu. edu/ - nsarchiv/。

The Death of Che Guevara：Declassified，National Security Archive，available at：http：//www. gwu. edu/ - nsarchiv/NSAEBB/NSAEBB5/index. html；*Che Guevara's Hair Auctioned off*，National Security Archive，available at：http：//www. gwu. edu/ - nsarchiv/NSAEBB/NSAEBB232/index. htm。

Kennedy Sought Dialogue with Cuba，National Security Archive，available at：http：//www. gwu. edu/ - nsarchiv/NSAEBB/NSAEBB103/index. htm。

5. 缩微胶片

Microfilm：*The John F. Kennedy National Security Files*，1961 - 1963，*USSR and Eastern Europe First Supplement*，Reel 3. （华东师范大学国际冷战史研究中心缩微胶片）

（二）网络参考资源

1. JSTOR 数据库：是一个收集学术期刊的在线系统。它提供了对发表在数百本知名学术期刊上的文章的电子版全文搜索。这些学术期刊最早可以追溯到 1665 年。

2. EBSCOhost 系列数据库：当今全世界最大的多学科学术期刊全文数据库。专为研究机构所设计，提供丰富的学术全文期刊资源。这个数据库提供了 4455 种学术期刊的全文；其中 100 多种全文期刊回溯到 1975 年或更早；大多数期刊有 PDF 格式的全文。

3. Academic Research Library 学术研究数据库：本数据库为综合性学术期刊数据库，其中 1955 种是全文期刊（内含全文延期上网期刊 477 种），包括 SCI 收录的核心全文刊 174 种，SSCI 收录的核心全文刊 424 种类。

4. PQDD 博硕士论文数据库（全文和文摘）：PQDD 收集有 170 万篇国外高校博硕士论文的文摘索引及近 10 万篇全文。

5. NetLibrary 电子图书：它整合了来自 350 多家出版机构的 5 万多册电子图书，其中大部分内容是针对大学及以上读者层的。

（三）自传、回忆录、公开出版文件

Burr, Robert N. and Hussey, Roland D. *Documents on inter-American cooperation*, Vol. 2. Philadelphia：University of Pennsylvania Press, 1955.

Council on Foreign Relations, *American Foreign Policy*：*Current Documents*, 1957, Washington, D. C.：Department of State, 1986.

Debray, Régis. *Revolution in the revolution? Armed struggle and political Struggle in Latin America*, New York：MR Press, 1967.

Debray, Régis. *The Long March in Latin America*：*Guerrilla Movements*, *Theory and Practice*. Ann Arbor, Mich.：Radical Education Project, 1974.

Eisenhower, Dwight D., *Eisenhower Diaries*, New York：Norton, 1981.

Eisenhower, Dwight D., *Waging Peace*, 1956 – 1961, Garden City, N. Y.：Doubleday, 1965.

Eisenhower, Milton Stover. *The Wine is Bitter*：*The United States and Latin America*. Garden City, N. Y.：Doubleday, 1963.

Griffin, Charles C., "Welles to Roosevelt：A Memorandum on Inter-

American Relations, 1933", *The Hispanic American Historical Review*, Vol. 34, No. 2 (May, 1954), pp. 190 – 192.

Guevara, Ernesto Che, *Che Guevara Speaks*, New York: Pathfinder, 2000.

Guevara, Ernesto Che, *Guerrilla Warfare*, New York: Monthly Review Pr., 1961.

Guevara, Ernesto Che, "Guerrilla Warfare: A Method", *Cuba Socialista*, Vol. 3, No. 25 (September 1963), pp. 1 – 17.

Guevara, Ernesto Che. *La Guerra de Guerrillas*. Havana: Ediciones Minfar, 1960.

Kennan, George F., *Memoirs*, 1925 – 1950, Boston: Little, Brown and Co., 1967.

Papers of the Presidents of the United States, Containing the Public Messages, Speeches, and Statements of the President, Washington: Govt. Print. Office, 1963.

United States Congress Senate, *Alleged Assassination Plots Involving Foreign Leaders*, New York: Norton, 1976.

《国际条约集》(1945—1947),世界知识出版社 1959 年版。

《国际条约集》(1948—1949),世界知识出版社 1959 年版。

[美] 德怀特·D. 艾森豪威尔:《艾森豪威尔回忆录:白宫岁月 缔造和平:1956—1961 年》,静海译,三联书店 1977 年版。

[美] 富兰克林·罗斯福:《罗斯福选集》,关在汉编译,商务印书馆 1982 年版。

[美] 哈里·杜鲁门:《杜鲁门回忆录》第二卷,李石译,三联书店 1974 年版。

[苏] 赫鲁晓夫:《赫鲁晓夫回忆录》,张黛云等译,东方出版社 1988 年版。

[古] 切·格瓦拉:《游击战》,上海复旦大学历史系拉丁美洲研究室、上海外国语学院西班牙语教研组译,上海人民出版社 1975 年版。

[美] 小阿瑟·施莱辛格:《一千天:约翰·肯尼迪在白宫》,仲

宜译，三联书店 1981 年版。

五 英文专著

Allen, Robert Loring, *Soviet Influence in Latin America: The Role of Economic Relations*, Published in Cooperation with the Woodrow Wilson Dept. of Foreign Affair, University of Virginia, Washington: Public Affairs Press, 1959.

Ambrose, Stephen E. , *Eisenhower: The President*. New York: Simon and Schuster, 1984.

Amin, Julius A. , *The Peace Corps in Cameroon*, Kent, Ohio: Kent State University Press, 1992.

Anand, Vijay Kumar, *Insurgency and Counter Insurgency: A Study of Modern Guerilla Warfare*, New Delhi: Deep & Deep Publications, 1981.

Ashabranner, Brent, *A Moment in History: The First Ten Years of the Peace Corps*, Garden City, N. Y. : Doubleday & Co. , 1971.

Atkins, G. Pope, *Latin America in the International Political System*, Boulder, Colo. : Westview Press, 1995.

Atkins, G. , Pope and Wilson, Larman C. , *The United States and the Trujillo regime*, New Brunswick, N. J. : Rutgers University Press, 1972.

Barber, Willard F. , and Ronning, C. Neale, *Internal Security and Military Power: Counterinsurgency and Civic Action in Latin America*, Columbus: Ohio State University Press, 1966.

Beckett, I. F. W. , *Modern Insurgencies and Counter Insurgencies: Guerrillas and Their Opponents since 1750*, London; New York: Routledge, 2001.

Birtle, Andrew James, *U. S. , Army Counterinsurgency and Contingency Operations Doctrine*, 1860 – 1941, Washington, D. C. : Center of Military History, United States Army, 1998.

Blum, William, *The CIA, A Forgotten History: US Global Interventions since World War 2*, London: Atlantic Highlands, N. J. : Zed Books, 1986.

Cable, Larry E. , *Conflict of Myths: The Development of American Counterinsurgency Doctrine and the Vietnam War*, New York: New York University Press, 1986.

Chang, Laurence. and Kornbluh, Peter. eds. , *The Cuban Missile Crisis*, 1962: *A National Security Archive Documents Reader*, New York: The New Press, 1992.

Clissold, Stephen. ed. , *Soviet Relations with Latin America* 1918 – 68: *A Documentary Survey*, London, Oxford University Press for the Royal Institute of International Affairs, 1970.

Cohen, Eliot A. , *Commandos and Politicians: Elite Military Units in Modern Democracies*, Cambridge, Mass. : Center for International Affairs, Harvard University, 1978.

Connell-Smith, Gordon. *The Inter-American System*, London: Oxford U. P. , 1966.

Connell-Smith, Gordon. *The United States and Latin America: An Historical Analysis of Inter-American Relations*, London: Heinemann Educational, 1974.

Dell, Sidney. *The Inter-American Development Bank: A Study in Development Financing*, New York: Praeger, 1972.

Dozer, Donald M. ed. , *Are We Good Neighbors?* Florida, University of Florida Press, 1959.

Durham, William H. , *Scarcity and Survival in Central America: Ecological Origins of the Soccer War*, Stanford, California: Stanford University Press, 1979.

Fauriol, Geogres. ed. , *Latin American Insurgencies*, Washington, DC: The Georgetown University Center for Strategic & International Studies and the National Defense University: For sale by U. S. G. P. O. , 1985.

Garraty, John A. , and Divine, Robert A. eds. , *Twentieth-century America*; *Contemporary Documents and Opinions*, Boston: Little Brown & Company, 1968.

Gill, Lesley. *The School of the Americas: Military Training and Political Violence in the Americas*, Durham: Duke University Press, 2004.

Gleijeses, Piero, *The Dominican crisis*: *The 1965 Constitutionalist Revolt and American Intervention*, Baltimore: John Hopkins University Press, 1978.

Goodwin, Richard N. , *Remembering America*: *A Voice from the Sixties*, Boston: Little, Brown, 1988.

Gueerant, Edward O. , *Rossevelt's Good Neighbor Policy*, Albuquerque: University of New Mexico Press, 1950.

Gurtov, Melvin, *The United States against the Third World: Antinationalism and Intervention*, New York: Praeger, 1974.

Harrison, Lawrence E. , *Underdevelopment is a State of Mind*: *The Latin American Case*, Lanham, MD: Center for International Affairs, Harvard University and University Press of America, 1985.

Herring, George C. , *From Colony to Superpower*: *U. S. Foreign Relations since 1776*, Oxford: Oxford University Press, 2008.

Hilsman, Roger, *To Move a Nation*: *The Politics of Foreign Policy in the Administration of John F. Kennedy*, New York, Garden City, N. Y. : Dell Publishing Co. , Inc: Doubleday, 1967.

Hoffman, Elizabeth Cobbs, *All You Need is Love: The Peace Corps and the Spirit of the 1960s*, Cambridge, Mass. : Harvard University Press, 1998.

Hybel, Alex Roberto, *How Leaders Reason*: *US Intervention in the Caribbean Basin and Latin America*, Oxford, UK: B. Blackwell, 1990.

Immerman, Richard H. , *The CIA in Guatemala*: *The foreign Policy of Intervention*, Austin: University of Texas Press, 1982.

Karnes, Thomas L. , ed. , *Readings in the Latin American Policy of the United States*, Tucson Arizona: University of Arizona Press, 1972.

Kaufman, Burton I. , *Trade and Aid*: *Eisenhower's Foreign Economic Policy*, 1953 – 1961, Baltimore: Johns Hopkins University Press, 1982.

Kurian, George Thomas, *Encyclopedia of the Third World*, Vol. 3. New York: Facts on File, 1992.

LaFeber, Walter, *Inevitable revolutions*: *The United States in Central*

America, New York: W. W. Norton & Co. , 1983.

Lerner, Daniel, *Passing of Traditional Society*: *Modernizing the Middle East*, Glencoe, Ill. : Free Press, 1958.

Lieuwen, Edwin, *Arms and Politics in Latin America*, New York: Published for the Council on Foreign Relations by Praeger, 1960.

Lowenthal, Abraham F. , ed. , *Exporting democracy: The United States and Latin America*, Baltimore: Johns Hopkins University Press, 1991.

Löwy, Michael, *The Marxism of Che Guevara*: *Philosophy*, *Economics*, *Revolutionary Warfare*, Lanham: Rowman & Littlefield, 2007.

Mansfield, Edward D. , and Sisson, Richard. eds. , *The Evolution of Political Knowledge*: *Theory and Inquiry in American Politics*, Columbus: Ohio State University Press, 2004.

Martin, Edwin McCammon. *Kennedy and Latin America*, Lanham, Md. : University Press of America, 1994.

Martin, John Bartlow, *Overtaken by Events*: *The Dominican Crisis from the Fall of Trujillo to the Civil War*, Garden City, N. Y. : Doubleday and Co. , 1966.

McClintock, Michael, *Instruments of Statecraft*: *U. S. Guerrilla Warfare*, *Counterinsurgency*, *and Counter-terrorism*, 1940 – 1990, New York: Pantheon Books, 1992.

Mecham, J. , Lloyd. *A Survey of United States-Latin American Relations*, Boston: Houghton Mifflin, 1965.

Mecham, J. , Lloyd, *The United States and Inter-American Security*, 1889 – 1960, Austin: University of Texas Press, 1961.

Mesa-Lago, Carmelo. ed. , *Revolutionary Change in Cuba*, London: University of Pittsburgh Press, 1971.

Osanka, Franklin Mark. ed. , *Modern Guerrilla Warfare*: *Fighting Communist Guerrilla Movements*, 1941 – 1961, New York: Free Press of Glencoe, 1962.

Pastor, Robert A. , *Congress and the Politics of U. S. Foreign Econom-*

ic policy, 1929 – 1976, Berkeley: University of California Press, 1980.

Paterson, Thomas G., *Soviet-American Confrontation*: *Postwar Reconstruction and the Origins of the Cold War*, Baltimore: Johns Hopkins University Press, 1973.

Pearce, Kimber Charles, *Rostow, Kennedy, and the Rhetoric of Foreign Aid*, East Lansing: Michigan State University Press, 2001.

Pomeroy, William J. , *Guerrilla and Counter-guerrilla Warfare*: *Liberation and Suppression in the Present Period*, New York: International Publishers, 1964.

Prados, John, *Presidents' Secret Wars*: *CIA and Pentagon Covert Operations since World War II*, New York: W. Morrow, 1986.

Pye, Lucian, *Politics, Personality, and Nation Building*: *Burma's Search for Identity*, New Haven: Yale University Press, 1962.

Rabe, Stephen G. , *Eisenhower and Latin America*: *The Foreign Policy of Anticommunism*, Chapel Hill: University of North Carolina Press, 1988.

Rabe, Stephen G. , *The most Dangerous Area in the World*: *John F. Kennedy Confronts Communist Revolution in Latin America*, Chapel Hill: University of North Carolina Press, 1999.

Rabe, Stephen G. , *The Road to OPEC*: *United States Relations with Venezuela*, 1919 – 1976, Austin: University of Texas Press, 1982.

Rice, Gerard T. , *The Bold Experiment*: *JFK's Peace Corps*, Notre Dame, Ind. : University of Notre Dame Press, 1985.

Rostow, Walt Whitman, *Politics and the Stages of Growth*, Cambridge: University Press, 1971.

Rostow, Walt Whitman, *Stages of Economic Growth*: *A non-Communist manifesto*, London: Univ. Press Cambridge: University Press, 1960.

Rostow, Walt Whitman, *The Diffusion of Power*: *An Essay in Recent History*, New York: Macmillan, 1972.

Rostow, Walt Whitman, *The Process of Economic Growth*, Oxford:

Clarendon Press, 1960.

Rostow, Walt Whitman and Millikan, Max F. , *A Proposal: Key to an Effective Foreign Policy*, New York: Harper & Brothers, 1957.

Ruttan, Vernon W. , ed. , *Why food Aid?* Baltimore and London: Johns Hopkins University Press, 1993.

Schlesinger, Stephen and Kinzer, Stephen, *Bitter Fruit: The Untold story of the American Coup in Guatemala*, Garden City, N. Y. : Anchor Books, 1983.

Schneider, Ronald M. , *Communism in Guatemala*, 1944 – 1954, New York: Frederick A. Praeger, 1959.

Schoultz, Lars, *National Security and United States Policy toward Latin America*, Princeton, N. J. : Princeton University Press, 1987.

Shafer, D. , Michael, *Deadly paradigms: The Failure of U. S. Counter Insurgency Policy*, Princeton, NJ: Princeton University Press, 1988.

Shenin, Sergey Y. , *America's Helping hand: Paving the Way to Globalization (Eisenhower's Foreign aid Policy and Politics)*, New York: Nova Science Publishers, 2005.

Shultz, Jr. , Richard H. , *Guerrilla Warfare and Counterinsurgency: U. S. -Soviet Policy in the Third World*, Lexington, Mass. : Lexington Books, 1989.

Smith, Robert Freedman. ed. , *The United States and the Latin American Sphere of Influence*, Malabar, Fla. : Robert E. Krieger Pub. Co. , 1983.

Stebbins, Richard P. , *The United States in World Affairs*, 1953, New York: Harper & Brothers, 1955.

Stuart, Graham H. and Tigner, James L. , *Latin America and the United States*, Englewood Cliffs, N. J. : Prentice-Hall, 1975.

Thompson, Leroy, *The Counter Insurgency Manual: Tactics of the Anti-guerrilla Professionals*, London: Greenhill Books, 2002.

Villoldo, Pedro A. , *Latin American Resentment*, New York: Vantage, 1959.

Walton, Richard J. , *Cold War and Counterrevolution: The Foreign*

Policy of John F. Kennedy, New York: Viking Pr., 1972.

Welch, Richard E., *Response to Revolution: The United States and the Cuban Revolution*, 1959 – 1961, Chapel Hill: University of North Carolina Press, 1985.

Whitaker, Arthur P., ed., *Inter-American Affairs: An Annual Survey*, New York: Columbia University P., 1945.

Wickham-Crowley, Timothy P. *Guerrillas and Revolution in Latin America: A Comparative Study of Insurgents and Regimes since 1956*, Princeton, N. J.: Princeton University Press, 1992.

Wise, David and Ross, Thomas B., *The Invisible Government*, New York: Random House, 1964.

Wood, Bryce, *The Making of the Good Neighbor Policy*, New York: Columbia University Press, 1961.

Wright, Thomas C., *Latin America in the Era of the Cuban Revolution*, Westport, Conn.: Praeger, 2001.

Wyden, Peter, *Bay of Pigs: The Untold Story*, New York: Simon and Schuster, 1979.

六 英文论文

Adie, W. A. C., "China, Russia, and the Third World", *The China Quarterly*, No. 11 (Jul. -Sep., 1962), pp. 200 – 213. Brian Crozier, "The Struggle for the Third World", pp. 440 – 452.

Baber, Zaheer, "Modernization Thoery and the Cold War", *Journal of Contemporary Asia*, Vol. 31, Issue 1, 2001, pp. 71 – 85.

Bailey, Norman A., "La Violencia in Colombia", *Journal of Inter-American Studies*, Vol. 9, No. 4 (October 1967), pp. 561 – 575.

Baines, John M., "U. S. Military Assistance to Latin America: An Assessment", *Journal of Interamerican Studies and World Affairs*, Vol. 14, No. 4, Special Issue: Military and Reform Governments in Latin America, (Nov., 1972), pp. 469 – 487.

Berglund, Abraham, "The Tariff Act of 1930", *The American Economic Review*, Vol. 20, No. 3 (Sep., 1930), pp. 467 – 479.

Berrios, Ruben, and Blasier, Cole, "Peru and the Soviet Union (1969 – 1989): Distant Partners", *Journal of Latin American Studies*, Vol. 23, No. 2 (May, 1991), pp. 365 – 384.

Bohannan, Charles T. R., "Antiguerrilla Operations", *Annals of the American Academy of Political and Social Science*, Vol. 341, Unconventional Warfare (May, 1962), pp. 19 – 29.

Boudon, Lawrence, "Guerrillas and the State: The Role of the State in the Colombian Peace Process", *Journal of Latin American Studies*, Vol. 28, No. 2 (May, 1996), pp. 279 – 297.

Campbell, Leon G., "The Historiography of the Peruvian Guerrilla Movement, 1960 – 1965", *Latin American Research Review*, Vol. 8, No. 1 (Spring, 1973), pp. 45 – 70.

Childs, Matt D., "An Historical Critique of the Emergence and Evolution of Ernesto Che Guevara's Foco Theory", *Journal of Latin American Studies*, Vol. 27, No. 3 (Oct., 1995), pp. 593 – 624.

Coll, Albert R., "United States Strategic Interests in Latin America: An Assessment", *Journal of Interamerican Studies and World Affairs*, Vol. 39, No. 1, Special Issue: US Latin American Relations (Spring, 1997), pp. 45 – 57.

Connell-Smith, Gordon, "Latin America in the Foreign Relations of the United States", *Journal of Latin American Studies*, Vol. 8, No. 1 (May, 1976), pp. 137 – 150.

Crozier, Brian, "The Struggle for the Third World", *International Affairs (Royal Institute of International Affairs, 1944 –)*, Vol. 40, No. 3 (Jul., 1964), pp. 440 – 452.

Cruz, Rodolfo Cerdas, "New Directions in Soviet Policy towards Latin America", *Journal of Latin American Studies*, Vol. 21, No. 1 (Feb., 1989), pp. 1 – 22.

Dietz, James L. , "Destabilization and Intervention in Latin America and the Caribbean", *Latin American Perspectives*, Vol. 11, No. 3, Destabilization and Intervention in the Caribbean (Summer, 1984), pp. 3 – 14.

Dinerstein, Herbert S. , "Soviet Policy in Latin America", *The American Political Science Review*, Vol. 61, No. 1 (Mar. , 1967), pp. 80 – 90.

Domínguez, Jorge I. , "Insurgency in Latin America and the Common Defense", *Political Science Quarterly*, Vol. 101, No. 5, Reflections on Providing for "The Common Defense", (1986) pp. 807 – 823.

Duncan, W. , Raymond. "Soviet Interests in Latin America: New Opportunities and Old Constraints", *Journal of Interamerican Studies and World Affairs*, Vol. 26, No. 2 (May, 1984), pp. 163 – 198.

Evanson, Robert K. , "Soviet Political Uses of Trade with Latin America", *Journal of Interamerican Studies and World Affairs*, Vol. 27, No. 2 (Summer, 1985), pp. 99 – 126.

Feldman, David L. , "Argentina, 1945 – 1971: Military Assistance, Military Spending, and the Political Activity of the Armed Forces", *Journal of Interamerican Studies and World Affairs*, Vol. 24, No. 3 (Aug. , 1982), pp. 321 – 336.

Fitch, John Samuel, "Human Rights and the U. S. Military Training Program: Alternatives for Latin America", *Human Rights Quarterly*, Vol. 3, No. 4 (Nov. , 1981), pp. 65 – 80.

Francis, Michael J. , "Military Aid to Latin America in the U. S. Congress", *Journal of Inter-American Studies*, Vol. 6, No. 3 (Jul. , 1964), pp. 389 – 404.

Gaddis, John Lewis, "Containment: Its Past and Future", *International Security*, Vol. 5, No. 4 (Spring, 1981), pp. 74 – 102.

Garner, William R. , "The Sino-Soviet Ideological Struggle in Latin America", *Journal of Inter-American Studies*, Vol. 10, No. 2 (Apr. , 1968), pp. 244 – 255.

Gonzalez, Alfonso, "Castro: Economic Effects on Latin America", *Journal of Inter-American Studies*, Vol. 11, No. 2 (Apr., 1969), pp. 286 – 309.

Gorman, Stephen M., "Power and Consolidation in the Nicaraguan Revolution", *Journal of Latin American Studies*, Vol. 13, No. 1 (May, 1981), pp. 133 – 149.

Grunwald, Joseph, "The Alliance for Progress", *Proceedings of the Academy of Political Science*, Vol. 27, No. 4, Economic and Political Trends in Latin America (May, 1964), pp. 78 – 93.

Halperin, Ernst, "Peking and the Latin American Communists", *The China Quarterly*, No. 29 (Jan. -Mar., 1967), pp. 111 – 154.

Hayes, Margaret Daly, "Security to the South: U. S. Interests in Latin America", *International Security*, Vol. 5, No. 1 (Summer, 1980), pp. 130 – 151.

Hennessy, Alistair. "The New Radicalism in Latin America", *Journal of Contemporary History*, Vol. 7, No. 1/2 (Jan. -Apr., 1972), pp. 1 – 26.

Hilton, Stanley E., "The United States, Brazil, and the Cold War, 1945 – 1960: End of the Special Relationship", *The Journal of American History*, Vol. 68, No. 3 (Dec., 1981), pp. 599 – 624.

Holden, Robert H., "Securing Central America against Communism: The United States and the Modernization of Surveillance in the Cold War", *Journal of Interamerican Studies and World Affairs*, Vol. 41, No. 1 (Spring, 1999), pp. v-30.

Hough, Jerry F., "The Evolving Soviet Debate on Latin America", *Latin American Research Review*, Vol. 16, No. 1 (1981), pp. 124 – 143.

Howard, Esther, "Arms Suppliers to the Dictators", *Journal of Palestine Studies*, Vol. 12, No. 3 (Spring, 1983), pp. 224 – 230.

James, Daniel, "The Peronist Left, 1955 – 1975", *Journal of Latin American Studies*, Vol. 8, No. 2 (Nov., 1976), pp. 273 – 296.

Jones, Kirby, "The Peace Corps Volunteer in the Field: Community Development", *Annals of the American Academy of Political and Social Science*, Vol. 365, The Peace Corps (May, 1966), pp. 63 – 71.

Kaplan, Stephen S., "U. S. Arms Transfers to Latin America, 1945 – 1974: Rational Strategy, Bureaucratic Politics, and Executive Parameters", *International Studies Quarterly*, Vol. 19, No. 4(Dec. , 1975), pp. 399 – 431.

Katz, Mark N. " The Soviet-Cuban Connection ", *International Security*, Vol. 8, No. 1 (Summer, 1983), pp. 88 – 112.

Klare, Michael T. , "North-South vs. East-West: The Shifting Focus of US Military Power", *Middle East Report*, No. 151, The Great Powers and the Middle East, (Mar. -Apr. , 1988), pp. 7 – 10.

Lee, Joseph J. , "Communist China's Latin American Policy", *Asian Survey*, Vol. 4, No. 11 (Nov. , 1964), pp. 1123 – 1134.

Leffler, Melvyn P. , "The American Conception of National Security and the Beginnings of the Cold War, 1945 – 1948", *The American Historical Review*, Vol. 89, No. 3 (June 1984), pp. 354 – 355.

Leonard, Thomas M. , "Search for Security: The United States and Central America in the Twentieth Century", *The Americas*, Vol. 47, No. 4 (Apr. , 1991), pp. 477 – 490.

Maechling, Jr. , Charles, "Insurgency and Counterinsurgency: The Role of Strategic Theory", *Parameters* 14, No. 3 (Autumn 1984), pp. 32 – 41.

Martz, John D. , "Doctrine and Dilemmas of the Latin American ' New Left' ", *World Politics*, Vol. 22, No. 2(Jan. , 1970), pp. 171 – 196.

Moreno, Jose A. , " Che Guevara on Guerrilla Warfare: Doctrine, Practice and Evaluation", *Comparative Studies in Society and History*, Vol. 12, No. 2 (Apr. , 1970), pp. 114 – 133.

Nelson, Anna Kasten, "President Kennedy's National Security Policy: A Reconsideration", *Reviews in American History*, Vol. 19, No. 1 (Mar. , 1991), pp. 1 – 14.

Pach, Jr. , Chester J. , "The Containment of U. S. Military Aid to Latin America, 1944 – 1949", *Diplomatic History*, No. 6 (Summer 1982) , pp. 225 – 243.

Peralta, Gabriel Aguilera. and Beverly, John. "Terror and Violence As Weapons of Counterinsurgency in Guatemala", *Latin American Perspectives*, Vol. 7 , No. 2/3 , Central America: The Strongmen are Shaking, (Late Spring-Summer, 1980) , pp. 91 – 113.

Pérez, Jr. , Louis A. "Fear and Loathing of Fidel Castro: Sources of US Policy toward Cuba", *Journal of Latin American Studies*, Vol. 34 , No. 2 (May, 2002) , pp. 227 – 254.

Plank, John N. , "The Alliance for Progess: Problems and Prospects", *Daedalus*, Vol. 91 , No. 4 , American Foreign Policy: Freedoms and Restraints (Fall, 1962) , pp. 800 – 811.

Powell, John Duncan, "Military Assistance and Militarism in Latin America", *The Western Political Quarterly*, Vol. 18 , No. 2 , Part 1 (Jun. , 1965) , pp. 382 – 392.

Quester, George H. , "The Guerrilla Problem in Retrospect", *Military Affairs*, Vol. 39 , No. 4 (Dec. , 1975) , pp. 192 – 196.

Ratliff, William E. , "Chinese Communist Cultural Diplomacy toward Latin America, 1949 – 1960", *The Hispanic American Historical Review*, Vol. 49 , No. 1 (Feb. , 1969) , pp. 53 – 79.

Ratliff, William E. , "Communist China and Latin America, 1949 – 1972", *Asian Survey*, Vol. 12 , No. 10 (Oct. , 1972) , pp. 846 – 863.

Reif, Linda L. , "Women in Latin American Guerrilla Movements: A Comparative Perspective", *Comparative Politics*, Vol. 18 , No. 2 (Jan. , 1986) , pp. 147 – 169.

Rippy, J. Fred. "Antecedents of the Roosevelt Corollary of the Monroe Doctrine", *The Pacific Historical Review*, Vol. 9 , No. 3 (Sep. , 1940) , pp. 267 – 279.

Roucek, Joseph S. , " Pro-Communist Revolution in Cuban

Education", *Journal of Inter-American Studies*, Vol. 6, No. 3 (Jul., 1964), pp. 323 – 335.

Russell, Charles A., and Schenkel, James F. and Miller, James A. "Urban Guerrillas in Argentina: A Select Bibliography", *Latin American Research Review*, Vol. 9, No. 3 (Autumn, 1974), pp. 53 – 89.

Scauzillo, Robert J., " Ernesto ' Che ' Guevara: A Research Bibliography", *Latin American Research Review*, Vol. 5, No. 2 (Summer, 1970), pp. 53 – 82.

Snow, Peter G., "Argentine Radicalism: 1957 – 1963", *Journal of Inter-American Studies*, Vol. 5, No. 4 (Oct., 1963), pp. 507 – 531.

Suchlicki, Jaime, "Soviet Policy in Latin America: Implications for the United States", *Journal of Interamerican Studies and World Affairs*, Vol. 29, No. 1 (Spring, 1987), pp. 25 – 46.

Truitt, Rolland D., "Defining Latin American Security Issues", *Military Affairs*, Vol. 40, No. 4 (Dec., 1976), pp. 169 – 175.

Tulchin, Joseph S., "The United States and Latin America in the 1960s", *Journal of Interamerican Studies and World Affairs*, Vol. 30, No. 1 (Spring, 1988), pp. 1 – 36.

Valenta, Jiri, "Nicaragua: Soviet-Cuban Pawn or Non-Aligned Country?" *Journal of Interamerican Studies and World Affairs*, Vol. 27, No. 3 (Autumn, 1985), pp. 163 – 175.

Vanden, Harry E., "Marxism and the Peasantry in Latin America: Marginalization or Mobilization?", *Latin American Perspectives*, Vol. 9, No. 4 (Autumn, 1982), pp. 74 – 98.

Weitz, Richard, "Insurgency and Counterinsurgency in Latin America, 1960 – 1980", *Political Science Quarterly*, Vol. 101, No. 3 (1986), pp. 397 – 413.

Whitehead, Laurence, "Explaining Washington's Central American Policies", *Journal of Latin American Studies*, Vol. 15, No. 2 (Nov., 1983), pp. 321 – 363.

Wickham-Crowley, Timothy P. , "Terror and Guerrilla Warfare in Latin America, 1956 – 1970", *Comparative Studies in Society and History*, Vol. 32, No. 2 (Apr. , 1990), pp. 201 – 237.

Wickham-Crowley, Timothy P. , "The Rise (And Sometimes Fall) of Guerrilla Governments in Latin America", *Sociological Forum*, Vol. 2, No. 3 (Summer, 1987), pp. 473 – 499.

Wolf, Jr. , Charles, "Some Aspects of the 'Value' of Less-Developed Countries to the United States", *World Politics*, Vol. 15, No. 4 (Jul. , 1963), pp. 623 – 635.

七 西班牙语文献

Donoso, Manuel Cabieses. *Venezuela, okey*! Santiago de Chile: Ediciones del Litoral, 1963.

Mercado, Rogger, *Las guerrillas del Peru: el MIR: de la prédica ideológica a la acción armada*. Lima: Fondo de Cultura Popular: Distribuidora Inca, 1967.

Tirado, Manlio, *La Revolución Sandinista*, Mexico City: Editorial Nuestro Tiempo, 1985.

Villanueva, Víctor, *Hugo Blanco y la Rebelión Campesina*, Lima: Librería-Editorial J. Mejía Baca, 1967.

后　记

本书的写作经过了长期的资料积累，渗透着自己多年的心血，凝聚着师长亲友和领导同事无私的关爱。与其说这篇论文是我个人的学术成果，毋宁说是无数教诲、关爱和帮助的"结晶"。

感谢我的博士论文指导老师王晓德教授。先生学识渊博，治学严谨，师德高尚，严于律己、宽以待人的崇高风范，朴实无华、平易近人的人格魅力对我影响深远。不仅使我树立了远大的学术目标，掌握了独立的研究方法，还使我领悟了许多做人做事做学的道理。感谢南开大学拉丁美洲研究中心韩琦教授（笔者硕士阶段的指导老师）、洪国起教授、王萍教授和董国辉副教授、美国历史与文化研究中心主任赵学功教授，以及东北师范大学历史文化学院的李晔教授、梁茂信教授、于群教授和浙江大学的张杨教授。他们是我求学路上的良师益友，为我指点迷津。

感谢中国社会科学院世界历史研究所领导和同事的关心，帮助我拓展研究思路，精心点拨、热忱鼓励。同时，感谢美国加州大学圣迭戈分校伊比利亚拉丁美洲研究中心（Center for Iberian Latin American Studies at the University of California San Diego）为我提供的交流访学机会，使我的学术视野更为开阔、研究资料更为翔实。

最后，谨以此书献给一直在背后默默为我付出的父母和丈夫，还有让我生命充满阳光的女儿。逐梦的路上有你们的陪伴，我很温暖。

成长的岁月，怎样的感动，怎样的快乐……

一句"谢谢"太轻，太轻……

杜娟

2016 年 2 月 16 日